LES ANCIENS ET LES MODERNES –
ÉTUDES DE PHILOSOPHIE
sous la direction de Chantal Jaquet et Pierre-Marie Morel
47

Kant, le premier cercle

Ouvrage publié avec le soutien du Centre national du livre

Alain Séguy-Duclot

Kant, le premier cercle

La déduction transcendantale des catégories (1781 et 1787)

PARIS
CLASSIQUES GARNIER
2021

Alain Séguy-Duclot, ancien élève de l'ENS Ulm, agrégé et docteur en philosophie, est maître de conférences à l'université de Tours. Il travaille en philosophie de la connaissance et en histoire de la philosophie. Il a publié notamment *Leçons sur l'esthétique de Kant*; *Emmanuel Kant, l'humain mesure de toutes choses* et *Généalogie des mathématiques*.

ISBN 978-2-406-10683-8 (livre broché)
ISBN 978-2-406-10684-5 (livre relié)
ISSN 2109-8042

AVERTISSEMENT

Les références aux textes de Kant sont données dans l'édition de l'Académie de Berlin des œuvres complètes de Kant en XXIX tomes, *Akademieausgabe von Immanuel Kants Gesammelten Werken*, Walter de Gruyter, Berlin, New York.

Pour la *Critique de la raison pure*, en revanche, conformément à l'usage, les références sont les paginations des éditions originales parues à Riga chez J. F. Hartknock : A (1781) et B (1787).

J'ai retraduit la totalité des textes cités de Kant.

PRÉFACE

La philosophie transcendantale de Kant est une entreprise de fondation. Par-delà l'opposition entre le rationalisme leibnizio-wolffien et l'empirisme humien, l'enjeu de la *Critique de la raison pure* est de refonder la théorie de la connaissance sur le sujet humain, dans la continuité du projet cartésien.

Mais tout projet fondationnel se heurte aux objections du sceptique Agrippa (fin du premier siècle ap. J.-C.), rapportés par Sextus Empiricus (160-210) dans ses *Hypotyposes pyrrhoniennes* (I, 164-177), et en premier lieu, à l'objection du *diallèle*. Selon Agrippa, toute entreprise de fondation engage des cercles, et tombe dans le paralogisme nommé diallèle : on prouve une proposition *A* par une proposition *B*, qui elle-même est prouvée par *A*.

La fondation cartésienne opérée dans les *Méditations* parvient-elle à éviter le diallèle ? Force est de reconnaître que l'évidence du *je pense, je suis* ne suffit pas pour refonder la connaissance par-delà sa critique sceptique. Pour surmonter la distinction entre l'ordre de la connaissance et l'ordre de l'être, le sujet doit faire appel à un second principe, Dieu, dont il démontre l'existence et le caractère non trompeur. Or, Dieu, en tant qu'il existe et qu'il est non trompeur, vient en retour garantir les évidences du sujet... Le sceptique est en droit de dénoncer ici un cercle.

En séparant radicalement la question de la connaissance de celle de l'être – la chose en soi étant reconnue absolument inconnaissable – et donc en abandonnant le projet ontologique de la métaphysique classique, Kant se donne les moyens de construire la connaissance uniquement sur le sujet, sans avoir besoin de Dieu comme principe *constitutif* de la connaissance. Du coup, il peut se permettre d'opérer dans sa Dialectique transcendantale une critique systématique des preuves de l'existence de Dieu. Il semble dès lors que la philosophie transcendantale soit en mesure de surmonter l'objection d'Agrippa. La fondation de la connaissance opérée dans la *Critique de la raison pure* paraît exempte de tout diallèle.

Mais est-ce si sûr ? Exempte du diallèle cartésien, certainement. Mais exempte de *tout* diallèle ? Pour pouvoir s'en assurer, il convient d'étudier avec la plus grande précision le texte même où Kant atteint son principe, l'aperception transcendantale, à savoir le texte de la déduction transcendantale de la *Critique de la raison pure.* Ce livre va donc prendre la forme d'un commentaire précis de cette déduction, dans ses deux éditions de 1781 et de 1787. Ne le cachons pas au lecteur, il s'agit d'un travail complexe, car portant sur la partie la plus importante, mais aussi la plus obscure et la plus difficile du système kantien, comme le reconnaît Kant lui-même :

> Le lecteur ne se laissera donc pas, jusque-là, rebuter par l'obscurité, inévitable au début, dans une voie non encore ouverte, mais qui, je l'espère, s'éclaircira dans la section en question [la troisième], et permettra une pleine compréhension. (A 98)

Ce n'est qu'au terme de ce commentaire, qui s'efforcera de clarifier l'argumentation de Kant, par-delà la multiplicité conflictuelle des interprétations, que nous pourrons conclure sur l'existence ou non d'un diallèle dans la fondation kantienne.

Insistons sur l'enjeu de ce travail. La philosophie kantienne est souvent considérée comme dépassée parce qu'elle n'est pas compatible avec les mathématiques du XIXᵉ siècle (notamment la découverte des géométries non euclidiennes et la théorie des transfinis de Cantor) et la physique du XXᵉ siècle (notamment la relativité générale d'Einstein et la physique quantique). Si une telle critique ne peut être écartée du revers de la main – le projet kantien étant de fonder la connaissance, il doit être compatible avec les résultats de la science –, on peut considérer qu'il s'agit d'une critique simplement externe qui autorise, en droit, une modification de la philosophie transcendantale pour l'adapter à la science nouvelle. Et nombreux sont les théoriciens, à commencer par les néokantiens, qui ont entrepris un tel projet.

En revanche, si un diallèle devait être trouvé au principe même de la philosophie transcendantale, sa validité serait remise en cause de façon beaucoup plus radicale.

INTRODUCTION À LA DÉDUCTION TRANSCENDANTALE

LA THÉORIE DE L'ESPACE DE 1770

Le système critique est une construction tardive qui ne commence à se mettre en place qu'à partir de la *Dissertation de 1770*, alors que Kant a déjà 46 ans, lorsqu'il élabore sa théorie de l'espace. Il la construit comme solution au conflit entre la théorie newtonienne d'un espace *absolu* et *réel* et la théorie leibnizienne d'un espace *relatif* et *idéal*, simple ordre de succession des substances qui, en elles-mêmes, ne sont ni dans l'espace ni dans le temps.

Après plusieurs tentatives, Kant parvient enfin en 1770 à une théorie de l'espace qu'il juge définitive. Comme Leibniz, il pense que l'espace est *relatif* et *idéal*, dans la mesure où ce n'est pas une propriété des choses en soi ; mais ce n'est pas pour autant un simple ordre de succession des substances. L'espace est d'une part *subjectif*, au sens où c'est une spécificité de la sensibilité du sujet, et d'autre part *formel* : c'est une forme pure (vide de contenu matériel) des phénomènes, condition de possibilité de l'apparence sensible pour le sujet humain. Cela implique, contre Leibniz, un primat de la forme sur la matière : loin d'être seconde et simplement ordonnatrice d'une réalité préexistante, la forme est présupposée par la matière. La forme spatiale est donc *a priori* : antérieure logiquement à l'expérience qui la présuppose.

Kant précise sa compréhension de l'espace en insistant sur le fait que sa représentation n'est pas un *concept*, à savoir une représentation *médiate* et *universelle* mais une *intuition*, à savoir une représentation *immédiate* et *singulière*. En effet, d'une part, la représentation de l'espace n'est pas tirée par abstraction des sensations externes, puisque l'extériorité des choses et la possibilité même de perceptions externes suppose déjà l'espace. D'autre part, il n'y a qu'un seul et unique espace, dont les espaces multiples ne sont que des divisions.

Kant complète sa théorie en affirmant que le temps, parallèlement à l'espace, est également une forme pure *a priori* de la sensibilité. C'est la forme du sens interne alors que l'espace est la forme du sens externe. Elle est plus générale que l'espace car toutes les représentations, que leur objet soit interne ou externe, sont des produits de l'esprit et appartiennent au sens interne. Le temps est donc une condition formelle *a priori* de *tous* les phénomènes en général. Tout comme la représentation de l'espace, celle du temps est une intuition et non un concept. Il n'y a pas d'autre forme pure *a priori* de la sensibilité que le temps et l'espace.

Enfin, comme l'affirmation de l'*idéalité* de l'espace et du temps conduit les premiers lecteurs de la *Dissertation de 1770* à accuser Kant d'idéalisme, ce dernier est conduit à préciser encore sa théorie. Les changements étant réels, et n'étant possibles que sous la présupposition du temps, le temps est réel, et il en va de même de l'espace. Il faut donc distinguer deux sens du terme *réalité* : si l'espace et le temps sont *idéaux* ou *non réels* du point de vue de l'*être en soi*, en revanche, ils sont bel et bien *réels* du point de vue des *phénomènes*, puisqu'ils conditionnent toute expérience réelle.

LE PROJET D'UNE MÉTAPHYSIQUE SPÉCULATIVE

Dans le cadre de la *Dissertation de 1770*, cette théorie de l'espace et du temps n'est opérée que pour clarifier la distinction entre *science sensible* et *science rationnelle*. Si la *sensibilité* ne permet pas d'atteindre l'être en soi des choses, qui n'est ni spatial, ni temporel, en revanche l'*entendement* (ou raison) en est capable. La science sensible ne porte que sur les *objets sensibles* ou *phénomènes*, alors que la science rationnelle porte sur les *objets intelligibles* ou *noumènes*, dont le sens est ontologique :

> Les pensées sensibles sont les représentations des choses telles qu'elles *apparaissent* et les pensées intellectuelles sont les représentations des choses telles qu'elles *sont*. (II, 392)[1]

1 Concernant les termes en italiques dans les citations traduites (à l'exception des mots latins et des termes allemands entre crochets), c'est moi qui souligne.

Kant distingue dans l'entendement d'une part, entre concepts *purs* et *empiriques*, d'autre part, entre usage *réel* et usage *logique*. Les concepts *empiriques* sont tirés de l'expérience par abstraction alors que les concepts *purs* (comme la nécessité, l'existence, la substance, la cause, etc.) sont abstraits des lois inhérentes de l'esprit dans son activité de connaissance. L'usage *logique* hiérarchise les connaissances empiriques, alors que l'usage *réel* est non sensible et permet d'atteindre les choses en elles-mêmes.

En 1770, Kant entend donc construire, sur la base de cet usage réel et à partir des concepts purs, une métaphysique spéculative. Il la fait précéder d'une théorie de la connaissance sensible ou *phénoménologie générale*, dont le but est de bien séparer ce qui relève du sensible et ce qui relève de l'intelligible, afin d'éviter les faux problèmes nés de la confusion de ces deux points de vue.

LA RUPTURE DE L'HIVER 1770-1771

Mais durant l'hiver 1770-1771, Kant réactualise ses doutes exprimés dans les *Rêves d'un visionnaire* de 1766 sur la possibilité d'une telle métaphysique spéculative. Dans sa *Lettre à Marcus Hertz du 21 février 1772*, il présente l'évolution de sa pensée :

> Dans la *Dissertation* [...] j'avais dit : Les représentations sensibles représentent les choses telles qu'elles apparaissent, les *intellectuelles* les représentent telles qu'elles sont. Mais de quelle façon ces choses nous sont-elles donc données, si elles ne le sont pas par celle dont elles nous affectent ? Et si de telles représentations intellectuelles reposent sur notre activité interne, d'où vient l'*accord* qu'elles doivent avoir avec des objets qui ne sont pourtant pas produits par elles ? Et d'où vient que les *axiomes* de la raison pure sur ces objets *s'accordent* entre eux sans que cet *accord* ait pu demander le secours de l'expérience ? (X, 130-131)

Une solution serait de garantir un tel accord entre raison et être en s'appuyant sur Dieu dont il faut alors pouvoir démontrer l'existence par la raison. Mais Kant ne croit plus à la légitimité d'un tel fondement, notamment parce qu'il engendre des cercles vicieux (ou diallèles) :

> Mais le *deus ex machina* est, dans la détermination de l'origine et de la valeur de notre connaissance, *l'hypothèse la plus absurde que l'on puisse choisir* et outre le *cercle vicieux* qu'elle engendre dans la série des raisonnements de notre connaissance, elle a l'inconvénient d'encourager les *lubies dévotes, les rêveuses chimères de notre cerveau.* (X, 131)

LE PROBLÈME DE LA CAUSALITÉ

Parmi les concepts purs, celui dont la légitimité ontologique semble particulièrement problématique à Kant est celui de *causalité.* Il explique dans la Préface de ses *Prolégomènes à toute métaphysique future* (1783) que c'est la lecture de Hume qui a suscité ses doutes en 1770 :

> *Hume* partit principalement d'un concept unique mais important de la métaphysique, celui de *la liaison de la cause et de l'effet* (et donc aussi des concepts consécutifs à celui-là, de force et d'action, etc.) ; il somma la raison, qui prétend l'avoir produit dans son sein, de lui dire de quel droit elle pense que quelque chose peut être de telle nature que, s'il est posé, par là quelque autre chose doit nécessairement être aussi posée ; car c'est ce que dit le concept de cause. Il prouva de manière irréfutable qu'il est tout à fait impossible à la raison de penser *a priori* et par des concepts une pareille liaison, puisqu'elle renferme une nécessité. Au contraire, on ne saurait voir comment, parce que quelque chose est, quelque autre chose doit nécessairement être aussi, ni comment, par conséquent, le concept d'une telle liaison peut s'établir *a priori.* (IV, 257)

Mais en fait, la lecture de Hume n'a fait que réveiller d'anciens doutes formulés dans les mêmes termes par Kant lui-même dès 1763, à la fin de son *Essai pour introduire le concept de grandeur négative* :

> [...] comment dois-je comprendre *que, parce que quelque chose est, quelque autre chose soit* ? [...] je ne me laisse pas non plus payer des mots *cause* et *effet, force* et *action.* (II, 202-203)

Le principe de causalité semble infondé et arbitraire. Mais ne sommes-nous pas alors conduits au relativisme et au scepticisme ? Pour éviter une telle conséquence, Kant retravaille entièrement sa théorie des concepts purs.

DE LA MÉTAPHYSIQUE SPÉCULATIVE À LA PHILOSOPHIE TRANSCENDANTALE

Si les concepts purs de l'entendement ne déterminent pas les choses en soi, comment les penser ? En prenant pour modèle sa nouvelle théorie de l'espace et le temps et en les pensant comme des formes pures *a priori*, conditions de possibilité de l'expérience phénoménale. Mais nous avons vu que l'espace et le temps sont des intuitions sensibles et non des concepts. Il faut alors distinguer les formes pures *a priori* de la sensibilité (espace et temps) et les formes pures *a priori* de l'entendement (ses concepts purs). De même que tout phénomène ne peut apparaître que dans l'espace et le temps, tout phénomène doit être conforme aux concepts purs de l'entendement, et notamment obéir au principe de causalité.

Au projet d'une métaphysique spéculative, permettant de construire une ontologie, Kant substitue une étude des conditions de possibilité *a priori* de la connaissance, à laquelle il donne le nom de philosophie *transcendantale*. Son objet est d'opérer une *critique* de la raison pure au sens de mise au jour des limites de la raison pure dans son pouvoir de connaître.

Kant est désormais en possession des thèses centrales de la philosophie transcendantale : la distinction entre les formes *a priori* de la sensibilité (l'espace et le temps) qui font l'objet d'une *Esthétique* (au sens de science de la sensibilité ou *phénoménologie*[2]) *transcendantale*, et les formes *a priori* de l'entendement (les concepts purs) qui font l'objet d'une *Logique transcendantale*, puisqu'il ne reste plus à l'entendement que son usage *logique*. Cette Logique transcendantale se divise en deux parties.

Tout d'abord, une partie *positive*, l'Analytique transcendantale, a pour tâche de déterminer la liste complète des concepts purs de l'entendement (rebaptisés *catégories*) et de penser leur fonction constitutive pour l'expérience phénoménale. Cette partie est ce qui se substitue à l'ancienne ontologie de la métaphysique spéculative, à savoir à la métaphysique générale de Christian Wolff.

---

2 Le terme d'*esthétique* en ce sens vient d'Alexander Gottlieb Baumgarten (1714-1762) et celui de *phénoménologie*, de Jean-Henri Lambert (1728-1777).

Ensuite, une partie *négative*, la Dialectique transcendantale, qui dégage les illusions de la raison pure dans sa prétention à connaître l'être en soi des choses. C'est dans cette partie qu'intervient la critique des démonstrations rationnelles de l'existence de Dieu, qui sont au fondement des métaphysiques rationalistes. Plus largement, elle porte sur les idées d'Âme, de Monde et de Dieu, à savoir sur les trois objets de la métaphysique spéciale de Wolff, et dénonce l'illusion d'une psychologie rationnelle, d'une cosmologie rationnelle et d'une théologie rationnelle.

La philosophie transcendantale peut ainsi être interprétée comme une métaphysique réduite, qui engage[3] une triple opération de *réduction* :

1. Une réduction *phénoménale* au sens de mise entre parenthèses de l'être en soi (interprété comme chose en soi inconnaissable). L'être sur lequel va porter la connaissance se trouve dès lors réduit à l'*existence*, qui est une catégorie, à savoir un concept général de l'entendement. Plus précisément, l'existence est une catégorie modale, définie en lien à la matière du phénomène[4] : existe ce qui est en cohésion avec les conditions *matérielles* de l'existence[5]. Cette réduction se traduit par la scission du lien traditionnel entre la logique formelle et l'ontologie[6].
2. Une réduction *formelle* qui met entre parenthèses la matérialité sensible, pour dégager les conditions formelles pures et *a priori* de l'objectivité en général. Comme l'existence est liée à la matérialité, toute position d'existence est seulement empirique. Le sujet transcendantal, en tant que fondement ultime de la connaissance atteint par remontée analytique, n'est donc pas saisi comme existant, contrairement au sujet cartésien. Une telle réduction formelle n'a pas toutefois le sens d'une réduction totale de l'existence, dans la mesure où le point de vue dynamique oblige de travailler sur l'existence d'un point de vue formel et *a priori*[7].

---

3 De façon toutefois *non explicite* : Kant lui-même ne parle pas de *réduction*.

4 Sur cette réduction phénoménale, constitutive de la philosophie transcendantale de Kant, voir J. Benoist (1996, p. 24 et 58-59).

5 Deuxième postulat de la pensée empirique en général (A 218).

6 Voir B. Longuenesse (1993, p. XVIII).

7 C'est l'enjeu majeur des principes dynamiques qui soumettent l'existence des phénomènes à des règles *a priori*, en pensant un rapport nécessaire soit entre les phénomènes selon l'existence (c'est l'objet des Analogies de l'expérience : tout changement est articulé à

3. Une *réduction esthétique*[8], qui opère cette fois une mise entre parenthèses de l'existence, mais intervient non en théorie de la connaissance – comme ce sera le cas de la réduction phénoménologique de Husserl, qui repère lui-même l'analogie entre le point de vue phénoménologique et le point de vue esthétique chez Kant[9] – mais dans l'expérience esthétique du beau et du sublime. Bien que ne relevant pas directement de la théorie de la connaissance, cette réduction esthétique s'inscrit dans la philosophie transcendantale, comme l'ensemble de la troisième *Critique*[10].

Même si chacune de ces réductions diffère de la réduction phénoménologique de Husserl, en prendre conscience permet de lever l'accusation de psychologisme adressé au kantisme[11]. Du reste, Husserl lui-même considère que la déduction transcendantale de la *Critique de la raison pure* relève déjà de la phénoménologie, même si la philosophie transcendantale de Kant, en tant qu'elle ne remonte pas à la subjectivité dans son rôle constitutif par rapport au sens de l'être, n'engage pas, selon lui, une réduction transcendantale authentique.

LA TABLE DES FONCTIONS LOGIQUES DU JUGEMENT

La liste des catégories est établie de façon complète au début de l'Analytique transcendantale. De même que l'espace et le temps sont les formes pures de la sensibilité permettant la liaison sensible du divers matériel, les catégories sont les formes pures de l'entendement permettant l'unification (ou *synthèse*) du divers phénoménal. Ce sont les fonctions

---

un invariant substantiel, toute succession objective engage un rapport de causalité, toute simultanéité objective est à penser selon une relation de causalité réciproque), soit entre le sujet et l'existence du phénomène (c'est l'objet des postulats de la pensée empirique en général qui définissent le possible, l'effectif ou existant, et le nécessaire).

8 Au sens moderne du terme d'*esthétique*, renvoyant à la théorie du goût.

9 Voir A. Séguy-Duclot (2018, p. 78-80).

10 Sur ce point, voir plus bas, p. 256-257.

11 C'est le cas, par exemple, d'A. Philonenko : « Toutes les démarches kantiennes s'effectuent sur le plan de l'attitude naturelle pour reprendre le langage de Husserl » (1982, p. 169).

premières intervenant dans la synthèse du divers pour lui conférer une structure objective. Pour établir la liste complète des catégories, il faut passer en revue toutes les fonctions d'unification synthétique.

Or, la logique formelle recense toutes les fonctions permettant d'unifier des représentations sous une représentation commune, indépendamment du contenu[12]. Une telle opération logique d'unification s'appelle un *jugement*. Un jugement formel n'est pas une catégorie, car il ne se rapporte pas à l'intuition. Mais la table des *jugements*, en logique formelle, peut servir de fil conducteur pour la découverte des catégories, ce qui permet d'en opérer[13] une *déduction métaphysique*, au sens juridique[14] de justification *a priori* de la complétude de cette liste. La table des jugements est la suivante[15] :

1 **Quantité des jugements** :
Universels (tous les *A* sont *b*)
Particuliers (certains *A* sont *b*)
Singuliers (*A* est *b*)

2 **Qualité des jugements**
Affirmatifs (*A* est *b*)
Négatifs (*A* n'est pas *b*)
Indéfinis (*A* est non *b*)

3 **Relation des jugements**
Catégoriques (*A* est *b*)
Hypothétiques (Si *A* alors *B*)
Disjonctifs (*A* est ou *b* ou *c*)

4 **Modalité des jugements**
Problématiques (*A* est possiblement *b*)
Assertoriques (*A* est effectivement *b*)
Apodictiques (*A* est nécessairement *b*)

La division de la table des jugements en quatre parties traduit une distinction entre jugements *compatibles* (s'ils appartiennent à des parties différentes) et *incompatibles* (s'ils appartiennent à la même partie). Ainsi

12 L'établissement de la table des fonctions logiques à partir des manuels de logique précédant la *Critique de la raison pure* est considéré comme douteux (B. Longuenesse, 1993, p. IX-X). Strawson (1966, p. 74-82) récuse cette table car non conforme à la logique contemporaine et n'y voit qu'une psychologie transcendantale. Elle pose effectivement de nombreux problèmes (voir A. Séguy-Duclot, 2019a, p. 433-436). Notons simplement une correspondance (approximative) entre la quantité et les quantificateurs ; la qualité et les valeurs de vérité ; la relation et les connecteurs ; la modalité et les concepts de logique modale.

13 A 84.

14 Voir Dieter Henrich (1989a).

15 A 70.

tout jugement est, du point de vue de la quantité, universel, particulier, ou singulier. Il ne peut être que l'un des trois, et doit être au moins l'un des trois. Pour être déterminé complètement, il doit être déterminé dans chacune des quatre parties de la table.

LA TABLE DES CATÉGORIES

Pour découvrir la liste complète des catégories, Kant transpose les douze jugements en douze concepts correspondants, qui interviennent dans la connaissance réelle. Ces concepts sont les modes principaux d'unification *a priori* de la réalité phénoménale. Voici la table des catégories[16], avec, entre parenthèses, le jugement qui leur correspond :

1) **Quantité** :
Unité (Singuliers)
Pluralité (Particuliers)
Totalité (Universels)

2) **Qualité** :
Réalité (Affirmatifs)
Négation (Négatifs)
Limitation (Indéfinis)

3) **Relation** :
Substance et accident (Catégoriques)
Cause et effet (Hypothétiques)
Communauté ou action réciproque (Disjonctifs)

4) **Modalité** :
Possibilité – Impossibilité (Problématiques)
Existence – Non-existence (Assertoriques)
Nécessité – Contingence (Apodictiques)

Précisons que le fait que la liste des catégories soit seconde à partir de la liste des fonctions logiques du jugement ne signifie aucun primat de la logique formelle sur la logique transcendantale[17]. Car en droit, la logique formelle, simplement analytique, devrait obéir *strictement* au principe de non-contradiction et ne compter que *huit* fonctions logiques (4 x 2). Par exemple, elle ne devrait admettre que des jugements affirmatifs

16 A 80.

17 Comme le pense J. Cavaillès (1987, p. 10). Sur cette question, voir A. Séguy-Duclot (2019b, chap. v).

et des jugements négatifs (correspondant aux valeurs de vérité vrai et faux), et elle devrait exclure des jugements à la fois affirmatifs *et* négatifs (indéfinis). La 3e fonction logique, synthétique, résulte de la prise en compte du point de vue transcendantal, synthétique et non analytique. Ainsi, la table des douze fonctions logiques intègre *déjà* le point de vue synthétique[18] et donc *présuppose la logique transcendantale.*

LE PROBLÈME DE LA DÉDUCTION TRANSCENDANTALE DES CATÉGORIES

La liste complète des catégories une fois établie, reste à répondre au problème posé par Kant dans sa *Lettre à Marcus Hertz du 21 février 1772*, à savoir celui de la concordance des catégories avec les objets qu'elles ne produisent pas. Et notamment, à propos de la catégorie de causalité, comment comprendre que la réalité objective obéisse au principe de causalité si la causalité n'est qu'un concept pur de l'entendement ? On pourrait imaginer de fait que l'expérience phénoménale échappe complètement au principe de causalité :

> Car les phénomènes pourraient bien vraiment être ainsi faits que l'entendement ne les trouvât pas du tout conformes aux conditions de son unité, et que tout fût dans une telle confusion que, par exemple, dans la série des phénomènes, rien ne s'offrît qui fournît une règle de la synthèse et correspondît ainsi au concept de la cause et de l'effet, de sorte que ce concept serait entièrement vide, nul et privé de signification. Les phénomènes n'en offriraient pas moins des objets à notre intuition, car l'intuition n'a nullement besoin des fonctions de la pensée. (A 90-91)

---

18 B. Longuenesse (1993, p. 94) voit que la logique formelle n'est pas réductible au point de vue analytique, contrairement à la lecture de Cohen (1885, p. 242). Elle en trouve la raison (1993, p. 95) dans le fait qu'un jugement par exemple affirmatif puisse être analytique ou synthétique. Mais cela ne suffit pas pour penser le sens synthétique de la logique formelle : Cohen pourrait ici répondre que l'application de la forme logique d'un jugement à un jugement synthétique (qui reste un jugement) ne remet pas en cause le fait que la logique formelle ne travaille qu'avec des jugements analytiques. Cohen ne serait pas davantage convaincu par le fait que la logique formelle ne se soucie pas de la distinction entre jugement analytique et synthétique : il pourrait répondre que cela vient de ce qu'elle ne considère pas le rapport à l'intuition et qu'elle s'inscrit donc *immédiatement* dans l'analytique.

Mais la science newtonienne nous présente une nature non chaotique obéissant objectivement au principe de causalité. Ce principe exigeant une relation universelle et nécessaire entre la cause et l'effet, il ne peut être obtenu simplement par induction à partir de l'expérience, comme le pense Hume. Une telle induction ne nous donnerait qu'une universalité comparative et une nécessité subjective. La catégorie de causalité prétend à une validité objective *a priori*, comme condition de possibilité de l'expérience, prétention dont il nous faut pouvoir *démontrer la légitimité* : il nous faut la *déduire*, dans une déduction qui n'est plus *métaphysique* mais *transcendantale*, puisqu'elle ne s'inscrit plus simplement dans l'*a priori*, mais porte sur le rapport à l'expérience en général.

Le problème premier et fondamental de la *Critique de la raison pure* est donc celui de la déduction transcendantale de la causalité, et, plus largement, de l'ensemble des catégories :

> Pour explorer le pouvoir que nous nommons *entendement*, et pour déterminer en même temps les règles et les limites de son usage, je ne connais pas de recherches plus importantes que celles que j'ai situées au deuxième chapitre de l'Analytique transcendantale, sous le titre de *Déduction des concepts purs de l'entendement* ; ce sont celles qui m'ont coûté le plus de peine, une peine qui, je l'espère, ne sera pas perdue. (Préface de la 1re éd., A XVI)

Une fois cette déduction opérée, la nécessité d'une soumission de tout phénomène objectif à la structure catégoriale se trouve assurée. La déduction transcendantale des catégories achève la 1re partie de l'Analytique transcendantale : l'Analytique des concepts. Il restera ensuite à comprendre :

1. Comment les catégories peuvent s'appliquer à la réalité sensible spatio-temporelle. Ce travail correspond au schématisme transcendantal, qui permet de penser une temporalisation des catégories et dont l'étude prend place au début de l'Analytique des principes.
2. Comment les catégories s'appliquent aux phénomènes, en tant qu'elles les déterminent *a priori*. Pour cela, il faut découvrir les règles *a priori* de cette application. C'est ce que vise l'étude des principes de l'entendement pur qui est l'objet principal de l'Analytique des principes.

L'INTRODUCTION DE L'IMAGINATION

Les réflexions rassemblées dans le *Manuscrit de Duisbourg* de 1774-1775 nous montrent que dès 1775, Kant est en possession des idées clés de la *Critique de la raison pure*[19]. Il lui faudra pourtant six années de recherche avant d'être en mesure d'en achever l'écriture.

On peut ici noter l'absence de la théorie de l'imagination dans le *Manuscrit* de 1775. Theodor Haering (1884-1964) remarque[20] ainsi que le rôle de l'imagination, intermédiaire entre l'entendement et la sensibilité, est joué dans le *Manuscrit de Duisbourg* par le sens interne, qui correspond au moi empirique par opposition au moi transcendantal et dont la forme est le temps. Ni la triple synthèse de l'imagination, qui sera le cœur de la 2e section de la déduction transcendantale de 1781, ni la théorie du schématisme transcendantal, n'apparaissent encore. Il semble donc que les années immédiatement antérieures à 1781 aient eu pour tâche principale de constituer et développer la théorie de l'imagination[21].

Dans ce travail, Kant semble s'être appuyé principalement sur l'œuvre du psychologue allemand Johann Nikolaus Tetens (1736-1807)[22] dont les *Philosophische Versuche* ont été publiés en 1777. Kant a terminé la lecture de Tetens en avril 1778 et commence la rédaction de la *Critique de la raison pure* début 1779[23].

19 Il est certes possible que la théorie des jugements synthétiques *a priori* soit postérieure à 1775, car si le *Manuscrit de Duisburg* travaille particulièrement sur la distinction entre jugements synthétiques et analytiques, il ne la mentionne pas expressément. Tel est notamment l'avis de H. J. De Vleeschauwer (I-1934, p. 178). Elle me semble toutefois à l'œuvre dans ce texte, notamment dans la *Réflexion* 4674 : « La preuve que l'espace est une condition subjective, c'est que les propositions portant sur lui sont synthétiques et {que des objets [*Objekte*] peuvent ainsi} être connus *a priori*. Ce serait impossible si l'espace n'était pas une condition subjective de la représentation de ces objets [*Objekten*]. Les jugements synthétiques sur l'expérience sont, par contre, connus *a posteriori*, parce qu'ils portent immédiatement sur des objets [*Gegenstände*] donnés. » (*Le manuscrit de Duisbourg*, 1989, p. 20).

20 T. Haering (1910, p. 146).

21 Le principal document que l'on ait sur cette genèse théorique est le fragment B 12 (datant sans doute de 1780) des *Lose Blätter* (XXIII, 18-20) découvertes en 1889 par Rudolf Reicke (1825-1905), qui porte sur la synthèse transcendantale de l'imagination productive et dans lequel Hans Vaihinger voit le modèle primitif de la triple synthèse de 1781 (1902, p. 91-93).

22 Voir J.-G. Hamann, *Lettre à Herder du 17 mai 1779* (Hamann, 1821-1843, VI, p. 83).

23 Voir H. J. De Vleeschauwer (I-1934, p. 182 et 299-322).

UNE BIFURCATION INTERPRÉTATIVE

Cette introduction de l'imagination correspond-elle pour autant à une problématique simplement psychologique, comme le pense en 1871 le maître de l'école néokantienne, Hermann Cohen[24] (1842-1918) ? À sa suite, Herman Jean De Vleeschauwer (1899-1986) ne voit en 1934 dans le rôle de l'imagination qu'une complexification inutile de la tâche de la déduction transcendantale[25]. Aussi se réjouit-il, avec Cohen, de voir cette même théorie de l'imagination passée sous silence dans la réécriture de la déduction transcendantale, en 1787.

Mais on comprend mal que Kant ait retardé de six années son œuvre majeure, lui qui pensait ses jours comptés, pour un problème simplement psychologique, et donc extérieur au projet transcendantal de la *Critique de la raison pure*. De plus, l'imagination est également au cœur du schématisme, qui fait suite à la déduction transcendantale, et qui n'a pas été supprimé en 1787… On peut donc supposer que l'imagination transcendantale joue un rôle crucial dans la réalisation du projet de la déduction transcendantale.

Se pose alors le problème de l'occultation de l'opérativité de l'imagination transcendantale dans la déduction transcendantale de 1787. Comment lui donner sens ? Cette occultation a-t-elle le sens d'un « recul » de Kant devant la reconnaissance d'un primat de l'imagination et donc de la *temporalité*, dans la subjectivité transcendantale ? C'est la thèse défendue par Martin Heidegger (1889-1976) en 1927, dans son *Interprétation phénoménologique de la « Critique de la raison pure » de Kant*, où il développe une interprétation diamétralement opposée à celle de Cohen[26].

24 Voir H. Cohen (1885, p. 301).

25 Ainsi note-il : « Quant au thème de l'imagination, il est évident, bien que Kant le dissimule quelque peu par son intégration dans la méthodologie transcendantale, qu'il dérive du travail psychologique du 18e siècle. La naissance, en effet, de l'imagination du sens interne vient en droite ligne de la psychologie contemporaine de Kant et trahit l'influence grandissante de l'empirisme lockéen. » (H. J. De Vleeschauwer, I-1934, p. 290). Il ajoute : « Si notre reconstruction s'avère exacte, l'influence exercée par les *Philosophische Versuche* [de Tetens] doit être tenue pour néfaste, car elle serait la cause principale des obscurités et du déséquilibre qui se manifestent dans la suite des idées de la déduction. » (I-1934, p. 326).

26 Voir ici J. Benoist (1996, p. 10, 15 et 58-59). En dépit de sa proximité avec la lecture de Heidegger, sa lecture de la *Critique de la raison pure* reconnaît la positivité de la lecture de Cohen.

Afin de préciser le sens de ce conflit interprétatif, considérons le contenu de la déduction transcendantale de 1781.

DÉDUCTION SUBJECTIVE ET DÉDUCTION OBJECTIVE

La déduction transcendantale de 1781 occupe la deuxième et la troisième section du chapitre II de l'Analytique des concepts.

Cette déduction semble se diviser essentiellement en deux parties égales : une déduction *subjective* et une déduction *objective.* Comme le texte de la déduction occupe deux sections, il est naturel d'associer la déduction subjective à la 2e section et la déduction objective à la 3e. La division de la déduction transcendantale est indiquée par Kant dans le texte de la Préface à l'édition de 1781 :

> Or, cet examen [...] a deux parties. Le premier se rapporte aux objets de l'entendement pur et doit présenter, ainsi que faire comprendre, la validité objective de ses concepts *a priori* ; ce pourquoi, elle relève essentiellement de mes fins. La seconde se propose de considérer *l'entendement pur lui-même, du point de vue de sa possibilité* ainsi que des facultés de connaissance sur lesquelles il repose lui-même, *donc du point de vue subjectif* ; et bien que cette discussion soit de grande importance par rapport à mon but principal, elle n'en relève pas essentiellement, car la question principale reste toujours de savoir : Que [*was*] peuvent connaître, et jusqu'où [*wie fiel*], l'entendement et la raison, indépendamment de toute expérience, et non : Comment est possible [*wie ist möglich*] le *pouvoir de penser* lui-même ? Étant donné que cette dernière question est en quelque sorte la recherche de la cause pour un effet donné, et dans une certaine mesure renferme quelque chose de semblable à une hypothèse (bien que, comme je le montrerai à une autre occasion, il n'en aille pas en fait [*in der Tat*] ainsi), il semble que nous soyons ici dans le cas où je m'autorise à *énoncer une opinion* et où je dois donc laisser aussi le lecteur libre de se former une autre *opinion.* Au vu de cela, je dois prendre les devants en demandant au lecteur de se rappeler que, dans le cas où ma déduction *subjective* n'aurait pas produit en lui toute la conviction que j'en attends, la déduction *objective* garde en tout cas toute sa force [...]. (A XVI-XVII)

Or, ce texte est problématique : il présente une scission sans en opérer de justification véritable. Bien plus, il semble réduire la déduction subjective à une partie inessentielle, puisque la question de la déduction transcendantale, celle de la validité objective des catégories, est identifiée avec celle de la déduction objective, cette dernière suffisant à emporter l'adhésion. Toutefois, la déduction subjective n'est pas pour autant disqualifiée entièrement, et le texte reste ici très ambigu : il parle de sa « grande importance », et sa dimension hypothétique est dite être « en fait » fallacieuse. Si elle semble relever de l'*opinion* (d'une croyance insuffisante objectivement et subjectivement), elle relève donc bien du *savoir* (d'une croyance suffisante objectivement et subjectivement)[27].

NOUVELLE FORMULATION DE LA BIFURCATION INTERPRÉTATIVE

Cette ambiguïté ouvre la voie à deux interprétations possibles :

1. Ou bien la déduction objective est la seule vraie déduction, et la déduction subjective n'est qu'une complication inessentielle, un obscurcissement du texte.
2. Ou bien la déduction subjective joue un rôle essentiel dans la déduction transcendantale sans que Kant ne le théorise de façon totalement explicite.

Or, cette alternative correspond à celle que nous venons d'énoncer sur le rôle de l'imagination. En effet, la déduction subjective est le lieu de la triple synthèse de l'imagination. Selon que la théorie de l'imagination est interprétée comme simplement psychologique ou transcendantale, il en va de même pour la déduction subjective.

La seconde interprétation correspond à celle de Heidegger :

> [...] dans la troisième section, nous n'apprendrons au fond rien de neuf, *la « Déduction transcendantale » véritable est déjà accomplie.* Elle coïncide avec le

27 Opinion et savoir se distinguent tous deux de la *foi*, qui est une croyance suffisante subjectivement mais non objectivement (A 822).

> dévoilement de la dimension d'origine, c'est-à-dire avec l'explication ontologique de la subjectivité du sujet. (Heidegger, 1982, p. 336-337)

La première interprétation identifie au contraire la déduction subjective à la simple déduction « psychologique » que Kant oppose à une déduction transcendantale dans sa *Lettre à I. W. A. Kosmann de septembre 1789*[28]. Cette lecture correspond à l'interprétation néokantienne qui s'appuie sur la lecture de Kant par Cohen[29].

Cohen veut opérer un retour au sens transcendantal du kantisme contre le devenir psychologique de son interprétation, dont l'origine est à trouver, selon lui, chez Jacob Friedrich Fries (1773-1843)[30]. Dans son interprétation de la déduction des catégories, Cohen est ainsi conduit à insister sur l'opposition de la déduction subjective, simplement empirique et psychologique, à la déduction objective, seule véritablement transcendantale :

> *L'une* [la déduction transcendantale] *fonde le principe de la possibilité de l'expérience, l'autre* [la déduction empirique] *donne les « causes occasionnelles » de sa genèse* [*Enstehung*]. Les ob-jets [*Gegenstände*], par les représentations desquelles cette dernière compose l'expérience, la première les déduit du concept de l'expérience elle-même. Et ainsi *l'ob-jet de la représentation devient objet* [*Objekt*] *de l'expérience.* (Cohen, 1885, p. 300)[31]

Comment dès lors comprendre le plan de la déduction transcendantale ? Si son sens n'est pas pleinement transcendantal mais imprégné d'une

28 XI, 81.

29 À la suite de Cohen, B. Longuenesse (1993, p. XVI) considère la déduction subjective de 1781 comme « psychologique » et simplement préparatoire à la déduction « logique » de 1787, dont elle affirme la « supériorité » et qu'elle privilégie dès lors dans son étude. Même si son interprétation – en insistant sur le rôle de l'imagination et sur l'importance de la réflexion dans la constitution des concepts – est originale et se rapproche parfois de celle de Heidegger (1993, p. 224-225), elle reste donc liée à la lecture de Cohen. Cela la conduit à penser les formes de l'intuition et la matière comme des productions de l'entendement (affectant la sensibilité).

30 Cohen (1885, p. 296).

31 Par la distinction *ob-jet/objet*, je restitue la distinction opérée par Cohen (1885, p. 300) entre le *Gegenstand* (l'objet de représentation en général) et l'*Objekt* (l'objet de l'expérience), qui sera reprise et théorisée par Heidegger. J'ai montré (Séguy-Duclot, 2018, p. 83-96) que cette distinction entre *Gegenstand* et *Objekt* chez Kant, sur laquelle s'accordent Cohen et Heidegger, n'est pas satisfaisante et doit être repensée. Comme elle ne joue pas de rôle direct dans la déduction transcendantale des catégories, je ne l'ai pas prise en compte dans le présent ouvrage.

problématique empirique et psychologique dont l'origine se trouve chez Tetens, c'est un ensemble décousu et confus, fruit d'une sédimentation des couches historiques de la réflexion kantienne.

Les travaux d'Erich Adickes (1866-1928) notamment dans son édition de 1889 de la *Critique de la raison pure*, d'Emil Arnoldt[32] (1828-1905) et d'Hans Vaihinger[33] (1852-1933) vont dans le sens de l'interprétation de Cohen. Ils dégagent ainsi une complexité remarquable de l'édifice déductif, articulant une pluralité hétérogène de démonstrations autonomes, qui sont autant de fragments écrits à des époques différentes et juxtaposés sans véritable continuité logique. Adickes distingue ainsi *sept* déductions différentes, Arnoldt *six* et Vaihinger *quatre*. Le fait qu'Arnoldt et Adickes arrivent en même temps, indépendamment l'un de l'autre, à des résultats quasi identiques, témoigne de la nécessité d'une telle lecture dans le cadre dominant de l'interprétation néokantienne, au sein de l'université allemande au début du XXe siècle.

La solution de Vaihinger – plus nuancée, ce qui lui vaut d'être reprise notamment par Norman D. Kemp Smith[34] (1872-1958) et H. J. De Vleeschauwer[35] –, distingue *quatre* couches différentes :

1. Une couche composée de la 2e section sans l'étude de la triple synthèse et l'Explication préliminaire : elle porte sur l'objet transcendantal et se révèle assez proche de la *Lettre à Hertz de 1772*.
2. Une couche, composée de l'Explication préliminaire et d'une 1re partie descendante de la déduction objective portant sur les catégories sans que l'imagination productrice n'intervienne.
3. Une couche correspondant à une 2de partie la déduction objective qui fait entrer en jeu l'imagination productrice.
4. Une couche constituée par la triple synthèse de l'imagination, considérée par Vaihinger comme une interpolation tardive.

Les modifications apportées par ce découpage par rapport au plan annoncé par Kant visent principalement la déduction subjective (dont le cœur, la triple synthèse, est exclu de la déduction proprement dite) et à travers elle la théorie de l'imagination. De même les solutions

32 Arnoldt, 1907.
33 Vaihinger, 1902.
34 Kemp Smith, 1962.
35 De Vleeschauwer, II-1936.

d'Adickes et d'Arnoldt ne respectent que la division classique en partie descendante et partie ascendante de la déduction objective, et ont pour effet de pulvériser la déduction subjective.

Or, entre les deux interprétations opposées de Heidegger et de Cohen, il semble difficile de trancher. Car si l'interprétation de Heidegger a le mérite de respecter la continuité du texte de 1781, celle de Cohen est en mesure de rendre compte de la disparition de la triple synthèse dans l'édition définitive de 1787 de la *Critique de la raison pure.* La version de 1781 apparaît alors comme une approximation encore teintée de psychologisme, qui va être purifiée et délivrée de toutes ses obscurités en 1787.

Toute la question est donc celle du caractère transcendantal (lecture de Heidegger)[36] ou psychologique (lecture de Cohen) de la déduction subjective.

EXAMEN DU DÉBUT DE LA 2e SECTION

Considérons l'introduction à la déduction transcendantale, au début de la 2e section. Kant part d'une contradiction, qui vise sa théorie de l'entendement dans la *Dissertation de 1770* :

> Qu'un concept doive être produit entièrement *a priori* et se rapporter à un objet, bien que lui-même ne rentre pas dans le concept de l'expérience possible, ni ne se compose d'éléments d'une expérience possible, c'est tout à fait contradictoire et impossible. (A 95)

En effet, Kant admet désormais qu'un objet n'est donné que dans l'intuition sensible qui constitue le champ de l'expérience possible :

36 J. Benoist ne considère pas le conflit interprétatif concernant la déduction transcendantale et privilégie d'emblée la déduction subjective de 1781, à la suite de Heidegger. Cela le conduit à comprendre finalement le sujet kantien à partir de la sensibilité : « le sujet ne prend sens que d'être sujet qui sent [...] dans la pure phénoménalité de l'affection, signification d'une subjectivité irréductible à l'objet [...] » (1996, p. 284). Même si son interprétation de la 1re *Critique* est originale par rapport à celle de Heidegger – son projet étant de montrer que la temporalité ne suffit pas pour penser les structures de donation : voir son chapitre II, 2, qui est sans doute le cœur de son ouvrage (1996, p. 193-228) –, elle reste donc liée à celle de Heidegger et en suppose souvent les analyses, notamment concernant la triple synthèse de 1781, à laquelle J. Benoist ne consacre qu'une page (1996, p. 180).

il faut rejeter toute intuition intellectuelle. Un concept, pour pouvoir se rapporter à un objet, doit donc ou bien être empirique, ou bien, s'il ne l'est pas, pouvoir se rapporter à l'expérience en tant que condition *a priori* de sa possibilité. L'usage réel de l'entendement théorisé par Kant en 1770 est impossible.

Un concept pur qui ne se rapporterait pas à l'expérience en tant que condition *a priori* de sa possibilité, seule façon pour lui d'avoir un objet, serait un concept sans contenu, vide. Ce ne serait pas un concept, mais la simple forme logique d'un concept. Il ne peut avoir de contenu de réalité objective, qu'en tant que condition de possibilité *a priori* de l'expérience. Par conséquent, si l'on s'interroge sur la possibilité des concepts purs (non empiriques), de l'entendement, en tant qu'ils ne sont pas réduits à des formes logiques vides, il faut travailler sur les conditions de possibilité de l'expérience afin d'identifier le rôle qu'y jouent ces concepts purs :

> Veut-on savoir, par conséquent, *comment des concepts purs de l'entendement sont possibles*, il faut alors rechercher quelles sont les conditions dont dépend la possibilité de l'expérience et qui lui servent de fondement [...] (A 95-96)

La déduction transcendantale des catégories, qui doit prouver la légitimité de leur réalité objective, a ainsi pour tâche de montrer qu'un objet de l'expérience ne peut être pensé que par leur moyen :

> Or, ces concepts, qui contiennent *a priori* la pensée pure à l'occasion de chaque expérience, nous les trouvons dans les catégories ; et c'est déjà une déduction suffisante de ceux-ci et une justification de leur validité objective que de pouvoir démontrer qu'*un objet ne peut être pensé que par leur intermédiaire.* (A 96-97)

Cette question correspond à celle de la déduction objective. Or, le texte de Kant précise immédiatement que cette question de la déduction objective en *présuppose une autre*, sur laquelle va porter la déduction subjective :

> Mais vu que dans une telle pensée, il y a à l'œuvre *quelque chose de plus que l'unique pouvoir de penser, à savoir l'entendement*, et que ce dernier, comme *pouvoir de connaître qui doit se rapporter* [*beziehen*] *à des objets, a besoin aussi d'un éclaircissement concernant la possibilité de ce rapport* [*Beziehung*], nous devons examiner tout d'abord, *dans leur nature non pas empirique, mais transcendantale*, les *sources subjectives* qui constituent le fondement [*Grundlage*] *a priori* de la possibilité de l'expérience. (A 97)

Légitimer la validité objective des catégories, c'est montrer qu'un objet de l'expérience ne peut être pensé que par leur moyen. Or, cette pensée met en œuvre l'entendement, en tant qu'il se rapporte à des objets de l'expérience pour les connaître. La réalité objective des catégories *présuppose donc* la possibilité d'un rapport de l'entendement aux objets donnés dans la sensibilité. Mais un tel rapport est loin d'être évident en raison de la scission posée par Kant entre d'une part, l'*entendement* compris comme spontanéité productrice de représentations médiates et universelles (les concepts) et d'autre part, la *sensibilité* comprise comme passivité donatrice de représentations immédiates et singulières (les intuitions).

Pour comprendre la possibilité du rapport de l'entendement aux objets, il faut analyser ce rapport et voir comment il opère, quelle (s) autre (s) faculté (s) subjective (s) il met en jeu, car il ne s'explique pas par la simple dualité entendement/sensibilité. Bien que subjective puisqu'elle porte sur une analyse des pouvoirs de connaître du sujet et de leurs relations, nous allons montrer que cette question n'en reste pas moins transcendantale.

RETOUR À LA PRÉFACE

S'interroger sur la possibilité du rapport de l'entendement aux objets, c'est s'interroger sur la possibilité même de l'entendement, en tant que *pouvoir de connaître des objets*. Le texte de la Préface[37] s'en trouve éclairci. Il y a deux questions. La première, la plus immédiate, est celle de la déduction objective : montrer que les concepts purs de l'entendement, ou catégories, ont une valeur objective, en tant que conditions *a priori* de l'expérience. Cette déduction s'inscrit dans le problème plus général de détermination des limites du domaine de la connaissance : « *Que peuvent connaître, et jusqu'où, l'entendement et la raison ?* », lequel est l'enjeu même de la *critique* de la raison pure.

La seconde question, comme nous venons de le voir, est en fait *présupposée* par la première. Elle est donc atteinte par une démarche de

37 En A XVI-XVII.

type analytique, au sens de remontée de conséquence à principe. Elle consiste à s'interroger sur la possibilité de l'entendement lui-même en étudiant les pouvoirs de connaissance dont la mise en œuvre rend possible son opérativité. Dans la mesure où cette question est fondatrice par rapport à la déduction objective, elle a aussi le sens d'une *déduction*. Comme elle porte sur les conditions subjectives de la connaissance, elle peut être appelée « déduction *subjective* », pour la distinguer de la déduction *objective*, laquelle vise directement la question de la validité *objective* des catégories.

On pourrait croire que cette dénomination de *subjective* signifie une validité moindre, selon la hiérarchie usuelle entre connaissance *objective* et connaissance *subjective*. Ce serait oublier que pour Kant, *subjectif* est susceptible de deux sens. Il peut désigner ce qui manque d'objectivité, ou ce qui est principiel par rapport à l'objectivité. Or, ici, il s'agit du second sens. Remonter à une condition subjective, c'est *s'élever dans l'analyse transcendantale*. La déduction subjective est *première et plus fondamentale* que la déduction objective.

Pour autant, la question qu'elle pose, celle de la possibilité de l'entendement, n'est pas équivalente à la question même de la critique, qui porte directement sur les limites de la connaissance :

> [...] bien que cette discussion soit de grande importance par rapport à mon but principal, elle n'en relève pas essentiellement, car la question principale reste toujours de savoir : Que [*was*] peuvent connaître, et jusqu'où [*wie fiel*], l'entendement et la raison, indépendamment de toute expérience, et non : Comment est possible [*wie ist möglich*] le *pouvoir de penser* lui-même ? (A XVII)

Or, Kant précise que la question de la possibilité de l'entendement, défini comme pouvoir de connaître, ou plus largement encore, comme pouvoir de penser, correspond à une analyse causale : c'est « en quelque sorte la *recherche de la cause pour un effet* » (*ibid.*). À ce titre, on peut s'imaginer qu'elle « renferme quelque chose de semblable à une *hypothèse* » (*ibid.*) et « il semble que nous soyons ici dans le cas où je m'autorise à *énoncer une opinion* et où je dois donc laisser aussi le lecteur libre de se former une autre *opinion* » (*ibid.*). C'est ce passage qui risque d'induire le lecteur en erreur. Car l'*opinion* s'oppose au savoir. Il semble ainsi que dans la déduction *subjective*, le terme de *subjectif* doit être pris au premier sens, celui de manque d'objectivité.

Toutefois Kant indique que *ce n'est pas le cas*. Lorsqu'il envisage que son analyse ne soit qu'hypothétique, il précise aussitôt : « bien que, comme je le montrerai dans une autre occasion, il n'en aille pas en fait *(in der Tat)* ainsi ». Le statut d'opinion de son analyse dans la déduction subjective n'est donc qu'une simple apparence : « il semble *(es scheint)* » *(ibid.)*. Loin de n'être qu'un obscurcissement du texte de la déduction transcendantale, dont le statut serait simplement psychologique, la déduction subjective est supposée par la déduction objective et correspond à un moment fondamental de la déduction transcendantale.

Comme cette déduction subjective a pour contenu l'analyse de l'opérativité de l'imagination transcendantale – en tant qu'elle permet de comprendre la possibilité du rapport de l'entendement aux objets sensibles, et donc la possibilité de l'entendement lui-même –, il s'ensuit que la théorie de l'imagination développée par Kant correspond à une nécessité *transcendantale* et non simplement psychologique.

Du reste, le rôle de la déduction subjective excède ce lien fondateur à la déduction objective. Car elle permet de mettre en place la solution du problème de l'application des catégories aux phénomènes dans le chapitre du schématisme transcendantal. En effet, ce n'est que parce que l'on a mis au jour l'imagination transcendantale productrice, comme source subjective de la synthèse rendant possible le rapport de l'entendement à la sensibilité, que l'on peut penser le schéma[38] comme produit synthétique de l'imagination transcendantale, rendant possible la subsomption d'un objet sensible sous un concept pur de l'entendement.

UNE TROISIÈME VOIE INTERPRÉTATIVE

Une telle reconnaissance du caractère transcendantal de la déduction subjective, si elle nous éloigne de la position néokantienne, ne

38 L'usage consensuel en français du néologisme « schème » pour traduire le « Schema » allemand (que les Anglais et les Italiens traduisent par *schema*) me semble contestable. Il suffit d'avoir à l'esprit qu'un schéma au sens kantien n'est pas un schéma au sens usuel.

nous inscrit pas pour autant dans l'interprétation heideggerienne. Car cette dernière affirme le caractère inessentiel de la déduction objective en regard de la déduction subjective, de sorte que dans la 3e section, nous n'apprendrions au fond rien de neuf : la « *déduction transcendantale véritable est déjà accomplie* » (Heidegger, 1982, p. 336).

Une telle affirmation est contestable. La question de la déduction transcendantale des catégories est celle de la déduction objective, et si la déduction subjective vient en fondation de la déduction objective, elle porte sur une autre question. On peut l'appeler déduction, dans la mesure où elle correspond à un moment premier fondamental de la déduction transcendantale des catégories, mais elle ne suffit pas pour opérer cette déduction transcendantale. Encore faut-il passer à la déduction objective. Aussi Kant précise-t-il :

> Au vu de cela, je dois prendre les devants en demandant au lecteur de se rappeler que, dans le cas où ma déduction *subjective* n'aurait pas produit en lui toute la conviction que j'en attends, la déduction *objective* garde en tout cas toute sa force [...] (A XVII)

La conviction du lecteur sur la validité de la déduction transcendantale des catégories peut s'établir uniquement en considérant la déduction objective, qui traite directement de cette question, même s'il n'est pas convaincu par la déduction subjective, sachant que pour Kant, cette déduction subjective est légitime et *devrait générer la conviction*.

Il n'y a donc pas à choisir entre les deux déductions, la déduction objective contre la déduction subjective avec Cohen ou la déduction subjective contre la déduction objective avec Heidegger, mais penser au contraire leur complémentarité dans le cadre de la démarche transcendantale. Par-delà la bifurcation interprétative entre l'interprétation néokantienne et l'interprétation phénoménologique, une *troisième voie* se présente ainsi à nous pour construire une interprétation nouvelle de la déduction transcendantale de 1781.

N'en demeure pas moins le problème de la modification de la déduction transcendantale des catégories dans la 2de édition de 1787, qui se caractérise par l'occultation de la théorie de l'imagination et donc, apparemment, de la déduction subjective. S'il ne s'agit ni d'une correction nécessaire, comme le pense Cohen, ni d'un recul théorique, comme le pense Heidegger, il nous reviendra d'en déterminer le sens.

Nous pouvons désormais nous engager dans l'étude précise de la déduction transcendantale dans ses deux éditions de 1781 et 1787. Dans ce travail, nous nous confronterons principalement aux lectures de Cohen et de Heidegger[39], et nous garderons en tête notre objectif premier : déterminer s'il y a ou non diallèle dans l'entreprise fondationnelle de Kant.

39 Les interprètes anglo-saxons ont progressivement surmonté le rejet de Strawson, qui ne découvre dans la déduction subjective qu'un « sujet imaginaire de la psychologie transcendantale » (1966, 32), l'*a priori* étant renvoyé à une mystérieuse capacité nouménale de l'esprit (pour une critique de ce dédain et l'importance des représentations du moi dans la cognition, voir B. Longuenesse, 2017). L'étude précise du texte de la déduction transcendantale est plus que jamais d'actualité et l'ouvrage récent d'H. E. Allison (2015) représente sans doute la contribution la plus complète publiée sur ce texte depuis de nombreuses années. On peut toutefois lui reprocher une absence quasi totale de références aux interprétations de Cohen et de Heidegger, – dont le conflit est pourtant matriciel pour toute compréhension du texte de Kant –, même si Allison se confronte à des conflits interprétatifs analogues au conflit Cohen/Heidegger et auxquels ont été reconduits les interprètes anglo-saxons.

PREMIÈRE PARTIE

LA DÉDUCTION TRANSCENDANTALE DANS L'ÉDITION DE 1781

LA SYNTHÈSE DE L'APPRÉHENSION DANS L'INTUITION

PASSAGE À L'EXAMEN DE LA TRIPLE SYNTHÈSE

La première tâche de la déduction subjective est de déterminer dans leur nature transcendantale les sources subjectives qui rendent possible l'entendement, c'est-à-dire qui sont au fondement de son rapport aux objets et donc de la connaissance objective.

Or, il n'y a de connaissance possible que si le divers de l'intuition, donné dans la *synopsis* des sens (qui est une fonction coordinatrice de la réceptivité), est unifié dans une *synthèse* (qui est une fonction unificatrice de la spontanéité). La synthèse est définie comme une opération de rassemblement ou d'unification dont l'auteur est l'imagination :

> Par *synthèse* au sens le plus général, j'entends l'acte d'ajouter les unes aux autres des représentations différentes et de rassembler leur diversité dans une connaissance. Une telle synthèse est *pure*, quand le divers est donné non empiriquement mais *a priori* (comme celui donné dans l'espace et le temps) [...] *la synthèse est cependant ce qui proprement rassemble les éléments pour constituer une connaissance, et les réunit dans un certain contenu* ; elle est donc la première chose à laquelle nous devons prêter attention, si nous voulons juger de la *première origine* [*Ursprung*] *de notre connaissance*. La synthèse en général est, comme nous le verrons plus tard, le *simple effet de l'imagination* [...] (A 77-78)

Cette synthèse, selon Kant, est triple (appréhension, reproduction et recognition) :

> [...] à savoir, la synthèse de *l'appréhension* des représentations, comme modifications de l'esprit *dans l'intuition*, celle de la *reproduction* de ces représentations

> *dans l'imagination*[1], et celle de leur *recognition dans le concept.* Ces trois synthèses conduisent donc à trois sources subjectives de la connaissance qui *rendent elles-mêmes possible l'entendement*, et grâce à lui, toute expérience, en tant que produit empirique de l'entendement. (A 97-98)

Passons à l'examen de cette triple synthèse de l'imagination, avec pour tâche de saisir la nécessité proprement transcendantale de l'imagination au sein de la déduction subjective. Elle est opérée dans les trois premières parties (appelées *numéros*) de la 2e section de la déduction transcendantale des catégories.

LA SYNTHÈSE DE L'APPRÉHENSION DANS L'INTUITION (NUMÉRO 1)

Notons que la 1re synthèse, celle de l'appréhension, est dite « dans l'intuition ». Cela ne remet pas en cause l'attribution de la synthèse à l'imagination. La localisation définit le niveau d'opérativité de la synthèse, correspondant à une source subjective déterminée :

> Il y a donc en nous un *pouvoir actif* de la synthèse de ce divers, que nous appelons l'*imagination*, et son action qui s'exerce immédiatement dans les perceptions, je l'appelle *appréhension.* (A 120)

Nous avons vu que le problème de la déduction subjective est de s'interroger sur le lien essentiel de l'entendement à la sensibilité. Or, la sensibilité est :

> La simple nature subjective du sujet qui représente, dans la mesure où le divers est donné d'une manière particulière en lui (pour la composition [*zusammensetzung*] et l'unité synthétique de ce divers) [...] (*Lettre à Beck du 20 janvier 1792*, XI, 314-315)

---

1 Ou plus précisément, dans la *représentation imaginaire* (*Einbildung*) comme le note fort justement B. Longuenesse (1993, p. 26). Il s'agit de trois synthèses de l'imagination, laquelle opère dans trois sortes de représentations différentes : l'intuition sensible, la représentation imaginaire et le concept.

Kant part de la sensibilité, à savoir la donnée du divers sensible. Puis il va remonter, par l'analyse des processus de synthèse à l'œuvre dans cette représentation, à la nécessité de l'intervention de l'entendement. Il s'agit de rechercher les conditions de possibilité non de la sensation ou de la représentation en général, ni de la liaison des représentations, mais de la représentation *en tant qu'elle contient un divers en elle.*

La représentation est une détermination du sens interne. En tant qu'elle apparaît dans l'esprit et qu'elle modifie le cours de nos pensées, elle est soumise à la condition formelle du sens interne, à savoir le temps, qu'elle soit empirique ou *a priori*. De cette temporalité de toute représentation, on tire la nécessité d'une synthèse du divers :

> Toute intuition contient en soi un divers, qui ne serait pourtant pas représenté comme tel, *si l'esprit ne distinguait* [*unterschiede*] *pas le temps dans la série des impressions successives* ; *car en tant que contenue dans un instant* [*Augenblick*], *toute représentation ne peut jamais être autre chose qu'unité absolue.* Or, pour que de ce divers advienne l'unité de l'intuition (comme par exemple dans la représentation de l'espace), est nécessaire d'abord le parcours de la diversité, puis son rassemblement [*zusammennehmung*], acte que j'appelle *la synthèse de l'appréhension*, parce qu'il porte directement sur l'intuition qui offre certes un divers, mais ne peut jamais, sans l'intervention d'une synthèse, produire ce divers en tant que tel, et précisément comme contenu *dans une représentation.* (A 99)

Dans la première phrase de ce texte, Kant semble affirmer que la représentation intuitive est une unité absolue. La synthèse de l'appréhension est alors comprise comme constituant le divers en un instant, en une unité absolue. Telle est notamment la lecture de Heidegger[2].

Mais le sens du texte est différent. Son obscurité vient de sa concision, qui s'éclaire toutefois à la lecture de l'Analytique des principes[3].

---

2 Heidegger, (1982, p. 304-305. On la retrouve chez de nombreux interprètes, par exemple A. Philonenko (1983, I, p. 158) ou J. Moreau (1980, p. 282). En revanche J. Rivelaygue (II-1992, p. 111-113), dans son commentaire de la 1re synthèse, analyse la constitution du présent comme synthèse d'instants.

3 L'hypothèse d'une découverte tardive de la triple synthèse par Kant s'en trouve ainsi confortée.

INTUITION ET SENSATION

Reportons-nous au début du texte des Axiomes de l'intuition, qui nous dit que tous les phénomènes sont, quant à l'intuition, des grandeurs extensives.

Comme les phénomènes sont appréhendés dans l'intuition, et donc dans la forme pure de l'espace et du temps, leur représentation doit suivre la même synthèse que celle par laquelle les représentations déterminées de l'espace et du temps sont produites. Cette synthèse est une synthèse du divers homogène dans une unité. Or cette unité correspond à une *grandeur*. Le phénomène est ainsi appréhendé dans l'intuition comme une grandeur. Cette grandeur est telle que la représentation du tout n'est rendue possible que par celle des parties : elle est dite *extensive*. Tous les phénomènes, en tant qu'intuitions dans l'espace et le temps, sont donc des grandeurs extensives :

> J'appelle grandeur extensive celle dans laquelle la représentation des parties rend possible la représentation du tout (et donc, nécessairement, la précède). *Je ne peux me représenter une ligne, si petite soit-elle, sans la tirer par la pensée*, c'est-à-dire sans en produire successivement toutes les parties, à partir d'un point, et tracer d'abord cette intuition. Il en est de même pour tout temps, même le plus petit. Je pense en lui seulement la progression successive d'un instant à l'autre, dans laquelle, par toutes les parties du temps et leur addition, une grandeur déterminée du temps est finalement produite. Comme la simple intuition, pour tous les phénomènes, est soit l'espace, soit le temps, *tout phénomène, en tant qu'intuition, est une grandeur extensive, puisqu'il ne peut être connu dans l'appréhension que par synthèse successive* (de partie à partie). (A 162-163)

Or, si l'appréhension dans l'intuition est toujours successive, le texte des Anticipations de la perception nous apprend qu'il n'en va pas de même pour toute appréhension :

> *L'appréhension au moyen de la simple sensation ne remplit qu'un instant* [*Augenblick*] (à savoir quand je ne considère pas la succession de plusieurs sensations). En tant qu'elle est dans le phénomène quelque chose dont *l'appréhension n'est pas une synthèse successive*, qui procède des parties à la représentation entière, elle n'a alors pas de grandeur extensive. (A 167)

Il importe ici de traduire *Augenblick* par *instant* et non par *moment*, qui représente une partie du temps[4]. L'instant en effet n'est justement pas un moment, même petit : c'est un infinitésimal de temps qui n'a valeur que de *limite*[5]. Un équivalent de l'*Augenblick* est le *Zeitpunkt*, c'est-à-dire le *point temporel*, qui signifie bien cette fonction de limite. Cette nature de l'instant est liée à la propriété de continuité du temps :

> La propriété des grandeurs, selon laquelle, en elles, aucune partie n'est la plus petite possible (aucune partie n'est simple) s'appelle leur *continuité*. L'espace et le temps sont des *quanta continua*, parce qu'aucune partie ne peut en être donnée, sans être comprise entre des limites (points ou instants), donc seulement de sorte que cette partie soit à nouveau un espace ou un temps. (A 169)

La sensation nous donne la réalité [*Realität*] dans le phénomène, à savoir le contenu qui apparaît dans l'espace et le temps[6]. C'est la matière du phénomène, c'est-à-dire ce qui remplit l'intuition purement formelle. Elle est distincte de l'intuition du temps et de l'espace.

Notre citation de A 167 s'éclaire : l'appréhension au moyen de la seule sensation est instantanée. Elle ne peut être une synthèse successive, qui procède des parties au tout. Le réel de la sensation, qui n'est que la matière du phénomène, n'est pas une grandeur extensive. Toutefois, ce réel de la sensation est susceptible d'une variation infinie entre le zéro de réalité (l'absence de sensation) et la sensation présente. Bien que la sensation soit qualitative, on peut quand même la quantifier. Il existe une grandeur déterminable liée à la sensation, le *degré* de réalité. Le concept de degré désigne une *quantité qualitative*. Il ne correspond pas à une grandeur extensive, puisque le degré est saisi comme unité dans l'appréhension instantanée, indépendamment de l'appréhension successive de la série continue des variations :

> [...] le degré ne désigne que la grandeur dont l'appréhension est non successive mais instantanée. (A 169)

---

4 La traduction de *Augenblick* par *moment* induit en erreur, car le lecteur croit alors qu'une synthèse successive est possible au sein d'un tel « moment » et que l'unité absolue de la représentation contenue dans ce « moment » correspond à l'unité réalisée par la synthèse. La traduction par *instant* rend impossible une telle interprétation.

5 Si H. J. De Vleeschauwer (II-1936, p. 243-245) voit bien qu'il s'agit ici du problème des grandeurs intensives, il butte sur ce concept de « moment », qu'il pense comme une partie hypothétiquement indivisible du temps correspondant à une unité absolue de représentation.

6 Voir le commentaire de Heidegger (1971, p. 215-229).

À l'inverse de la grandeur extensive où le multiple précède l'unité totale, dans la grandeur intensive, l'unité totale est première par rapport à la pluralité. L'appréhension elle-même ne donne que l'unité du degré. La pluralité quantitative exige d'opérer une variation continue de l'intensité dans une succession d'appréhensions :

> Or, cette grandeur qui n'est *appréhendée que comme unité*, et dans laquelle la *pluralité ne peut être représentée que par l'approche de la négation* = *0*, je l'appelle la *grandeur intensive*. (A 168)

On peut donc dire que la grandeur intensive en tant que telle, c'est-à-dire comme unité multiple, *n'est pas dans l'appréhension* :

> C'est-à-dire que le réel dans le phénomène a toujours une *grandeur*, mais qui *ne se trouve pas dans l'appréhension*, car celle-ci se produit au moyen de la simple sensation en un instant, et non par la synthèse successive de plusieurs sensations. (*Ibid.*)

L'APPRÉHENSION DANS L'INTUITION

Nous pouvons désormais faire retour sur la première phrase du texte de la synthèse de l'appréhension dans l'intuition[7], que nous avons cité[8], afin d'en saisir le sens.

Pour se représenter le divers, notre esprit doit *différencier le temps comme forme pure de l'intuition du phénomène, dans la série des impressions sensibles.* Cela signifie ne pas se placer au niveau de la sensation – qui est instantanée[9] et dont la représentation n'est qu'une unité absolue ne permettant pas de représenter un divers –, mais au niveau de la forme intuitive. Pour que le divers puisse être représenté dans *une* représentation, non en tant qu'unité absolue, mais comme grandeur extensive[10], il faut

7 A 99.

8 Voir plus haut, p. 39.

9 En A 99 aussi, *Augenblick* doit être traduit par *instant* et non par *moment*.

10 Contrairement à ce que croit Lorne Falkenstein (1995, p. 75), il n'y a aucune contradiction entre l'affirmation que toute intuition contient un divers et celle qu'une représentation instantanée n'en contient pas (ce qui traduit selon Falkenstein l'insuffisance de la déduction de 1781 qui a conduit au remaniement de 1787). En effet, dans le premier cas,

effectuer la même opération que celle qui permet la détermination d'un espace ou d'un temps, à savoir la production successive des parties et leur composition dans une unité synthétique. Il faut donc parcourir dans un premier temps le divers, puis le rassembler, et cet acte correspond à une synthèse successive de l'appréhension dans le temps.

Kant ne dit pas que la synthèse permet de constituer le divers en une unité absolue. De même, il ne dit pas que toute appréhension est successive, car on peut appréhender une impression isolée : simplement cette appréhension ne donne qu'une réalité sensible, et ne correspond qu'à une unité absolue, sans divers en elle. Au contraire, la représentation du divers phénoménal exige une synthèse successive de l'appréhension, qui doit donc être une synthèse de l'appréhension dans l'intuition, laquelle ne peut s'opérer que par la différenciation du temps dans la série des impressions.

LE SENS *A PRIORI* DE LA SYNTHÈSE

Kant précise alors :

> Cette synthèse de l'appréhension doit aussi être opérée *a priori*, c'est-à-dire par rapport aux représentations qui ne sont pas empiriques. Car sans elle nous ne pourrions avoir *a priori* ni les représentations de l'espace, ni celles du temps, vu que celles-ci ne peuvent être produites que par la synthèse du divers qu'offre la sensibilité dans sa réceptivité originaire. Nous avons donc une synthèse pure de l'appréhension. (A 99-100)

Là encore, ce texte s'éclaire à la lecture des Axiomes de l'intuition, où il est dit que cette synthèse de l'appréhension du divers dans l'intuition est la même synthèse que celle qui produit la détermination des représentations du temps ou de l'espace, par composition de l'homogène et conscience de son unité synthétique. Or, cette dernière synthèse est

---

il est question d'*intuition* ; dans l'autre, de *sensation*. Les interprétations de ce passage – notamment celle de P. Guyer (1987) – ont pour défaut de manquer cette distinction et notamment l'instantanéité de la sensation. Ainsi, H. E. Allison (2015, p. 209) entend rejeter la contradiction repérée par Falkenstein en identifiant l'instant à un point et en lui retirant toute positivité, le temps n'étant pas une succession d'instants.

pure et non empirique, puisqu'elle porte directement sur les formes pures *a priori* de la sensibilité. Elle ne prend pas en compte le réel de la sensation, la matière.

Une telle synthèse pure n'est pas un simple mode particulier de la synthèse de l'appréhension, puisque nous avons vu que la synthèse du divers empirique s'effectue *sur le modèle* de la synthèse pure, en différenciant le temps dans la série des impressions sensibles. Le passage de la synthèse empirique à la synthèse pure n'est pas une simple coordination[11], comme peut le laisser croire le texte : la synthèse pure de l'appréhension est au fondement de toute synthèse de l'appréhension[12].

Cette synthèse pure, en tant qu'elle fonde toute représentation d'un divers sensible, est condition de possibilité *a priori* de la connaissance sensible et a donc un sens transcendantal.

---

11 Comme le pense notamment B. Longuenesse (1993, p. 30).

12 Heidegger (1982, p. 306-308) a vu cette relation de fondement entre les deux synthèses, mais reproche à Kant de ne pas la saisir pleinement et de passer « violemment » de la synthèse empirique à la synthèse pure. La référence à l'Analytique des principes permet de comprendre sa présence implicite dans le texte.

LA SYNTHÈSE DE LA REPRODUCTION DANS L'IMAGINATION

LE FONDEMENT DE LA SYNTHÈSE DE L'APPRÉHENSION DANS LA SYNTHÈSE DE LA REPRODUCTION

La deuxième synthèse débute par une analyse empirique (polémique par rapport à Hume), qui n'est pas dans une continuité parfaite par rapport à la logique du texte et en représente une complexification, bien qu'elle soit apparemment pleinement satisfaisante dans la mesure où elle crée un effet de symétrie avec la précédente synthèse (qui distinguait également un niveau empirique et un niveau pur).

Dans un premier temps, il importe de ne pas tenir compte de cette analyse empirique et de commencer directement notre commentaire au passage suivant :

> Or, il est évident que, si je tire une ligne dans la pensée, ou si je veux penser le temps d'un midi au midi suivant, ou bien seulement me représenter un certain nombre, je dois d'abord, nécessairement, saisir dans la pensée ces diverses représentations l'une après l'autre. Si je laissais toujours échapper de mes pensées les représentations antérieures (les premières parties de la ligne, les parties antérieures du temps ou les unités représentées successivement) et si je ne les reproduisais pas, alors que je passe aux suivantes, jamais ne pourrait avoir lieu aucune représentation complète, ni aucune des pensées indiquées précédemment, pas même les représentations fondamentales, les plus pures et les premières, de l'espace et du temps. (A 102)

Comme le fondement de la synthèse de l'appréhension nous est apparu être la synthèse pure produisant les représentations déterminées de l'espace et du temps, il est possible de passer directement – sans la médiation de l'exemple d'une reproduction empirique – au problème de la possibilité d'une telle synthèse de l'appréhension pure.

Nous savons que la synthèse successive de l'appréhension opère un parcours et un rassemblement du divers pur. Le texte des Axiomes de l'intuition[1] nous donne l'exemple de la ligne que l'on ne peut se représenter sans la tirer à partir d'un point, c'est-à-dire sans en générer (*erzeugen*) successivement toutes les parties. L'*Erzeugung* signifie la génération au sens de production continue. Une telle synthèse est une synthèse productrice pure de l'imagination :

> C'est sur cette *synthèse successive de l'imagination productrice, dans la génération des figures*, que se fonde la mathématique de l'étendue (géométrie) [...] Quand je dis : avec trois lignes, dont deux prises ensemble sont plus grandes que la troisième, on peut tracer un triangle, je n'ai ici que la simple fonction de l'imagination productrice [...] (A 163-165)

L'imagination est appelée *productrice* dans la mesure où elle est un pouvoir de synthèse *a priori*, qui exprime une spontanéité. C'est une condition de possibilité de l'expérience en général.

Or, comment s'effectue une telle synthèse ? La production se fait dans la forme pure du temps. Donc, pour que la représentation soit unifiée, et que la synthèse soit complète, il faut que les termes déjà produits dans la synthèse successive ne soient pas oubliés au fur et à mesure et soient reproduits à chaque étape suivante de la synthèse. Remarquons que cette reproduction correspond à la deuxième fonction de la synthèse de l'appréhension : celle du rassemblement progressif du divers parcouru. Pour qu'un phénomène soit appréhendé dans l'intuition, il faut une appréhension successive des impressions isolées et leur reproduction, qui permet leur rassemblement progressif dans l'unité d'une représentation. Ainsi, la synthèse de l'appréhension dans l'intuition, pour constituer une représentation une, *présuppose* une synthèse de la reproduction de l'imagination, sans laquelle la représentation resterait incomplète. Sans la synthèse de la reproduction, il n'y aurait qu'une série d'appréhensions partielles qui ne seraient pas synthétisables, puisqu'elles disparaîtraient au fur et à mesure de leur appréhension. La synthèse de la reproduction n'est donc pas complémentaire de la synthèse de l'appréhension : elle est sa condition de possibilité[2].

---

1 A 162-163.

2 On peut ainsi répondre au problème soulevé par H. J. De Vleeschauwer : « La reproduction semble contredire la thèse de l'appréhension selon laquelle un moment de la conscience

De plus, cette synthèse de la reproduction s'effectue au niveau même de l'activité synthétique de l'imagination productrice. Elle opère donc bien dans la représentation imaginaire (*Einbildung*). Et cette synthèse est pure puisqu'elle porte sur les formes pures de l'espace et du temps.

L'occurrence, à côté de l'espace et du temps, de l'exemple du nombre ne doit pas poser problème au lecteur. Certes, le nombre n'est pas à proprement parler une grandeur mais un concept : c'est le concept de la détermination d'une grandeur selon la quantité[3]. Mais la détermination des grandeurs par le nombre suppose une synthèse successive de leur intuition selon la forme du temps. Aussi le nombre a-t-il valeur de schéma[4] de la grandeur quantitative :

> Mais le *schéma* pur de la *grandeur (quantitatis)*, envisagée comme un concept de l'entendement, est le *nombre*, lequel est une représentation qui comprend l'addition successive de l'unité à l'unité (homogène). Le nombre n'est donc autre chose que l'unité de la synthèse du divers d'une intuition homogène en général, rendue possible par le fait que je génère le temps lui-même dans l'appréhension de l'intuition. (A 142-143)

La génération du nombre se fonde sur une génération de l'intuition formelle du temps dans la synthèse successive pure de l'appréhension dans l'intuition. Cela rend compte de sa présence aux côtés de l'espace et du temps dans le texte. À nouveau, c'est la référence à l'Analytique des principes qui éclaire un texte trop concis.

Par conséquent, la synthèse pure *a priori* de l'appréhension dans l'intuition présuppose, comme condition de sa possibilité, une synthèse pure *a priori* de la reproduction *dans* l'imagination productrice. La synthèse de la reproduction dans l'imagination productrice est dès lors une synthèse transcendantale :

---

est occupé par une unité absolue de représentation. » (II-1936, p. 251). Nous avons vu en effet que la thèse de l'appréhension dit le contraire. L'unité de la représentation n'est que relative et composée d'impressions synthétisées. L'appréhension totale d'une représentation exige donc une synthèse de la reproduction qui permet le rassemblement du divers.

3 Kant, *Lettre à Schultz du 25 novembre 1788*, X, 556.

4 À la suite de Cohen (1885, p. 303-304), les interprètent articulent couramment les trois synthèses à trois étapes successives et ascendantes dans le développement de la connaissance empirique : l'intuition, l'image et le concept (H. E. Allison, 2015, p. 205). Toutefois, la synthèse de la reproduction excède la question de la constitution des images : un nombre est un schéma, non une image. Allison du reste opère lui-même la distinction entre *schéma* et *image* (*ibid.*, p. 256).

> [...] ainsi *la synthèse reproductrice de l'imagination appartient aux actes transcendantaux de l'esprit*, et, en considérant ceux-ci, nous appellerons aussi ce pouvoir *le pouvoir transcendantal de l'imagination.* (A 102)

Repérer le rapport de fondation entre les deux synthèses est crucial, car cela conditionne le sens transcendantal de l'analyse. Aussi Cohen manque-t-il ce sens en considérant que la synthèse de l'appréhension porte sur une représentation singulière alors que la synthèse de la reproduction porterait sur une pluralité de représentations selon une loi empirique d'association : « Ce que l'appréhension est pour l'intuition singulière, la reproduction l'est pour une série de représentations » (Cohen, 1885, p. 302). La synthèse de l'appréhension serait alors première et la synthèse de la reproduction seconde. Mais ce n'est pas le cas : dans la synthèse de l'appréhension, Kant considère un divers intuitif dont la synthèse complète n'est possible que si les appréhensions partielles sont reproduites.

REPRODUCTION MATHÉMATIQUE ET REPRODUCTION DYNAMIQUE

Une fois dégagée la logique démonstrative du texte consacré à la 2e synthèse, nous pouvons revenir sur sa première partie, qui présente la reproduction empirique, et que nous avons provisoirement décrite comme une complexification secondaire de l'argumentation. Kant part du constat de l'existence dans notre esprit d'un pouvoir empirique de reproduction :

> [...] des représentations qui se sont souvent succédé ou accompagnées finissent par *s'associer* entre elles et forment ainsi une *connexion* [*Verknüpfung*], selon laquelle, même sans la présence de l'objet, une de ces représentations fait passer l'esprit à l'autre d'après une *règle constante.* (A 100)

Ce pouvoir empirique de reproduction appartient à l'imagination en tant qu'elle est le pouvoir de représentation d'un objet hors de sa présence, l'intuition sensible le représentant dans sa présence même. Le concept de *connexion* (*Verknüpfung*) est à distinguer de celui de *liaison* (*Verbindung*), comme le précise une note de la seconde édition de l'Analytique des principes :

Toute *liaison* [*Verbindung*] (*conjunctio*) est soit une *composition* [*Zusammensetzung*] (*compositio*), soit une *connexion* [*Verknüpfung*] (*nexus*). La *première* est la synthèse d'un divers sans *appartenance mutuelle nécessaire*, comme par exemple deux triangles, dans lesquels se divise un carré coupé par la diagonale, n'appartiennent pas par eux-mêmes nécessairement l'un à l'autre ; il en va de même pour la synthèse de *l'homogène* en tout ce qui peut être examiné mathématiquement (laquelle synthèse peut à nouveau être divisée en celle de l'agrégation et celle de la coalition, la première se rapportant aux grandeurs extensives, la seconde aux grandeurs intensives). La *seconde* liaison (*nexus*) est la synthèse d'un divers avec *appartenance mutuelle nécessaire*, comme par exemple l'accident par rapport à quelque substance, ou l'*effet par rapport à la cause* – par suite, même en tant qu'*hétérogène*, il est représenté comme lié *a priori* ; cette liaison, parce qu'elle n'est pas arbitraire, je l'appelle *dynamique*, car elle concerne la *liaison de l'existence* [*Dasein*] *du divers* (on peut à nouveau la diviser en liaison physique des phénomènes entre eux, et en liaison métaphysique des phénomènes dans le pouvoir de connaître *a priori*). (B 201-202)

Dans la *connexion* produite par la synthèse de l'imagination, le problème en jeu est donc celui du lien nécessaire de *causalité* entre deux phénomènes. Or, la causalité pour Hume n'a valeur que d'induction par habitude. Dès lors, elle ne correspond pas à une proposition synthétique *a priori* et relève seulement du pouvoir empirique de reproduction. Comme le sens de la déduction transcendantale des catégories est, rappelons-le, de dépasser Hume, Kant doit montrer qu'un tel pouvoir d'association a un fondement *a priori* et transcendantal dans le sujet. Pour cela, il faut remonter aux conditions de possibilité d'une telle associabilité.

Le texte part du simple fait subjectif du pouvoir de reproduction de l'imagination dans l'esprit. Pour que l'imagination puisse mettre en œuvre un tel pouvoir, il faut que, dans l'effectivité de l'expérience même, une constance de la liaison entre les phénomènes soit observable. Car si les qualités associées à un objet changeaient sans cesse – si par exemple l'être humain changeait sans cesse de figure –, l'imagination ne pourrait mettre en œuvre son pouvoir de reproduction, lequel resterait un pouvoir mort dans l'esprit.

Or, si le fondement du pouvoir de reproduction de l'imagination est l'associabilité effective des phénomènes dans l'expérience, le problème du fondement objectif d'une telle associabilité, et donc d'un lien nécessaire entre les phénomènes, se pose. Il faut donc rechercher le fondement d'une unité synthétique nécessaire des phénomènes. De subjectif, le problème devient objectif, et il est même proprement *transcendantal* et non simplement empirique, puisqu'il s'agit d'une condition de possibilité de l'expérience en général.

Comme les phénomènes ne sont pas des choses en soi, la nécessité d'une telle unité synthétique est à chercher dans un fondement *a priori*. La recherche de la condition de possibilité du pouvoir empirique de reproduction devient celle d'un fondement *a priori* d'une unité synthétique nécessaire des phénomènes.

SUCCESSION SUBJECTIVE ET SUCCESSION OBJECTIVE

Jusqu'ici le texte de Kant est clair. La difficulté intervient dans la solution proposée pour une telle recherche. En effet, la fondation directe d'une telle synthèse empirique de la reproduction dans l'association des phénomènes sur la synthèse de la reproduction pure (telle qu'elle est décrite par le texte de la 2e synthèse, c'est-à-dire comme condition des intuitions pures) est *impossible*.

L'Analytique des principes, en l'occurrence le texte de la 2e Analogie de l'expérience, nous révèle une telle impossibilité en opérant une distinction nette entre principes *mathématiques* et principes *dynamiques* :

> Ces principes [dynamiques] ont ceci de particulier qu'ils *ne considèrent pas les phénomènes et la synthèse de leur intuition empirique, mais simplement leur existence et leur rapport entre eux relativement à cette existence.* (A 178)

En effet, le problème de l'associabilité des phénomènes porte sur leur *connexion* et *non sur leur composition.* Ce sont deux modes de liaison, mais la *connexion* est une liaison *dynamique* portant sur un divers *hétérogène* dans son existence même, alors que la *composition* est une liaison *mathématique* portant sur un divers *homogène*, sans considération de l'existence.

Chaque mode de liaison engage une synthèse successive de l'appréhension spécifique. Dans la composition, la succession est simplement *subjective.* Par exemple, l'appréhension du divers composant la représentation d'une maison est successive (elle requiert du temps), mais l'ordre des perceptions appréhendées est indifférent par rapport à l'appréhension totale : que l'on commence par le toit ou le rez-de-chaussée, la représentation de la maison est identique. De même, quand on tire une droite dans la pensée, la représentation totale du dessin est indifférente par rapport au sens adopté et donc à l'ordre de l'appréhension.

Il n'en va pas de même dans l'appréhension d'un événement, par exemple d'un bateau en train de descendre un fleuve. Elle est également successive, mais *l'ordre des perceptions n'est plus indifférent* : on ne peut se représenter ce mouvement en commençant par la position du bateau en aval et en finissant par celle en amont. Un tel mouvement serait contraire au courant. Il y a une nécessité objective de l'expérience qui *impose un ordre de succession*. La succession dans la synthèse de l'appréhension n'est plus subjective, mais *objective*.

Il faut donc distinguer nettement la succession simplement *subjective* de l'appréhension dans l'intuition de la succession *objective* des phénomènes :

> Dans le cas qui nous occupe, je devrai donc dériver la *succession subjective de l'appréhension* de la *succession objective des phénomènes*, car sinon la première est tout à fait indéterminée, et ne distingue aucun phénomène d'un autre. La première seule ne prouve rien quant à la liaison du divers dans l'objet, parce qu'elle est complètement arbitraire. La seconde consistera donc dans l'ordre du divers du phénomène, d'après lequel l'appréhension de l'un (ce qui arrive) suit *selon une règle* de celle de l'autre (qui précède). *C'est ainsi seulement que j'ai le droit de dire du phénomène lui-même, et non pas simplement de mon appréhension, que l'on doit y trouver une succession*, ce qui signifie que je ne saurais faire l'appréhension que précisément dans cette succession. (A 193)

Or, les exemples de reproduction empirique choisis par Kant au début de l'examen de la synthèse de la reproduction mettent en jeu une telle nécessité objective :

> Cette loi de la reproduction suppose toutefois que *les phénomènes eux-mêmes soient effectivement soumis à une telle règle*, et que, dans le divers de leurs représentations il y ait accompagnement ou *succession conformément à certaines règles*. (A 100)

La fondation *a priori* de l'unité synthétique nécessaire de l'associabilité objective des phénomènes ne peut dès lors être trouvée dans un simple fondement de la synthèse de l'appréhension dans l'intuition, fût-il également *a priori*.

En clair, la synthèse de la reproduction pure, qui intervient nécessairement dans le tracé de la droite dans la pensée afin que nous puissions en obtenir une appréhension totale, ne peut empêcher que le spectacle de la nature ne soit le théâtre d'une série infinie de métamorphoses, car cette synthèse ne tient *aucun compte* de l'ordre des phénomènes et de leur associabilité[5]. Elle rend possible la succession subjective dans l'appréhension mais non la succession objective dans le phénomène. Elle garantit simplement à chaque fois la complétude mathématique de nos représentations (c'est elle qui nous permet de percevoir la forme d'un être humain), non leur cohérence dynamique dans un ensemble ordonné de la nature (le fait qu'un être humain ne change pas constamment de forme dans le temps). Une telle complétude est insuffisante pour que la représentation ait un statut d'objet :

> Dans la synthèse des phénomènes, le divers des représentations est toujours successif. Par là, aucun objet n'est représenté ; car *par cette succession, commune à toutes les appréhensions, rien n'est distingué d'autre chose.* (A 198)

Nous n'avons affaire qu'à un simple *jeu de représentations* :

> Nous n'aurions de cette manière qu'un jeu de représentations qui ne se rapporterait à aucun objet, c'est-à-dire que par notre perception, *un phénomène ne serait nullement distingué de tout autre sous le rapport du temps*, car la succession, dans l'acte d'appréhender, est toujours identique, et qu'il n'y a donc rien dans le phénomène qui la détermine de telle sorte qu'une certaine succession soit rendue par là nécessaire en tant qu'objective. *Je ne dirai donc pas que dans le phénomène deux états se succèdent, mais seulement qu'une représentation succède à une autre*, ce qui est quelque chose de simplement subjectif [...] (A 194-195)

ASSOCIATION ET COMPRÉHENSION

Le texte de Kant aurait donc dû choisir un autre exemple de reproduction empirique. Quel exemple ? Celui de l'appréhension d'une maison[6]. Kant aurait ainsi montré que l'appréhension d'une maison est

5 P. Guyer (1987, p. 122-123) repère bien une insuffisance de l'argumentation de Kant mais, faute d'avoir suffisamment distingué le mathématique du dynamique, il y voit une insuffisance pour l'ensemble de la synthèse de la reproduction, alors qu'elle ne porte que sur la question de la reproduction dynamique.

6 B. Rousset, inconsciemment, rectifie le texte et prend cet exemple dans son analyse du passage (1967, p. 343).

une synthèse successive qui exige qu'à chaque instant de la synthèse, les termes antérieurs soient reproduits. Il aurait fort logiquement conclu à la nécessité d'une synthèse de la reproduction empirique. Puis, passant au cas de la ligne que l'on trace, il aurait trouvé avec conséquence le fondement d'une telle nécessité dans une synthèse de la reproduction pure au sens mathématique.

L'échec de cette reproduction empirique remet-il en cause l'expérience en elle-même dans sa cohérence ? Non. Si la reproduction échoue, l'appréhension n'est tout simplement pas complète. Au lieu de voir une maison, on ne voit que son toit, ou son côté droit. Mais la nature n'en est pas bouleversée pour autant.

La synthèse de la reproduction empirique qui intervient dans l'exemple de la maison est rapportée à la *composition* et non à la *connexion*. Elle est différente de la synthèse de la reproduction présentée par Kant en A 100. Il y a manifestement ici, pour le moins, une imprécision de vocabulaire. Il importe de différencier la *synthèse de reproduction par composition*, qui est *mathématique*, et la *synthèse de reproduction par connexion*, qui est *dynamique*. Or, la reproduction dynamique est aussi appelée *synthèse d'association*, notamment dans la 3ᵉ section[7]. Il manque un terme pour désigner la reproduction mathématique. Kant a conçu un tel terme, mais dans la troisième *Critique* (1790) et non dans la première. Il en fait usage lorsqu'il envisage l'échec de la synthèse de la reproduction mathématique[8]. Dans ce texte, la synthèse de la reproduction mathématique est appelée synthèse de la *compréhension* (*Zusammenfassung*).

MISE ENTRE PARENTHÈSES DE L'OBJECTIVITÉ

Mais revenons à la déduction subjective. Pourquoi Kant fait-il appel en A 100-101 à des exemples de synthèse empirique de la reproduction *dynamique*, alors qu'en A 102, son exemple de synthèse pure de la reproduction, qui doit fonder la synthèse empirique de la reproduction,

7 A 115-116.

8 En V 251-252. Nous reviendrons sur cet échec en II, chap. VI, § 4, et nous verrons en quoi la théorie du sublime est décisive pour la théorie de la grandeur.

est une synthèse de la reproduction *mathématique* ? S'agit-il de sa part d'une faute de raisonnement[9] ?

Nous venons de voir qu'il y a deux sortes de synthèse de la reproduction : une synthèse mathématique (la compréhension) et une synthèse dynamique (l'association). La *reproduction* (*Reproduktion*) au sens large correspond à la *liaison* (*Verbindung*) des représentations dans le temps ; la *compréhension* (*Zusammenfassung*), à la *composition* (*Zusammensetzung*) subjective des appréhensions successives permettant le *rassemblement* (*Zusammennehmung*) des impressions et des représentations partielles dans une synthèse de l'appréhension ; l'*association* (*Assoziation*), à la *connexion* (*Verknüpfung*) objective des phénomènes.

Il y aurait une faute de raisonnement si Kant avait voulu effectivement fonder la synthèse empirique de la reproduction dynamique sur une synthèse pure de la reproduction mathématique. Mais ce n'est pas ce qu'il fait. Le texte de la transition entre le point de vue empirique et sa fondation transcendantale est net :

> Il faut donc qu'il y ait quelque chose qui rende possible cette reproduction des phénomènes, en servant de fondement *a priori* à une unité synthétique nécessaire des phénomènes. On ne tarde pas à s'en convaincre, quand on songe que les phénomènes ne sont pas des choses en soi, mais *le simple jeu de nos représentations, qui reviennent en définitive à des déterminations du sens interne.* Si donc nous pouvons montrer que même nos *intuitions a priori* les plus pures ne procurent aucune connaissance, sauf si elles contiennent une *liaison* [*Verbindung*] *du divers*, qu'une synthèse complète de la reproduction rend possible, alors cette synthèse de l'imagination aussi est fondée antérieurement à toute expérience sur des principes [*Prinzipien*] *a priori*, et il faut en admettre une synthèse transcendantale pure servant elle-même de fondement à la possibilité de toute expérience (en tant que celle-ci présuppose nécessairement la reproductibilité des phénomènes). (A 101-102)

Kant ne considère donc ici les phénomènes que comme un « simple jeu de représentations » (A 194). Cette idée de jeu renvoie à une simple succession subjective de l'appréhension. Les phénomènes n'étant considérés que comme des déterminations du sens interne, leur réalité objective relève d'une autre question :

> Nous avons en nous des représentations dont nous pouvons aussi être conscients. Mais cette conscience peut être aussi étendue, exacte ou précise que l'on veut,

9 Comme le soupçonnent nombre d'interprètes. Par exemple, Adickes (1889, p. 657) et De Vleeschauwer (II-1936, p. 251).

> cela reste toujours seulement *des représentations, c'est-à-dire des déterminations internes de notre esprit*, dans tel ou tel rapport temporel. Comment donc arrivons-nous à supposer un objet à ces représentations, ou à leur attribuer encore, *outre leur réalité subjective comme modifications*, je ne sais quelle *réalité objective* ? (A 197)

Kant opère ainsi en A 101-102 une limitation du problème *en ne prenant en compte que la réalité subjective des phénomènes comme représentations* et non leur réalité objective dans leurs rapports de causalité. Cette limitation est nécessaire, car la logique du texte n'a *pas encore* rencontré le problème de la définition de l'objectivité.

Une fois la question de l'objectivité mise entre parenthèses, le problème à résoudre ne concerne plus la connexion, mais la liaison au sens large (*Verbindung*), et en fait, déjà, la liaison simplement au sens mathématique, c'est-à-dire la composition. C'est pourquoi le texte enchaîne directement sur le plan mathématique de l'intuition pure : la fondation ne doit plus porter que sur la nécessité subjective de la succession dans l'intuition, en tant qu'elle est la condition de génération de toute intuition formelle, donc des concepts déterminés de l'espace et du temps, qui sont au fondement de la possibilité de l'expérience.

Dès lors, Kant peut légitimement travailler sur l'exemple de la ligne que l'on tire, qui nous révèle la synthèse pure de la reproduction mathématique, laquelle est une opération transcendantale de l'esprit, condition de possibilité de la synthèse pure de l'appréhension dans l'intuition.

Le problème de la fondation de la synthèse empirique de la reproduction dynamique *reste toutefois non résolu*. Ce n'est qu'en opérant une *limitation mathématique*, en ne prenant en compte que la subjectivité de la succession, que la fondation a été effectuée. Mais dans la synthèse de la reproduction dynamique, il se passe quelque chose de plus : les phénomènes ne sont pas un simple jeu subjectif de représentations. Ils s'enchaînent suivant des règles nécessaires dans le tout de l'expérience qui forme la nature. La succession doit donc être *également fondée dans son objectivité*.

Toutefois, une telle fondation ne peut pas encore être opérée[10] : elle engage la définition de l'objectivité qui n'apparaît que dans le texte de

10 Je ne suis pas la lecture de Heidegger qui prétend trouver dans le texte de la 2e synthèse une telle fondation de l'associabilité objective de l'ensemble des phénomènes, alors que le concept d'objet en est totalement absent : « La possibilisation de l'objet nature dans

la 3e synthèse. L'exemple empirique de la 2e synthèse ouvre ainsi non seulement sur le numéro 3 de la déduction subjective, mais également sur le numéro 4, qui a pour fonction, une fois l'objet défini en 3-, de reposer le problème de l'associabilité des phénomènes *au niveau objectif cette fois*, c'est-à-dire celui de leur affinité, et ainsi d'*achever* la fondation de la synthèse de la reproduction dynamique[11], dont l'exigence apparaît dans le numéro 2.

On comprend aussi pourquoi Kant a choisi de faire intervenir dès maintenant l'exemple de la reproduction dynamique au lieu de se contenter de l'exemple d'une maison. Ce dernier aurait certes été plus adéquat et plus respectueux de la continuité logique du texte, mais il aurait surtout été inutile, puisque nous avons vu au début de ce chapitre que l'on peut enchaîner immédiatement la synthèse de l'appréhension pure sur la synthèse de la reproduction pure qu'elle présuppose. L'exemple de la reproduction dynamique a valeur d'anticipation : il ouvre sur la suite de la déduction subjective et lui confère une unité démonstrative, dont le sens est bien le dépassement de l'empirisme humien.

PRÉSUPPOSITION DE LA SYNTHÈSE DE LA REPRODUCTION PAR LA SYNTHÈSE DE L'APPRÉHENSION

L'imagination reproductrice, au sens dynamique et non mathématique, a un rapport essentiel au passé. Elle est définie comme le pouvoir de se représenter un objet *hors de sa présence*. Toutefois son principe *a priori*, en tant qu'elle présuppose l'affinité objective, n'est pas dans l'imagination reproductrice pure, mais dans une fonction *productrice* de l'imagination :

> L'imagination est donc aussi un pouvoir de synthèse *a priori*, ce pourquoi nous lui donnons le nom d'*imagination productrice* ; et dans la mesure où, par rapport à tout le divers du phénomène, elle n'a d'autre but que l'unité nécessaire dans

---

sa totalité régionale même, voilà ce qui fait ici question pour Kant. » (1982, p. 309). Ce qui le conduit à négliger le numéro 4 de la déduction subjective, qui porte précisément sur ce problème et n'a plus dès lors, pour Heidegger, de fonction démonstrative propre. Aussi, il n'y consacre que quelques lignes (1982, p. 334-335).

11 Il n'y a donc pas à attendre pour que cette fondation soit opérée dans les Analogies de l'expérience, comme le pense B. Longuenesse (1993, p. 38).

> la synthèse de ce phénomène, on peut l'appeler la *fonction transcendantale de l'imagination*. Aussi est-il certes étrange, mais clair cependant à partir de ce qui précède, que ce soit *seulement par l'intermédiaire de cette fonction transcendantale de l'imagination que devient possible* même l'affinité des phénomènes, avec elle l'association, et par celle-ci enfin, *la reproduction* suivant des lois, par conséquent l'expérience elle-même [...] (A 123)

Il n'y a donc pas de synthèse de l'imagination reproductrice pure au sens dynamique. La fondation de la reproduction dynamique doit mettre en jeu bien plus qu'une reproduction pure[12], qui ne concerne que la succession subjective, mais tout le contenu théorique des moments 3 et 4. Ceci explique Kant puisse affirmer qu'« [...] un pouvoir *reproductif* de l'imagination [...] n'est donc *toujours qu'empirique* » (A 121). Dans ce texte, postérieur au 4, le problème de la reproduction est envisagé en liaison directe avec l'affinité. Cette synthèse de la reproduction qui est affirmée n'être qu'empirique est la synthèse de la reproduction dynamique et non mathématique. L'impression de contradiction (la synthèse de la reproduction étant dite transcendantale en A 102) naît d'une insuffisance du vocabulaire théorique de Kant en 1781, car il lui faudrait trois termes pour distinguer trois concepts de reproduction (autant que de concepts de liaison) alors qu'il n'en possède encore qu'un : *Reproduktion*.

La synthèse de l'appréhension pure a pour condition de possibilité la synthèse de la reproduction pure[13]. Le lien inséparable qui unit la première à la seconde est de présupposition. Si Cohen pense que c'est la synthèse pure de la reproduction qui présuppose la synthèse pure de l'appréhension, cela vient de ce qu'il est trompé par l'occurrence initiale d'un exemple de reproduction dynamique. Il a cru que la synthèse de l'appréhension (mathématique) était première par rapport à une synthèse de la reproduction qui porterait sur une succession dynamique

12 H. Vaihinger souligne une dissymétrie entre la 1re synthèse et la 2e (1902, p. 39-40) : il oppose en effet la synthèse de l'appréhension (où la synthèse empirique est juxtaposée simplement à la synthèse *a priori*), à la synthèse de la reproduction (où la synthèse empirique est fondée sur la synthèse *a priori*). Il y a bien dissymétrie, mais dans un sens inverse. Nous avons vu que la synthèse empirique de l'appréhension n'est pas juxtaposée à la synthèse *a priori*, mais fondée sur elle. Et nous venons de voir que la synthèse empirique de la reproduction, telle qu'elle est présentée par Kant, c'est-à-dire au sens dynamique, n'est pas fondée complètement sur la synthèse *a priori*, cette fondation n'intervenant qu'à la fin de la déduction subjective.

13 H. E. Allison (2015, p. 216), note à la fin de son analyse de la 2e synthèse qu'elle conditionne la 1re, mais sans développer ce point, pourtant fondamental.

de représentation. Ce qui l'a conduit à manquer la présupposition de la synthèse de la reproduction par la synthèse de l'appréhension, et donc le sens analytique de la démarche kantienne.

LE LIEN DE LA SYNTHÈSE DE LA REPRODUCTION AU PASSÉ

Peut-on parler cependant de présupposition réciproque (et donc de cercle) entre les deux synthèses ? Heidegger guide son lecteur vers une telle interprétation :

> Je ne puis restituer à partir du passé un perçu empirique que si j'ai en général la possibilité de revenir vers le passé – il faut que j'aie à ma disposition un horizon ouvert du passé en général. Avant la répétition de l'étant à chaque fois ontiquement passé, c'est-à-dire *rapporté* au maintenant, il doit exister une possibilité de ramener dans la proximité les maintenants écoulés eux-mêmes *comme tels* [...] Cette *offrande* du passé pur de la suite des maintenants *est leur union avec le maintenant chaque fois actuel*, elle est la *synthèse reproductrice pure* où le temps s'offre comme passé immédiatement – non pas comme présent, mais immédiatement comme lui-même, *comme* passé. (Heidegger, 1982, p. 310)

Comme l'appréhension a été comprise dans son lien essentiel au présent, la reproduction inscrit selon Heidegger le présent dans une continuité successive qui le lie au passé. Il y aurait alors complémentarité transcendantale, qui se fonderait sur une coappartenance ontologique dans la totalité du temps.

Une telle interprétation est toutefois discutable. En effet, nous avons vu que la 2e synthèse n'est fondée que sur le plan de la reproduction mathématique. Ainsi dans le cas d'une simple appréhension d'une maison, on voit à l'œuvre une telle synthèse de la reproduction, fondée sur une synthèse de la reproduction pure. Or, en quoi l'appréhension de la maison met-elle en jeu une expérience du passé ? On a une image présente. Son appréhension fut certes successive, elle a pris du temps, mais la dimension temporelle du passé en tant que tel en est absente.

L'analyse de Heidegger est fondée sur son interprétation de la première synthèse qui voit dans l'appréhension instantanée le modèle de la synthèse de l'appréhension dans l'intuition. Dès lors, la reproduction est comprise comme opérant dans l'enchaînement des maintenants *et non dans la constitution de chaque maintenant.*

Or, nous avons vu le caractère problématique de cette interprétation, l'appréhension instantanée relevant non de l'appréhension dans l'intuition mais de l'appréhension dans la sensation. Il faut affirmer contre Heidegger que si effectivement l'appréhension correspond au présent, ce dernier n'a pas la valeur temporelle d'un instant[14]. L'interprétation kantienne du présent dépasse l'aporie classique d'une théorie infinitésimale du présent comme *Augenblick, Zeitpunkt*, point temporel entre le passé et le futur : le présent serait alors vide de réalité, puisqu'au moment même où je crois le vivre, il est passé.

Le présent n'est pas un instant, mais une partie du temps, laquelle correspond à une unité synthétique de représentations instantanées dans l'intuition. Le présent n'est pas un point instantané, il est construit dans une synthèse successive : l'intervalle de temps inscrit dans le présent est donc variable.

Or, cette synthèse successive présuppose une synthèse de la reproduction. Cette dernière *ne met pas en œuvre le passé* : c'est une synthèse de la compréhension qui n'a pas à rappeler ce qui aurait été oublié, mais qui *conserve à la présence* la série des perceptions, de sorte que l'image totale de la maison obtenue par la synthèse est précisément l'*image présente* de la maison. La reproduction ne ramène pas *à* la présence des instants passés grâce à une remémoration, mais les *maintient à la présence* pour constituer l'unité synthétique du maintenant. La synthèse de la reproduction pure ne correspond pas à une théorie de la mémoire. Nous ne sortons pas de l'expérience du présent[15].

Toutefois, l'interprétation de Heidegger a une part de vérité, car la dimension du passé va bien apparaître dans la synthèse de la reproduction,

---

14 L'idée d'un présent constitué par synthèse d'instants est développée dans le commentaire par J. Rivelaygue de la 1re synthèse (II-1992, p. 111-113).

15 La référence de J. Rivelaygue à la théorie husserlienne de la rétention (II-1992, p. 113) n'est donc pas adéquate. Cette théorie porte sur les *objets temporels* (*Zeitobjekten*) qui « contiennent en eux-mêmes l'extension temporelle » (*Leçons sur la conscience intime du temps*, § 7), comme une mélodie par exemple. Or, les *Zeitobjekten* relèvent de la reproduction exclusivement dynamique. L'appréhension d'une maison ou d'une salle de classe (pour reprendre l'exemple de Heidegger) suppose une synthèse de la reproduction d'une autre sorte. Rivelaygue est induit ici en erreur par les exemples de Kant qui sont en porte-à-faux car dynamiques.

mais au sens *dynamique* et non mathématique. La reproduction dynamique présuppose en effet une succession objective des phénomènes. Il y est alors question de l'existence et de l'ordre du temps. Les événements ne s'inscrivent dans le cours du temps, ne prennent une place et donc une signification temporelle autre que le présent, qu'à partir du moment où l'irréversibilité d'un ordre a été mise en place.

Heidegger n'a donc pas tort d'affirmer un lien essentiel de la synthèse reproductrice au passé, mais il ne peut s'agir que de la reproduction *dynamique*, et sa fondation n'intervient pas au numéro 2 de la 2e section mais au numéro 4, qui achève cette fondation. C'est donc seulement à la fin de la 2e section que la génération transcendantale du passé, et avec lui du temps dans sa totalité (la synthèse de l'appréhension étant liée au présent, celle de la reproduction au passé, et celle de la recognition au futur), est opérée. Contrairement à ce que prétend Heidegger, le texte des trois synthèses – qui n'occupe que les premiers moments – *ne suffit pas* pour effectuer cette génération[16]. Il faut pour cela l'ensemble de la 2e section de la déduction transcendantale des catégories.

Il est possible que Heidegger ait perçu l'insuffisance de son analyse. Considérons en effet l'exemple qu'il donne pour résumer les trois synthèses[17], celui de la description exhaustive de la salle de cours : le tableau, la lampe, la craie, etc. Il s'agit d'une simple appréhension dans l'intuition comparable à l'exemple d'une maison. La reproduction qui est ici en jeu est simplement la reproduction *mathématique* de compréhension, et le problème de l'associabilité n'est pas évoqué. Dès lors, qu'obtient-on ? Une simple image présente : celle de la salle de cours, et la dimension du temps, passé ou futur, n'y est pas incluse. Heidegger a ainsi, inconsciemment, rectifié le texte de Kant dans le sens de sa pleine continuité logique et éliminé le problème de la reproduction dynamique. Mais du coup, sa prétention à tirer de la synthèse de la reproduction « l'offrande du passé » tombe d'elle-même.

16 J. Benoist (1996, p. 187 et 192) suit ici Heidegger.

17 1982, p. 318.

COMPLEXITÉ DE LA THÉORIE KANTIENNE DU TEMPS

Si la déduction subjective dans la 2e section a pour effet de générer transcendantalement l'intuition formelle du temps, elle est *présupposée par l'Analytique des principes*, où s'opère la détermination transcendantale du temps selon les catégories. Le caractère obscur de l'analyse de Kant dans la déduction subjective s'explique : elle ne peut parvenir à sa pleine clarté que dans le texte de l'Analytique des principes. D'où sa grande concision et nos références au texte de l'Analytique des principes pour l'éclairer :

> En un mot : étant donné que toute cette analyse n'a pour intention que d'exposer que l'expérience elle-même n'est possible qu'au moyen de certains principes synthétiques *a priori*, mais que ceci ne peut être rendu correctement compréhensible que si ces principes sont effectivement exposés, j'estime qu'il est souhaitable, tant qu'ils n'ont pas été mis en place, d'aller aussi vite que possible. (*Lettre à Beck du 20 janvier 1792*, XI, 315)

La saisie de la complexité du texte de la 2e synthèse éclaire la théorie kantienne du temps. Le temps ne peut être conçu simplement comme un enchaînement de *maintenants* selon une synthèse de la reproduction mathématique. Si effectivement dans l'étude du schématisme transcendantal, il est dit que le temps est généré dans l'appréhension de l'intuition[18], il ne s'agit que du *cours* du temps et non de son *ordre*[19], c'est-à-dire son *irréversibilité*. La continuité du temps, fondée sur le concept d'*instant* (*Augenblick*) est bien donnée par cette synthèse, mais son ordre, fondé sur le concept d'*événement* (*Begebenheit*), en est absent. Les concepts de *passé* et de *futur* ne prennent leur sens que comme des déterminations de cet ordre.

Or, c'est justement par cette irréversibilité que la dimension du temps se distingue d'une simple dimension spatiale. L'intuition formelle du temps n'est donc complètement déterminée que par une synthèse de la reproduction dynamique, qui a rapport à l'existence, et qui engage un tel ordre irréversible.

---

18 A 143.

19 Voir A 203.

Soyons attentifs aux concepts en jeu : il ne s'agit pas de dire que le temps, comme forme de l'intuition, est un écoulement irréversible. Ce n'est qu'une forme de la sensibilité : elle ne s'écoule pas, ce sont les phénomènes qui s'écoulent en elle. Mais le concept du temps, que nous déterminons grâce aux catégories, contient nécessairement la détermination de l'irréversibilité.

Le temps ne peut être pensé comme succession et simultanéité que par les catégories dynamiques de la relation. Le concept de substance donne la permanence, celui de causalité donne la succession et donc les concepts d'avant et d'après, celui de relation réciproque, la simultanéité.

Or, nous avons vu que le problème de la triple synthèse peut être compris comme celui de la génération du *maintenant* : si le maintenant est atteint dans la synthèse de l'appréhension, la suite de la déduction subjective porte sur les conditions de possibilité de constitution d'un tel maintenant. Il s'agit d'une analyse régressive du processus de synthèse à l'œuvre dans la représentation du divers. Le maintenant n'est donc pas premier mais dernier par rapport aux autres déterminations du temps.

Le texte des Analogies de l'expérience nous permet de vérifier un tel ordre. Car la détermination du maintenant n'est pas entièrement donnée par la permanence. Dire *maintenant*, ce n'est pas simplement poser un point de référence par rapport auquel on détermine un changement, c'est poser un temps *t* qui définit une simultanéité. Le texte des Analogies de l'expérience peut être compris comme la détermination complète du maintenant.

Concluons sur l'idée que la dimension du passé n'est pas atteinte dès le texte de la 2e synthèse de la reproduction dans l'imagination, puisque cette synthèse ne prend pas en compte le problème de la succession dynamique et donc l'ordre du temps.

LA SYNTHÈSE DE LA RECOGNITION DANS LE CONCEPT

Nous avons vu que la synthèse de l'appréhension est une opération transcendantale de l'esprit qui présuppose une synthèse de la reproduction, également transcendantale. Le mouvement démonstratif se poursuit dans la continuité de ce questionnement transcendantal. Nous allons montrer que cette synthèse de la reproduction présuppose à son tour une troisième synthèse : la synthèse de la recognition dans le concept, qui est un acte transcendantal de l'esprit. L'ordre analytique suivi est ainsi exactement inverse de celui de la genèse des idées générales dans l'empirisme anglais : réception des impressions sensibles, puis association de ces impressions par l'imagination, et enfin production des idées générales.

LA PRÉSUPPOSITION DE LA SYNTHÈSE DE LA RECOGNITION PAR LA SYNTHÈSE DE LA REPRODUCTION

Pour que la reproduction soit possible, il faut une condition essentielle :

> Sans la conscience que ce que nous pensons est la même chose que ce que nous pensions un instant auparavant, toute reproduction dans la série des représentations serait vaine. Il y aurait en effet dans l'état présent une nouvelle représentation, qui n'appartiendrait nullement à l'acte par lequel elle a dû être générée peu à peu, *et le divers de cette représentation ne constituerait jamais un tout, puisque lui manquerait l'unité que seule la conscience peut lui procurer.* Si, en comptant, j'oubliais que les unités que j'ai maintenant sous les yeux ont été peu à peu ajoutées par moi les unes aux autres, je ne connaîtrais pas la génération de l'*ensemble* [*Menge*][1] par cette addition successive de l'unité à

1 Voir *Critique de la raison pure*, A 163. *Menge* correspond ici à un *agrégat* (*Aggregat*), qui est un tout obtenu par la composition successive de ses parties. Il renvoie donc à une

l'unité, ni non plus par conséquent le nombre ; car ce concept ne consiste que dans la conscience de cette unité de la synthèse. (A 103)

Ce texte enchaîne directement sur la synthèse de la reproduction pure, en tant que reproduction mathématique, sans poser le problème au niveau empirique. Nous avons vu en effet que l'intervention d'un exemple empirique dans la 2e synthèse n'était pas nécessaire. La triple synthèse ne suit pas une démarche duelle, qui l'obligerait à chaque étape à revenir au niveau empirique pour accéder au niveau pur. Seul le début de la première synthèse doit être empirique. Une fois la synthèse pure de l'appréhension dans l'intuition atteinte, la démarche kantienne peut ne plus redescendre au niveau empirique.

Kant s'interroge donc sur la condition de possibilité d'une représentation en tant qu'elle contient du divers en elle. Elle exige une synthèse de l'appréhension successive de ce divers, qui va le parcourir et le rassembler. Mais ce rassemblement n'est possible que par la reproduction progressive de ce divers au fur et à mesure de son appréhension. On doit enchaîner des représentations partielles et la représentation totale n'est possible que par saisie préalable des représentations partielles. Nous sommes bien dans le cas d'une grandeur extensive, donc d'une appréhension successive dans l'intuition. Or, ceci suppose une durée. Mais nous avons vu que cette durée s'inscrit dans le présent de la représentation. La dimension du passé n'est pas prise en compte : nous sommes seulement dans la génération du maintenant. Donc toutes ces représentations partielles doivent être reprises dans l'unité du maintenant, qui est l'unité synthétique de la représentation totale, et cette reprise n'a rien à voir avec une mise en œuvre de la mémoire (qui est une opération psychologique présupposant le concept de passé).

Cette unité du maintenant ne vient pas de la forme pure de l'intuition, puisque la représentation n'est pas instantanée, et elle ne vient pas non plus de la chose en soi, puisque nous considérons la représentation comme simple détermination du sens interne. Elle ne peut venir que de l'acte même d'addition des éléments pour former un tout quantifié. Cet acte est une opération synthétique[2] relevant de l'imagination productrice

grandeur extensive et non intensive.

2 Voir Kant, *Lettre à Schultz du 25 novembre 1788*, X, 556 : « Le nombre 7 ne doit donc pas surgir du concept de la tâche de rassembler [*zusammenfassen*] 3 et 4 en un nombre, par décomposition de ce même concept, mais par construction, c'est-à-dire de manière

pure. Dans l'addition, nous avons la construction non simplement de la grandeur, mais de la quantité, et le nombre est le schéma de la quantité, en tant que l'addition successive de l'unité à l'unité qui génère la quantité est soumise à la condition formelle du temps[3].

Or, la condition du temps autorise en droit la possibilité de *la perte de l'unité de cet acte.* À chaque instant, le sujet peut perdre la conscience de l'identité de sa représentation (par exemple, cette maison qu'il cherche à se représenter dans le détail de ses parties). Il ne peut plus alors opérer la synthèse de son appréhension. À chaque étape de la reproduction, à chaque représentation partielle, il peut croire avoir affaire à une nouvelle représentation, sans lien à l'acte de composition qui l'a produite.

Ainsi dans le cas de la reproduction pure du nombre, pour appréhender une quantité égale à 3, on doit opérer une synthèse successive en additionnant 1+1+1. Mais cette synthèse n'est possible que si l'on reproduit à chaque étape l'unité antérieure, c'est-à-dire si l'on fait une première addition : 1+1 = 2, puis une seconde : 2+1 = 3. Mais si, lors de la deuxième étape, on ne sait plus que 2 correspond à l'acte d'addition de 1+1, on ne peut parvenir à 3. Sans la conscience de l'unité de son acte de synthèse, le sujet ne parviendra jamais à produire l'unité synthétique du divers homogène de l'intuition en général qui est le nombre. Il reste face à des unités qu'il ne peut composer. Insistons sur le fait que l'unité nécessaire est subjective et non objective : nous n'avons pas encore introduit la question de l'objectivité de la représentation. Dans sa lecture, Heidegger objectivise trop rapidement la synthèse de la recognition :

> À supposer que nous puissions accomplir l'appréhension et que nous puissions tout aussi bien conserver, ce que nous conservons alors, ce sont précisément les objets perçus, et cela aussi souvent qu'ils ont été perçus, mais *que le morceau de craie s'annonce dans toutes les différentes appréhensions et reproductions comme un et le même*, voilà qui n'est pas suffisamment fondé dans le simple appréhender et le simple reproduire [...] Cet acte qui rend possible l'appréhension et la reproduction *en leur relation objective*, est en fait un acte d'identification. (1982, p. 318-319)

---

synthétique ; cette construction présente le concept de la composition [*Zusammensetzung*] de deux nombres dans une intuition *a priori*, à savoir un dénombrement unique ».

3 La grandeur est la conscience du divers homogène dans l'intuition en général. Le nombre est la détermination de la grandeur selon la quantité, c'est-à-dire la conscience de l'unité synthétique du divers homogène d'une intuition en général.

L'anticipation de Heidegger vient de ce qu'il croit que la reproduction dynamique, qui pose implicitement le problème de l'objectivité, a été fondée dans la synthèse de la reproduction pure, et que nous nous situons donc déjà dans le problème de l'objectivité, alors que Kant a opéré une limitation de ce problème et ne considère encore que le jeu des représentations comme simples déterminations du sens interne. Le problème de l'identification n'a donc qu'un sens subjectif. D'où le nom de *recognition* donné à la synthèse.

Il s'agit seulement de saisir la nécessité de l'identité de la représentation dans la durée de sa synthèse. Cette identité vient de l'unité de l'acte de synthèse qui équivaut à l'unité de la conscience qui effectue la synthèse des représentations partielles. Or, un concept est l'unité de la conscience de plusieurs représentations. Il correspond ainsi à la conscience de l'activité de composition du divers de la représentation selon la règle de son unité[4] : « c'est cette conscience une, qui réunit en une représentation le divers intuitionné successivement et ensuite aussi reproduit » (A 103).

Cette identité est donc donnée dans le concept. Ce n'est que parce que le sujet a un concept, par exemple le concept de maison, qu'il peut effectuer la synthèse des parties de telle maison. Car pour pouvoir les composer, il faut qu'il sache qu'elles sont bien les parties d'une maison. Le concept est l'unité de la conscience opérant un acte de synthèse. Sans ce concept qui donne l'unité d'une vision, comment pourrait-on composer des choses aussi différentes qu'un toit, un mur, un lustre, etc. Comment pourrait-on penser leur identité en tant que représentations partielles d'un même objet ? Comment pourrait-on s'arrêter dans la composition et ne pas inclure le jardin (lequel, selon le concept que l'on a d'une maison, peut être intégré ou non à sa totalité) ou le toit de la maison attenante ?

Or, la représentation ayant une durée, cette identité doit intervenir sous la forme d'un processus d'identification ou de recognition de la représentation à chaque instant de sa durée qui constitue son présent. Un tel processus est une synthèse temporelle et donc une synthèse de l'imagination productrice pure. Si l'on ne voit pas que la représentation d'un divers ne peut être instantanée, comme une lecture trop rapide de la première synthèse pourrait le laisser croire, on manque le texte de Kant[5].

4 Voir H. J. De Vleeschauwer, (II-1936, p. 266-267) : la recognition est la conscience de l'unité du moi, c'est l'unité formelle de la synthèse.

5 On pourrait objecter à Kant qu'il est possible d'avoir une représentation instantanée d'un divers. Mais il s'agirait d'une sensation confuse et non d'une conscience claire

Car alors l'identification n'aurait pas à prendre la forme d'une synthèse : elle serait le simple fait du concept et relèverait uniquement de l'entendement.

Antérieurement à la synthèse de l'appréhension dans l'intuition, et à la synthèse de la reproduction dans l'imagination, intervient donc une synthèse de la recognition dans le concept qui est une opération transcendantale de l'esprit. Les trois synthèses s'enchaînent selon un lien strict de présupposition, suivant une démarche analytique. Dans la synthèse de l'appréhension, on découvre la nécessité de parcourir la série des impressions nous donnant le divers, afin de le rassembler dans une conscience une. Cette opération d'unification exige une 2e synthèse reproduisant la pluralité des impressions, laquelle présuppose à son tour une 3e synthèse unifiant le divers sous un même concept.

NON-IDENTITÉ DE LA 2e SECTION ET DE LA DÉDUCTION SUBJECTIVE

Or, cette synthèse a besoin d'une unité nécessaire qui lui est donnée par le concept comme conscience une. La synthèse de la recognition présuppose donc à son tour une unité plus haute, celle de l'unité de la conscience, antérieurement à la forme du sens interne dans laquelle se déploie la synthèse :

> Cette condition originaire et transcendantale n'est autre que *l'aperception transcendantale*. La conscience de soi, d'après les déterminations de notre état dans la perception interne, est simplement empirique, toujours changeante – il ne peut y avoir un moi stable ou permanent dans ce flux des phénomènes internes – et on l'appelle ordinairement le *sens interne* ou l'*aperception empirique*. Ce qui nécessairement doit être représenté comme numériquement identique ne peut être pensé comme tel par des données empiriques. Il doit y avoir une condition, précédant toute expérience et rendant cette expérience elle-même possible, qui doit rendre valable une telle supposition transcendantale. (A 106-107)

Toutes les représentations ont été définies comme des déterminations du sens interne. Cette définition a besoin d'une fondation, car l'unité

---

permettant de distinguer chaque élément, comme dans la représentation consciente d'un divers sensible, sur les conditions de possibilité de laquelle s'interroge ici Kant.

du sens interne qui confère une unité au jeu représentatif présuppose une unité de la conscience dans le flux des phénomènes internes. Cette unité, sur laquelle repose la possibilité de toute connaissance en général, échappe nécessairement à la forme du temps, puisqu'elle ne doit pas changer. Nous passons ainsi de la simple unité empirique du sens interne à l'unité transcendantale de la conscience.

Par une démarche transcendantale de remontée de condition de possibilité en condition de possibilité, nous avons atteint le principe transcendantal ultime de la possibilité de toute science en général : l'aperception transcendantale. Notre démarche a été simplement subjective, d'où le nom de *déduction subjective* donnée à cette 1re partie de la déduction transcendantale des catégories. Nous sommes simplement restés dans le cadre de la représentation en tant que détermination du sens interne.

Avons-nous pour autant achevé la déduction subjective ? Rappelons ici la fonction propre de la déduction subjective telle que la Préface de la 1re édition l'a définie : elle se rapporte à l'entendement lui-même du point de vue de sa *possibilité* et des pouvoirs sur lesquels il repose. Montrer en quoi l'entendement est possible, cela revient à découvrir le fondement de la réalité de l'entendement, c'est-à-dire du rapport nécessaire de l'entendement à la sensibilité, malgré la scission entre la spontanéité de l'entendement et la réceptivité de la sensibilité. Ce n'est qu'ensuite, explique Kant, que nous pourrons construire la déduction objective, qui montre en quoi les catégories ont une réalité objective. Or, jusqu'à présent, *il n'a pas été question de l'entendement.* À aucun moment, nous n'avons étudié le problème de sa possibilité et l'entendement lui-même n'a pas été défini par rapport aux trois pouvoirs subjectifs que nous avons mis au jour. Si l'on analyse attentivement le texte de la 2e section, on ne trouve qu'une occurrence très allusive de l'entendement[6].

Par conséquent, contrairement à ce qui est usuellement affirmé, la déduction subjective *n'est pas achevée à la fin de la 2e section.* Bien plus, la 2e section n'a en fait posé que les *préliminaires* de la déduction subjective[7]. Elle doit se poursuivre dans la 3e section de la déduction transcendantale des catégories.

---

6 En A 112.

7 L'Avertissement de la 2e section indique explicitement la fonction simplement préparatoire de ses quatre moments.

STRUCTURE DE LA 3e SECTION

Mettons en regard le texte de la Préface à la 1re édition et le début de la 2e section. La Préface indique, comme nous l'avons vu, que la déduction subjective :

> [...] se propose de considérer *l'entendement pur lui-même, du point de vue de sa possibilité* ainsi que des facultés de connaissance sur lesquelles il repose lui-même, *donc du point de vue subjectif* [...] (A XVI-XVII)

C'est ce que réaffirme le début de la 2e section :

> Mais comme dans une telle pensée, il y a à l'œuvre plus que le seul pouvoir de penser, c'est-à-dire l'entendement, et que ce dernier, comme pouvoir de connaissance qui doit se rapporter à des objets, a besoin également d'un éclaircissement concernant la possibilité de ce rapport, nous devons examiner d'abord, dans leur nature non pas empirique, mais transcendantale, les sources *a priori* qui constituent le fondement *a priori* de la possibilité de l'expérience. (A 97)

Le propos de Kant est clair : la déduction subjective s'interroge sur la possibilité de l'entendement lui-même, et ce travail consiste à comprendre la possibilité du rapport de l'entendement aux objets. Mais ce travail de la déduction subjective engageant un pouvoir de l'esprit, il exige un travail *préliminaire* (correspondant à la 1re partie de la déduction subjective), qui porte sur l'examen des *sources subjectives de la connaissance.*

Or, comment s'intitule la 2e section ? Non « déduction subjective », comme on pourrait le croire, mais : « Des fondements *a priori* de la possibilité de l'expérience ». Cela correspond au travail préliminaire de la déduction subjective. En effet, l'expérience correspond à la connaissance empirique. Mettre au jour les fondements *a priori* de l'expérience, cela revient à découvrir les sources subjectives *a priori* de la connaissance.

Et comment s'intitule la 3e section ? Non « déduction objective », mais : « Du rapport de l'entendement à des objets en général *et* de la possibilité de les connaître *a priori* ». L'objet de cette section est double : le premier moment porte sur la question même de la déduction subjective, le second, sur la question de la déduction objective. La 2e section sert ainsi de préliminaire aux deux déductions, subjective et objective, qui sont opérées successivement dans la 3e section.

Exagérons-nous la portée de la conjonction de coordination *et* dans le titre ? Si notre interprétation est exacte, la 3e section doit se diviser en deux parties : la première s'achevant par une définition de l'entendement et la compréhension de la possibilité de son rapport aux objets ; la seconde, par la déduction de la validité objective des catégories. Or c'est bien ce qui arrive : la coupure, indiquée par Kant, intervient en A 119.

Pour preuve, considérons rapidement la démarche de la 3e section. Son début enchaîne sur la logique que nous avons mise au jour dans la 2e section :

> Ce que, dans la section précédente, nous avons exposé séparément et par unités isolées, nous allons maintenant le représenter réuni et dans l'enchaînement. Il y a trois sources subjectives de la connaissance, sur lesquelles repose la possibilité d'une expérience en général et de la connaissance de ses objets : le *sens*, l'*imagination* et l'*aperception* ; chacune d'elles peut être considérée comme empirique, à savoir dans l'application à des phénomènes donnés, mais toutes sont aussi des éléments ou des fondements *a priori*, qui rendent même possible cet usage empirique. Le sens représente les phénomènes empiriquement dans la perception, l'imagination dans l'association (et la reproduction), l'aperception dans la conscience empirique de l'identité de ces représentations reproductrices avec les phénomènes, par lesquels elles étaient données, par conséquent dans la recognition. (A 115)

La suite de ce premier mouvement de la 3e section définit l'entendement par rapport à l'imagination et à l'aperception transcendantale :

> L'unité de l'aperception relativement à la synthèse de l'imagination est l'entendement, et cette même unité, relativement à la synthèse transcendantale de l'imagination, est l'entendement pur. (A 119)

Ce n'est que *maintenant, en A 119, que la déduction subjective est opérée.* L'entendement pur est nécessairement relié à la synthèse de l'imagination pure, qui est active dans la constitution de toute représentation du divers sensible. Il est donc nécessairement en contact avec la sensibilité. Le fondement de la réalité effective de l'entendement, et donc de sa possibilité, est ainsi démontré.

Dès lors, Kant *peut passer à la déduction objective*, c'est-à-dire à la déduction des catégories, qui ne sont autres que les concepts purs de l'entendement. Cette démonstration occupe la 2de partie de la 3e section.

Elle reprend le mouvement démonstratif précédent en dégageant le rôle des catégories dans la constitution de l'expérience possible :

> Maintenant, nous allons mettre sous les yeux le lien [*Zusammenhang*] de l'entendement avec les phénomènes au moyen des catégories, en partant du bas, c'est-à-dire de l'empirique. (A 119)

La compréhension du rapport nécessaire de l'entendement à la sensibilité (déduction subjective) permet ainsi de comprendre la validité objective des catégories (déduction objective), laquelle est démontrée à la fin de la 2de partie de la 3e section :

> L'entendement pur est donc dans les catégories la loi de l'unité synthétique de tous les phénomènes, et ainsi, il rend d'abord et originairement possible l'expérience quant à sa forme. Mais dans la déduction transcendantale des catégories, nous n'avions qu'à faire comprendre ce rapport de l'entendement à la sensibilité, et par le moyen de celle-ci, à tous les objets de l'expérience, par conséquent de faire comprendre la validité objective de ses concepts purs *a priori*, et d'établir par là leur origine et leur vérité. (A 128)

La déduction transcendantale des catégories est ainsi achevée et la fin de la 3e section[8] a valeur de conclusion.

UN PROBLÈME DE PLAN
L'anticipation de la déduction objective

Le mouvement de la déduction transcendantale des catégories dans la 1re édition est désormais clair. L'association usuelle chez les interprètes de la 2e section à la déduction subjective et la 3e à la déduction objective en obscurcit la logique[9].

Toutefois, cet obscurcissement n'est pas sans légitimité. Car si telle est la démarche de la déduction transcendantale, force est de constater que Kant ne la suit pas de façon rigoureuse, et ce, au numéro 4 de la

---

8 A 128-130.

9 D'où la remarque de H. J. De Vleeschauwer : « elles sont si intimement enchevêtrées qu'il est impossible de tracer entre elles, sans faire violence au texte, une ligne de démarcation nette » (II-1936, p. 207).

2e section, où il est conduit à opérer *par anticipation* la déduction objective, *avant même d'avoir fini la déduction subjective* :

> Or j'affirme que les *catégories* indiquées ci-dessus ne sont rien d'autre que les conditions de la pensée dans une expérience possible, de même que l'espace et le temps contiennent les conditions de l'intuition pour cette même expérience. Elles sont donc aussi des concepts fondamentaux afin de penser des objets en général pour les phénomènes, et *par conséquent elles ont* a priori *une validité objective, ce qui était ce que proprement nous voulions savoir.* (A 111)

L'une des tâches de la suite de notre commentaire de la déduction subjective sera de comprendre ce qui a pu conduire Kant à une telle anticipation, qui obscurcit le sens de sa démarche.

MAINTIEN DE NOTRE ANALYSE DANS LA TROISIÈME VOIE

Mais avant de poursuivre notre étude de la déduction subjective, tâchons de comprendre pourquoi les interprètes ont situé de façon consensuelle la déduction subjective dans la 2e section. Un tel accord n'est pas aléatoire : il s'origine dans l'interprétation néokantienne de la déduction transcendantale.

Nous avons vu que l'interprétation de Cohen donne à la 3e section une portée transcendantale et à la déduction subjective un sens simplement psychologique : il limite donc cette déduction à la 2e section. Mais la conséquence de cette limitation est la perte de l'unité démonstrative de la déduction subjective, qui se trouve pulvérisée en une série de déductions, plus ou moins nombreuses selon les interprètes[10].

En revanche, Heidegger, s'il conserve le découpage néokantien des deux déductions, s'attache dans son commentaire à la déduction subjective dans son intégralité, insistant particulièrement sur la triple synthèse et sur la 1re partie de la 3e section, qui correspondent selon lui aux points les plus hauts de la compréhension de l'imagination dans sa relation essentielle au temps. Mais il délaisse alors les textes correspondant à la

10 Voir plus haut, p. 27.

déduction objective, à savoir l'anticipation au numéro 4 de la 2e section et la 2e partie de la 3e section[11].

Notre commentaire de la déduction subjective, s'il s'efforce comme celui de Heidegger d'en respecter l'unité et la continuité, devra reconnaître au contraire toute leur importance aux textes relevant de la déduction objective.

11 On trouve un désintérêt analogue, mais pour des raisons opposées, chez B. Longuenesse (1993, p. 54-56). Comme elle identifie la 2e section à la déduction subjective (qu'elle tient pour simplement psychologique) et la 3e section à la déduction objective, et comme elle pense que la déduction de 1787 n'opère qu'une déduction objective (qu'elle identifie à une refonte heureuse de celle de 1781), elle passe directement de la fin du numéro 3 de la 2e section à la déduction de 1787, en n'étudiant ni le contenu du numéro 4, ni celui de la 3e section.

L'OBJET EN GÉNÉRAL

LA NÉCESSITÉ DU PASSAGE À L'OBJET

Revenons au texte de la 2e section, là où la déduction subjective se transforme par anticipation en déduction objective. Ce moment correspond à la fin de l'exposé de la synthèse de la recognition, lequel occupe les deux premiers paragraphes du numéro 3.

Nous avons vu que la synthèse de la reproduction du divers n'est possible que par la conscience de l'unité de l'acte de synthèse. Or, le concept consiste dans la conscience de l'unité de la synthèse. C'est donc sous la condition de la reconnaissance de cette unité, à chaque instant, de la synthèse, que la reproduction est possible. Cette reconnaissance est une synthèse *productrice* de l'imagination qui a lieu dans le concept.

Nous sommes ainsi parvenus à dégager la forme de l'unité d'une conscience comme condition de possibilité de la synthèse, en tant qu'elle donne aux concepts leur unité et par là, rend possible la synthèse du divers des représentations. La recherche transcendantale n'est toutefois pas finie : il faut s'interroger sur le fondement transcendantal d'une telle unité de la conscience dans le concept.

Peut-on dès à présent remonter à l'aperception transcendantale comme fondement transcendantal d'une telle unité de la conscience ? Un tel raisonnement serait *trop rapide*, car nous avons simplement constitué le *maintenant* de la représentation. La nécessité de la synthèse que nous avons dégagée est simplement subjective et n'est liée qu'au présent de la représentation. Dès lors, la conscience n'a été envisagée que dans l'unité du sens interne qui est toujours en mouvement. Comme nous en sommes restés au simple plan de la détermination du sens interne, rien ne nous autorise à voir dans l'unité de la conscience à l'œuvre dans la synthèse autre chose que cette unité du sens interne.

Pour penser une unité de la conscience qui échappe à cette mobilité du sens interne, il faut sortir la représentation de la détermination temporelle du présent et la penser sur le mode d'un temps quelconque (*jederzeit*). Mais comment l'unité synthétique dans le divers de l'intuition peut-elle dépasser le présent de la représentation et valoir pour l'intemporalité du *jederzeit* ?

En possédant une nécessité *a priori*. Or, la découverte d'une telle nécessité ne peut intervenir que dans la prise en compte de la nécessité *objective* de la représentation, en tant qu'elle n'est plus la simple appréhension subjective d'un phénomène compris comme détermination du sens interne, mais qu'elle met en œuvre la connaissance d'un objet. S'il veut fonder l'unité de la conscience ailleurs que dans le sens interne, Kant ne peut plus faire l'économie du concept d'objectivité. Ainsi, la rencontre du problème de l'objet *n'est pas une sortie de la déduction subjective.* Pour parvenir au fondement ultime de l'unité immuable de la conscience, Kant doit considérer le problème de la connaissance objective, ce qu'il fait dans les paragraphes 3 à 6 du numéro 3.

CONFUSIONS INTERPRÉTATIVES

C'est la saisie du rapport des trois synthèses précédentes au temps qui permet de penser cette nécessité du passage à la théorie de l'objet. Si l'on estime à tort que la 2e synthèse a *déjà* fondé la nécessité de la succession objective des représentations dans les phénomènes, et que les dimensions du passé et du futur ont *déjà* été atteintes (et avec elles la totalité du temps), le détour par le problème de l'objet n'a plus aucune nécessité. Car nous aurions alors déjà les moyens théoriques d'atteindre dès la fin du 2e paragraphe le fondement transcendantal de l'unité de la conscience ailleurs que dans le sens interne.

Cette erreur interprétative explique que ce passage ait été souvent compris comme une simple interpolation et un résidu « précritique » (notamment par Adickes, Vaihinger et Kemp Smith)[1], et que sa nécessité

1 À ce type de lecture s'opposent notamment H. J. Paton (1967, p. 79-80) et H. E. Allison (2015, p. 220-221), qui insistent sur la continuité du raisonnement de Kant et avec lesquels je suis ici en accord.

dans la démarche transcendantale de la déduction subjective n'ait pas été perçue, comme le montre notamment la lecture qu'en fait Heidegger :

> Dans cette interprétation de la synthèse, qui cherche à mettre en lumière des problèmes nouveaux autant que difficiles, le lecteur erre longtemps sans boussole, jusqu'au moment où Kant, soudain, écrit au numéro 3, après avoir caractérisé la synthèse de la recognition : « et ici il est nécessaire de bien faire comprendre ce qu'on entend par l'expression d'un objet des représentations » (p. 116-117). Pour le dire en peu de mots : tout, dans le cours extérieur de l'explication de la synthèse pure et de sa présentation, est de nouveau sens dessus dessous… (1982, p. 298)

C'est parce que l'interprète ne cesse d'anticiper sur le cours démonstratif du texte, en n'établissant pas les différenciations conceptuelles permettant de définir précisément les étapes de l'argumentation, qu'il a l'impression que Kant ne cesse de répéter la même démonstration. Il tend alors à découper le texte de Kant en une série de démonstrations indépendantes, le caractère insuffisant de chacune faisant l'objet d'une déconstruction indéfinie. La méthode est paradoxale : on ne cesse d'anticiper sur la suite du raisonnement, tout en prétendant que ce même raisonnement n'a aucune unité. On cherche à dater historiquement chaque partie du texte, et ce, au détriment de la temporalité même du texte conçu comme un montage, donc selon un modèle simplement spatial.

DÉFINIR L'OBJET

Poursuivons notre étude du raisonnement de Kant. Pour sortir de la simple unité subjective de la conscience dans le concept et parvenir à la question de l'unité originairement une de la conscience indépendante du flux du sens interne, il lui faut comprendre la représentation dont on a opéré la synthèse comme une connaissance *objective*. Mais pour cela, il est nécessaire de définir préalablement ce que l'on entend par un *objet* :

> Et ici il est nécessaire de bien faire comprendre ce que l'on veut dire par cette expression d'un *objet des représentations*. Nous avons dit *plus haut* [*oben*] que les phénomènes eux-mêmes ne sont rien que des représentations sensibles, qui doivent être considérées en elles-mêmes, exactement de cette manière, et non

> comme des objets (en dehors de la faculté de représentation). Qu'est-ce que l'on entend donc quand on parle d'un objet correspondant à la connaissance et, par conséquent aussi, distinct d'elle ? (A 104)

Le texte auquel se réfère ici Kant lorsqu'il parle de ce passage « plus haut » où nous avons affirmé que « les phénomènes eux-mêmes ne sont rien que des représentations sensibles » est le moment de la 2e synthèse où a eu lieu la mise entre parenthèses de la question de l'objectivité[2], et où il était dit que les phénomènes n'étaient pas des choses en soi mais des déterminations du sens interne, un simple jeu de représentations. La réponse au problème du fondement de l'association des phénomènes avait été repoussée et nous n'avions envisagé que la simple reproduction mathématique. C'est maintenant seulement que nous posons la question de l'objectivité.

Insistons sur le fait que nous n'accédons *pas encore* au problème de la fondation de la reproduction dynamique et donc de l'association. Nous restons dans la reproduction mathématique (comme le prouvera l'exemple du triangle). Mais nous nous posons le problème de la validité objective d'une telle représentation. En cela, nous effectuons le premier pas théorique en vue de la fondation de la reproduction dynamique, qui interviendra au numéro 4 de la 2e section et permettra à Kant de proposer une réfutation de Hume. Là encore, toute anticipation nous ferait manquer le sens du texte.

Que la question de la définition de l'objet soit préliminaire par rapport à celle de l'association des représentations et donc de la succession objective, cela apparaît distinctement dans le texte de la 2e Analogie de l'expérience :

> L'appréhension du divers du phénomène est toujours successive. Les représentations des parties se succèdent les unes aux autres. Quant à savoir si elles se succèdent aussi dans l'objet, c'est *un second point de la réflexion*, qui n'est pas contenu dans le premier. Or, on peut bien nommer *objet* toute chose, et même toute représentation, dans la mesure où l'on en a conscience ; mais pour *savoir ce que signifie ce mot par rapport aux phénomènes*, dans la mesure non où ils sont des objets (en tant que représentations), mais seulement ou ils désignent un objet, cela engage une recherche plus approfondie. (A 189-190)

2 A 101.

Toute l'analyse de la 2e Analogie présuppose ainsi la théorie de l'objectivité telle qu'elle est développée dans le texte de la déduction subjective dans la 2e Section. Cette relation renforce le lien déjà mis au jour entre l'Analytique des Principes et la déduction subjective.

L'OBJET EN GÉNÉRAL

Toute représentation peut être appelée *objet* dans la mesure où nous en avons conscience. Mais ce sens n'est que subjectif, puisque les représentations ne sont que des déterminations du sens interne. Une véritable définition de l'objet en tant que tel doit porter sur « l'objet des représentations ». Mais comment se représenter le sens de l'objet, alors que l'objet est ici pris comme le référent en tant que tel de la représentation, et donc ce qui n'est pas la représentation elle-même ?

Le problème de la définition de l'objet en tant qu'objet est abordé à l'intérieur même de l'ordre subjectif et représentatif. L'objet ici à définir *n'est pas le référent absolu*, qui serait visé par toute représentation, mais le *référent en général* par rapport à une représentation en général. L'objet comme référent général ne correspond *pas non plus à la chose en soi*, car la chose en soi est indépendante des phénomènes, et le texte de la 2e Analogie précise que la définition de l'objet se fait *par rapport aux phénomènes*.

Comment définir l'objet comme référent en général ? On ne peut dégager que deux caractéristiques : 1 – il est *général* ; 2 – il est *complètement indéterminé* : comme il représente en effet la fonction référentielle et donc ce qui est extérieur à toute représentation, sa détermination principale est son indéterminabilité. On peut ainsi le définir dans un premier temps comme *quelque chose en général*[3] :

> Il est aisé de voir que cet objet ne doit être pensé que comme *quelque chose en général* = X, car, en dehors de notre connaissance, nous n'avons rien que nous puissions opposer à cette connaissance comme lui correspondant. (A 104)

---

3 On évitera d'interpréter trop vite l'objet en général comme objet transcendantal, comme peut le faire H. J. De Vleeschauwer (II-1936, p. 272-275).

L'objet est un « objet en général = *X* », qui constitue le seul corrélat de notre connaissance. L'objet en général n'a de valeur que relative. Il est ce qui fait face à la connaissance, ce à quoi elle se rapporte et ce par rapport à quoi elle s'accorde, la *vérité* étant redéfinie par Kant comme accord de la connaissance non plus *avec ce qui est* (la chose en soi est inaccessible), mais *avec son objet*. Mais l'objet en général n'est qu'une réalité formelle et vide. La détermination « = *X* » signifie qu'il n'est qu'une simple fonction. Or une fonction est « l'unité de l'action ordonnant des représentations diverses sous une représentation commune » (A 68). La réalité de l'objet en général est donc celle d'une action du sujet, dont l'opérativité est ordonnatrice et unifiante.

Une fois cette définition opérée, Kant étudie le rapport de la connaissance à un objet. Il sort ainsi du simple cadre subjectif d'une appréhension individuelle, n'engageant qu'une unité conceptuelle de la conscience dans le présent.

Considérons des connaissances rapportées à un objet. Dans la mesure où ce sont des connaissances vraies, et donc où elles ne sont pas arbitraires, leur rapport à l'objet a une forme de nécessité. Soit une pluralité des connaissances se rapportant à un même objet. Chacune entretenant un rapport nécessaire à l'objet, elles doivent s'accorder *a priori* entre elles relativement à cet objet. Cet accord *a priori* correspond à l'unité nécessaire du concept de l'objet auquel elles font face. Il nous faut ainsi penser l'apriorité d'une telle unité.

Or, notre connaissance ne porte que sur le divers des représentations. À quoi peut correspondre cette unité des connaissances que l'objet rend nécessaire ? L'objet en général = *X* est une simple fonction ordonnatrice et unifiante : sa réalité est purement formelle et n'est pas de l'ordre de l'intuition. L'unité qu'il constitue est « l'unité formelle de la conscience dans la synthèse du divers des représentations » (A 105), unité que nous avons mise au jour dans l'examen de la triple synthèse. Dès lors, connaître un objet ne peut signifier que soumettre le divers de l'intuition à la fonction unifiante de l'objet et donc opérer cette unité synthétique dans le divers de l'intuition.

Mais nous avons vu qu'il faut penser l'apriorité d'une telle unité synthétique, pour qu'elle puisse être celle du concept d'un objet. Imaginons que je me représente une maison en assemblant plusieurs éléments. Certes, cette représentation exige une synthèse de l'appréhension qui présuppose une synthèse de la reproduction, laquelle présuppose à son tour une synthèse de la recognition. Mais si à chaque fois que je me représente une telle figure, j'opère une synthèse différente, j'aurais bien une nouvelle représentation de maison, dont le divers sera unifié synthétiquement, mais aucune connaissance objective d'une telle maison ne sera possible. En effet, les connaissances de la maison, chacune liée à un mode de synthèse différent, ne pourront pas s'accorder.

Rappelons que nous sommes encore dans la constitution de l'unité synthétique de la représentation et que la synthèse de la reproduction qui est en cause n'est que mathématique. Mais la saisie de la validité *objective* de cette représentation nous oblige à une régulation nécessaire et *a priori* de la reproduction. Cette régulation rend possible l'accord des représentations portant sur le même objet. C'est donc une étape indispensable de la démonstration si notre intention finale est bien de fonder la reproduction dynamique, c'est-à-dire la succession objective dans l'enchaînement des phénomènes. Pour qu'une connaissance *objective* soit possible, il faut poser une règle qui rende nécessaire *a priori* la synthèse, si bien que, toutes les fois par exemple que je voudrais me représenter un triangle, je puisse opérer identiquement :

> Ainsi pensons-nous un triangle comme objet, quand nous avons conscience de la composition [*Zusammensetzung*] de trois lignes droites suivant une règle, d'après laquelle une telle intuition peut *n'importe quand* [*jederzeit*] être présentée. (A 105)

Ce qui importe ici, c'est cette idée d'une régulation *a priori* de la synthèse qui nous permet de sortir du présent déterminé de la représentation. La prise en compte de la nécessité objective de l'unité synthétique de la représentation nous a fait passer dans l'ordre du temps *quelconque*. C'est sur le fond de ce *jederzeit* que l'avant et l'après de la succession objective pourront prendre sens. L'idée de la nécessité d'une règle se retrouve dans le texte de la définition de l'objet dans la 2e Analogie de l'expérience :

> [...] comment le divers dans le phénomène lui-même (qui pourtant n'est rien en lui-même) peut-il être lié ? Ici, ce qui se trouve dans l'appréhension successive est considéré comme représentation, mais le *phénomène* qui m'est donné, bien qu'il ne soit rien de plus qu'un ensemble de ces représentations,

> est considéré comme l'*objet de ces représentations*, avec lequel mon concept, que je tire des représentations de l'appréhension, doit *s'accorder*. Étant donné que la vérité est *l'accord de la connaissance avec son objet*, on voit tout de suite qu'il ne peut être question ici que des conditions formelles de la vérité empirique, et que le *phénomène*, par opposition aux représentations de l'appréhension, ne peut être représenté *comme l'objet de ces représentations*, et distinct d'elles, qu'à la condition d'être soumis à une *règle* qui le distingue de toute autre appréhension, et *rend nécessaire une sorte de liaison du divers*. (A 191)

Si l'objet en général est une fonction du phénomène, dans quelle mesure un phénomène peut-il remplir le terme *X* et être défini comme un objet ? Le phénomène n'est qu'un ensemble de représentations. Comment ce simple ensemble peut-il accéder à la dignité d'objet ? C'est la nécessité *a priori* de la liaison du divers qui confère au phénomène ce statut, et pour cela, il faut une règle.

L'OBJET EN GÉNÉRAL ET LA RÈGLE

Il nous reste à comprendre ce qu'est l'objet en général qui rend nécessaire l'unité synthétique du divers. Est-ce la règle ? Reportons-nous à la définition de ce terme :

> [...] la représentation d'une condition générale selon laquelle un certain divers peut être posé (par conséquent d'une façon identique) s'appelle une *règle*. (A 113)

La règle est la condition de la composition nécessaire *a priori* du divers de l'intuition dans son unité synthétique, si bien que dans toute représentation du même objet, on retrouve la même unité synthétique du divers. L'objet en général n'est pas la représentation de cette règle, car chaque phénomène obéit à une règle particulière de composition de son divers. La règle correspond en fait au concept qui permet d'unifier le divers et les multiples représentations dans l'unité nécessaire de l'objet :

> Ainsi le concept de corps rend nécessaire, dans la perception de quelque chose en dehors de nous, la représentation de l'étendue, et avec elle celle de l'impénétrabilité, de la forme, etc. (A 106)

Cette règle n'est pas une règle de succession objective des représentations, mais une règle de composition nécessaire (par reproduction mathématique) des représentations dans l'unité de l'objet. C'est elle qui rend compte de la possibilité des jugements analytiques *a priori* dans la connaissance scientifique, puisque c'est par décomposition du concept de corps, sans sortir de son unité nécessaire, que nous allons découvrir *a priori* les prédicats de l'étendue, de divisibilité, etc.[4]

Or, si l'objet en général = X n'est pas la règle, il en contient la condition : « *Ce qui dans le phénomène* contient la condition de cette règle nécessaire de l'appréhension est *l'objet* » (A 191). Il correspond à l'unité fonctionnelle en général de la règle de composition nécessaire du divers. Aussi la représentation de l'objet en général est-elle définie comme la représentation de *l'unité de la règle*. C'est elle qui rend possible l'unité de la conscience dans la synthèse du divers des représentations, à savoir le concept même de l'objet :

> Or cette *unité de la règle* détermine tout le divers et le borne à des conditions qui rendent possible l'unité de l'aperception, et *le concept de cette unité est la représentation de l'objet* = X [...] (A 105)

Kant parvient ainsi à une représentation de l'objet en général sans être sorti du plan du phénomène, considéré comme détermination du sens interne, sans donc avoir fait appel à la transcendance de la chose en soi, en considérant simplement l'opération subjective d'unification synthétique du divers, qui est au fondement de toute représentation possible.

4 La pesanteur n'est pas ici en cause et il est préférable de ne pas l'ajouter à la liste comme le suggère H. E. Allison (2015, p. 225-226), qui craint de rester à un point de vue analytique et logique. Elle ne peut apparaître dans la liste des représentations unifiées nécessairement par le concept du corps, puisqu'elle correspond à une représentation dynamique qui implique la relation à d'autres corps. L'unité du concept ne porte que sur une composition mathématique et non sur une connexion dynamique, qui engage un jugement synthétique. La nécessité objective de la reproduction dans l'unification synthétique du divers sur laquelle nous travaillons actuellement n'est que mathématique. Par souci de clarté, l'interprète doit éviter d'anticiper sur la suite du raisonnement, même si Kant procède lui-même à des anticipations (il aurait dû ainsi éviter d'évoquer l'impénétrabilité, qui n'est pas simplement analytique).

L'APERCEPTION TRANSCENDANTALE

LE FONDEMENT DE LA SYNTHÈSE DE LA RECOGNITION

Nous avons mis au jour la nécessité d'un lien entre nos représentations dans un concept d'objet. Il faut rechercher un fondement transcendantal pour cette nécessité. Cette recherche occupe les paragraphes 7 à 10 du numéro 3.

Or, cette nécessité n'est pas la simple nécessité subjective d'une reproduction dans la représentation rendant possible la synthèse de son divers. C'est une nécessité objective qui intervient dans tous les concepts d'objet que nous pouvons former. C'est elle qui donne une validité objective à un simple jeu de représentation.

Dès lors, le fondement transcendantal recherché n'est pas celui de l'unité de la conscience dans la synthèse du divers dans l'intuition, mais le fondement transcendantal de l'unité de la conscience dans la synthèse du divers de *toutes nos intuitions*, qui rend possible non plus les concepts de chaque appréhension particulière, mais les concepts des objets en général, et même de *tous les objets de l'expérience*. Sans ce fondement, aucune pensée d'un objet en général n'est possible.

Ce fondement transcendantal est celui de l'unité de la conscience. Mais celle-ci ne peut plus être considérée comme la conscience de soi-même, telle qu'elle apparaît dans le sens interne, car celle-ci est toujours changeante et ne peut donc fournir l'unité immuable nécessaire pour la synthèse de tous les objets de l'expérience. L'unité de la conscience doit précéder toute expérience puisqu'elle rend possible l'expérience elle-même. Elle est la condition de possibilité pour l'ensemble de la synthèse transcendantale de l'imagination, puisqu'elle lui fournit l'unité nécessaire de la règle, qui unifie synthétiquement l'intuition et lui confère une valeur objective.

Ce fondement transcendantal ne peut être que l'unité de la conscience comprise comme antérieure à l'aperception empirique qui est le sens interne :

> Or, il ne peut y avoir en nous aucune connaissance, aucune connexion [*Verknüpfung*] ni d'unité de ces connaissances entre elles, sans cette unité de la conscience qui précède toutes les données de l'intuition et en relation avec laquelle toute représentation d'objets est seulement possible. Cette *conscience pure, originaire, immuable, je veux maintenant l'appeler l'aperception transcendantale.* (A 107)

Pourquoi donner un tel nom à l'unité originaire de la conscience en tant que fondement transcendantal de l'expérience en général ?

Le terme d'*aperception* signifie une *conscience logique pure.* L'aperception correspond à la conscience permettant de penser l'unité objective la plus pure[1]. Celle-ci ne peut être que celle où la synthèse du divers des représentations s'opère suivant la synthèse pure de la reproduction et de l'appréhension, donc dans la construction des concepts *a priori* de l'espace et du temps[2]. Or, nous avons vu que l'unité originaire de la conscience est la condition même de cette synthèse du divers pur de l'espace et du temps. Elle doit donc être appelée *aperception transcendantale.*

Nous avons ainsi dégagé deux fondements ultimes, nécessaires à la connaissance objective : les formes pures de l'espace et du temps qui nous donnent le divers de l'intuition, et l'aperception transcendantale, à savoir la forme pure de l'unité de la conscience qui est au fondement de tous les concepts possibles et constitue un pouvoir originaire et spontané de l'esprit.

Ici se trouve la racine de la synthèse de la recognition dans le concept. L'expression « dans le concept » signifie « dans l'unité de la conscience qui synthétise le divers », mais le lieu même de cette unité, son appartenance ou non au sens interne, restait indéterminé. La définition de l'objet en général nous a permis de découvrir l'origine du concept dans l'unité immuable, originaire et pure de l'aperception transcendantale. Si la triple synthèse est opérée par l'imagination transcendantale dans la forme du temps, elle correspond à trois pouvoirs subjectifs de l'esprit : la sensibilité réceptive, l'aperception spontanée, et l'imagination qui opère la synthèse et sert d'intermédiaire entre les deux sources principales et opposées.

---

1 C. Serck-Hanssen (2001, p. 314-322) développe une approche historique de l'aperception.

2 Comme *intuitions formelles* : Kant ne dit pas ici que les formes pures de l'intuition sont des concepts *a priori.*

LE PASSAGE AU POINT DE VUE DYNAMIQUE

Notre travail est-il terminé ? Loin de là. Le 10e paragraphe de la 3e synthèse nous fait entrer dans une étape nouvelle et capitale du raisonnement. Nous avons simplement mis au jour la condition transcendantale de la validité objective d'une représentation dans la nécessité réglée de la reproduction *mathématique* du divers en elle. Il nous faut désormais travailler sur l'enchaînement (*Zusammenhang) dynamique* des phénomènes dans l'expérience, et ce pour deux raisons.

Tout d'abord, il importe de fonder le texte déjà lointain de la 2e synthèse sur le plan de la reproduction dynamique. Ensuite, la découverte de l'aperception transcendantale nous a permis de poser un fondement pour l'expérience en général, puisqu'elle est le fondement de tous les objets de l'expérience, et que toute position d'un objet n'est possible que par elle. Or, cette idée d'une unité de l'expérience, que nous avons introduite en totalisant ses objets, ne peut être pensée comme une simple somme. Elle renferme implicitement l'idée d'une connexion (*Verknüpfung*)[3] nécessaire des objets en elle.

Nous avons affaire ici à une anticipation démonstrative puisque le texte en était resté à la fondation de la nécessité de la reproduction mathématique des représentations selon la règle donnée par le concept de l'objet. Cette anticipation demande à être démontrée. Or, cette démonstration revient à prouver que :

> [...] cette même unité transcendantale de l'aperception fait de tous les phénomènes possibles qui peuvent toujours se trouver réunis dans une expérience, un *enchaînement de toutes ces représentations d'après des lois* [*Gesetzen*]. (A 108)

L'équivalence entre les deux problèmes apparaît dans le passage de la question de la *règle* à celle de la *loi*. Quelle différence existe-t-il entre ces deux concepts ? La règle est la représentation d'une condition générale suivant laquelle un certain divers *peut* être posé. Or, quand le divers « *doit* être posé ainsi, elle s'appelle *loi* » (A 113).

Toutefois, cette distinction semble ici ne pas opérer, car nous avons vu que les règles ont pour fonction de rendre nécessaire *a priori* la

3 Voir texte précédent, A 107.

reproduction du divers, et semblent donc renfermer l'idée d'une obligation comme dans le cas de la loi. Une définition extraite des *Lose Blätter* (F 3) peut toutefois nous aider à y voir plus clair :

> La loi est la règle d'après laquelle l'*existence* [*Dasein*] de la chose est déterminable. (XXIII, 343)

La loi prend en compte l'existence nécessaire de l'objet et non la simple nécessité formelle de la reproduction du divers en lui. En passant au plan de la loi, nous entrons dans l'ordre des connexions nécessaires entre les objets dans l'expérience en général. C'est le problème de la causalité qui se met en place avec la loi, comme le montre le texte du 3e postulat de la pensée empirique :

> Or, comme nulle existence des objets des sens ne peut être connue entièrement *a priori*, mais cependant comparativement *a priori*, relativement à une autre existence déjà donnée – et bien qu'alors elle ne puisse se rapporter qu'à cette existence qui doit être contenue quelque part dans l'enchaînement de l'expérience, dont la perception donnée est une partie –, la *nécessité de l'expérience ne peut jamais être connue à partir de concepts, mais seulement à partir de la connexion* [*Verknüpfung*] *avec ce qui est perçu, d'après les lois générales de l'expérience.* Or, il n'y a pas d'existence qui puisse être reconnue comme nécessaire sous la condition d'autres phénomènes donnés, sinon l'existence des effets résultant de causes données d'après les lois de la causalité [...] *La nécessité ne concerne donc que les rapports des phénomènes d'après la loi dynamique de la causalité*, et la possibilité, fondée sur cette loi, de conclure *a priori à partir* de quelque existence donnée (d'une cause) à une autre existence (à l'effet). (A 226-228)[4]

Nous allons montrer que la condition de l'aperception transcendantale nous autorise à penser l'enchaînement nécessaire des phénomènes dans l'expérience suivant les lois générales de la causalité. Dès lors, la réfutation de Hume sera opérée. La démonstration de Kant procède en deux temps. D'abord, à la fin du numéro 3, il montre que l'enchaînement des phénomènes selon des règles nécessaires est une loi transcendantale. Puis, dans le numéro 4, il montre que ces règles doivent être comprises comme des lois.

---

4 La traduction d'A. Renaut de *Verknüpfung* par *lien* est imprécise.

L'UNITÉ SYNTHÉTIQUE DE L'APERCEPTION

Faisons le point. Nous avons montré que la connaissance d'un objet présuppose une régulation de l'unité synthétique du divers de la représentation selon une règle qui rend nécessaire *a priori* sa reproduction mathématique dans l'imagination. Et nous avons trouvé le fondement transcendantal d'une telle régulation conceptuelle dans l'unité originaire pure de la conscience.

Mais comment en déduire que les phénomènes, en tant qu'objets, doivent s'enchaîner dans l'expérience selon des lois générales, dans une succession objective ? Ce problème engage non plus la simple reproduction mathématique du divers dans la représentation, mais l'existence même du phénomène dans son rapport avec d'autres phénomènes. En quoi l'aperception transcendantale peut-elle prétendre fonder une telle régulation dynamique et non simplement mathématique du phénomène ?

Le problème ne peut être résolu que si le rapport de fondation entre la représentation et l'aperception transcendantale est étudié sur un plan dynamique et non plus mathématique. Pour cela, il faut passer du sens mathématique de l'aperception transcendantale à son sens dynamique, ce qui va se faire en passant de son sens analytique à son sens synthétique :

> En effet, cette *unité de la conscience* serait impossible si l'esprit, dans la connaissance du divers, ne pouvait devenir *conscient de l'identité de la fonction*, par laquelle cette unité lie *synthétiquement* ce divers dans une connaissance. (A 108)

Jusqu'ici le problème de la fondation transcendantale portait sur la reproduction mathématique et n'était que quantitatif. La composition du divers homogène n'est possible et ne peut avoir une validité objective que sous la présupposition de cette unité formelle originaire de la conscience pure qui doit être immuable puisqu'elle fonde une règle d'après laquelle une intuition peut *toujours* être présentée. C'est donc en tant qu'unité ou identité numérique que l'aperception transcendantale avait été définie.

Mais cette unité de l'aperception transcendantale n'a pu être définie que dans la mesure où nous avons pris conscience de l'identité[5] de son

5 Les commentateurs qui, à la suite de Strawson (1966, 87) reprochent à Kant de postuler l'identité personnelle pour opérer la déduction transcendantale des catégories ne

opération d'unification du divers de l'intuition dans une connaissance d'objet[6]. Elle correspond donc à une abstraction conceptuelle obtenue par réflexion sur l'opérativité de la conscience, comme l'indique clairement une note de la 2de édition[7] :

> Une représentation qui doit être pensée comme commune à des choses différentes, est considérée comme appartenant à des choses qui, en dehors de cette représentation, ont encore en elles quelque chose de différent ; par conséquent, elle doit d'abord être pensée dans une *unité synthétique* avec d'autres représentations (même seulement possibles), avant que je puisse penser en elle l'unité analytique de la conscience, qui en fait un *conceptus communis*. (B 133-134, Note)

Elle n'est donc pas première et présuppose l'identité fonctionnelle de la conscience, de sorte que *la véritable unité de l'aperception est la conscience de cette identité fonctionnelle comme acte de synthèse*. C'est ce que développera la 2e édition de la *Critique de la raison pure* en affirmant que l'unité analytique de l'aperception *présuppose* son unité synthétique :

> C'est donc seulement dans la mesure où je puis lier un divers de représentations données dans une conscience qu'il m'est possible de me représenter l'identité de la conscience dans ces représentations mêmes, c'est-à-dire que *l'unité analytique de l'aperception n'est possible que sous la présupposition de quelque unité synthétique*. (B 133)

LA CRITIQUE KANTIENNE DU *COGITO* CARTÉSIEN

Or, une telle présupposition signifie que l'unité analytique et l'identité numérique de l'aperception transcendantale *ne sont pas les déterminations d'une substance*. Ainsi, au moment même où Kant dépasse l'empirisme humien, il dépasse également la théorie cartésienne du *Cogito* comme substance. En effet, dans la saisie de l'unité analytique de l'aperception,

---

comprennent pas le sens de sa construction analytique. Pour une critique de cette erreur, voir P. Kitcher (1982, p. 51) et J. Benoist (1996, p. 154-157).

6 Sur l'importance de la distinction entre unité et identité numérique au sujet de l'aperception, voir D. Henrich (1989b et 1994).

7 Nous justifierons plus bas, p. 187, ce recours ici au texte de la 2de édition.

nous ne découvrons pas une subjectivité pure, existant indépendamment du flux du sens interne et qui par là devrait être considérée comme une substance. Une telle interprétation serait erronée, car ce n'est nullement l'existence (ou l'effectivité) du sujet transcendantal qui est en cause :

> Mais il ne faut pas oublier que la simple représentation *Je* est, en relation à toutes les autres (dont elle rend possible l'unité collective), la *conscience transcendantale.* Que cette représentation soit claire (conscience empirique) ou obscure, peu importe ici, *pas davantage même n'importe l'effectivité* [*Wirklichkeit*] *de ce Je.* (A 117, note)

Le texte de la Dialectique transcendantale développant cette critique de la théorie du sujet comme substance (et qui est donc le pendant négatif du passage que nous commentons) le dira encore plus nettement :

> Mais cette proposition : *je pense,* n'est prise ici que dans un sens problématique : non *en tant qu'elle pourrait impliquer la perception d'une existence* (comme le *Cogito, ergo sum* de Descartes), *mais selon sa simple possibilité,* afin de voir quelles propriétés peuvent découler d'une proposition si simple pour son sujet (*qu'il existe ou non*). (A 347)

L'aperception transcendantale a été saisie en remontant à la condition de possibilité de la représentation du divers de l'intuition, après avoir fait abstraction du contenu de la sensation. Or, l'existence est liée à ce contenu. Nous en sommes restés aux simples conditions formelles de l'expérience en général et nous n'avons démontré que la nécessité de l'aperception, en tant que condition de possibilité de la synthèse du divers, mais nullement son existence effective, *sans quoi l'existence du sujet devrait être considérée comme nécessaire.* Ce qui est inacceptable, car cela reviendrait à confondre le sujet et Dieu. L'aperception transcendantale n'est donc étudiée qu'en tant qu'*unité formelle pure, indépendamment de son contenu.* C'est pourquoi l'unité synthétique de la conscience intervient à titre de condition, non de l'*existence* de l'unité analytique, mais de sa *possibilité.*

L'existence du sujet n'est *donc pas déduite* par le texte de la Déduction subjective. Mais ne pourrait-on objecter que l'existence étant une catégorie, l'existence du sujet n'est pas seulement donnée, mais relève également de la spontanéité du sujet lui-même ? Non, car l'existence en tant que catégorie n'a de sens que dans la mesure où elle s'applique à un objet pour le connaître. Or, le sujet transcendantal n'est pas lui-même un objet puisqu'il est la pure fonction rendant possible la pensée d'un objet en général. Prétendre déterminer le principe de toute détermination conduirait inévitablement à un cercle vicieux[8], que Kant entend éviter :

> [...] à son propos, nous tournons donc dans un *cercle* perpétuel, car à chaque fois nous devons obligatoirement nous servir déjà de sa représentation pour porter un jugement quelconque à son sujet : inconvénient qui en est inséparable, car la conscience, en soi, n'est pas tant une représentation qui distingue un objet particulier, qu'une forme de la représentation en général en tant qu'elle doit être nommée connaissance ; [...] (A 346)

L'existence appliquée au sujet n'a pas valeur de catégorie, puisqu'elle ne correspond pas à une détermination objective. Comment dès lors la penser ? Quand nous parvenons à la découverte du sujet transcendantal dans l'activité synthétique de représentation de cette page que nous sommes en train de lire, nous avons bien le sentiment de notre existence. Le *je* pur n'apparaît pas comme simple possible. Nous lui accordons *aussi* l'existence. Mais c'est le fait perceptif et sensible, antérieur à toute détermination de notre représentation objective de la feuille, qui nous a révélé cette existence. C'est la matérialité empirique indéterminée de la sensation effective, que justement nous avons mise entre parenthèses pour découvrir la fonction pure du *je*, qui nous fait accéder à l'existence.

Le sujet ne peut saisir son existence que par la sensation, et donc par l'existence de quelque chose d'extérieur. En cela réside la véritable erreur de Descartes pour Kant : la mise en doute du monde extérieur lui interdisait de déduire l'existence du *Cogito*. Il aurait dû la mettre entre parenthèses en même temps que l'existence du monde extérieur et comprendre qu'il n'avait plus affaire qu'au simple sujet logique, considéré simplement dans sa possibilité, comme le précise la 2de édition des Paralogismes de la raison pure :

> Par conséquent, je confonds l'abstraction possible de mon existence empiriquement déterminée avec la prétendue conscience d'une existence séparée possible de mon moi pensant, et je crois connaître dans le sujet transcendantal ce qu'il y a en moi de substantiel, tandis que je n'ai dans la pensée que l'unité de la conscience qui est au fondement de tout acte de détermination en tant que simple forme de la connaissance. (B 427)

8 Comme l'avait vu Platon en *République* VI.

Dans la mesure où Descartes entend travailler sur le sujet dans le cadre empirique de la proposition *Je pense*, en tant qu'elle implique *j'existe*, le *Cogito* réinscrit le sujet dans le phénomène. À peine défini, le *je* cartésien retombe dans la temporalité du sens interne :

> Je suis, j'existe : cela est certain ; mais combien de temps ? À savoir autant de temps que je pense ; car peut-être se pourrait-il faire, si je cessais de penser, que je cesserais en même temps d'être ou d'exister. (Méditation II, AT IX, 21)

Mais cette permanence du *Cogito* dans le sens interne est doublement problématique. D'une part, comment puis-je déduire de la continuité du temps dans lequel je pense, l'identité du sujet ? La permanence de la représentation du *je* n'entraîne pas la permanence du *je* lui-même dans l'existence. Le sujet du sens interne ne peut être considéré comme immuable. L'identification du moi et de l'âme, qui est l'objet du sens interne, ne permet pas de déduire l'immutabilité du moi. Si à un instant *t* je me saisis effectivement comme existant, rien ne m'autorise à affirmer mon identité avec le *je* de l'instant précédent. Seul le recours à Dieu permet de garantir une telle continuité[9].

En ce sens, la théorie du sujet transcendantal kantien est une réponse à la critique par Pascal du sujet cartésien, qui pose clairement l'exigence de penser l'identité fonctionnelle du moi indépendamment à la fois de l'objet du sens interne (l'âme) et de l'objet du sens externe (le corps) :

> Où est donc ce *moi*, s'il n'est ni dans le corps, ni dans l'âme ? (Pensée 290, éd. Brunschvicq)

De plus, la saisie d'une immutabilité du moi comme substance dans le flux du sens interne est soumise à la présupposition d'un objet dans l'espace. Il faut présupposer l'existence du monde extérieur qui justement est encore mise en doute dans la Méditation II :

> J'ai conscience de mon existence comme déterminée dans le temps. Toute détermination temporelle suppose quelque chose de *permanent* dans la perception. Or, ce permanent ne peut pas être quelque chose en moi, car mon existence dans le temps ne peut être déterminée en premier que par ce permanent. Donc la perception de ce permanent n'est possible que par *une chose hors de moi, et non par la simple représentation d'une chose hors de moi.* (B 275)

---

9 Sur le problème de l'instantanéité du *Cogito* cartésien, voir notamment P. Lachièze-Rey (1972, p. 18, 20, 40-41 et 68-69), et M. Gueroult, (1953, I, p. 272).

Continuer à affirmer l'existence du *Cogito* après le doute, c'est conserver subrepticement un rapport à un objet sensible indéterminé et présupposer contradictoirement l'existence du monde que l'on prétend avoir mise en doute. Une telle volonté contradictoire de penser le sujet logique dans son existence, indépendamment de l'existence du monde, conduit tout droit à l'aporie de l'idéalisme :

> Mais il s'en suit que, dans ce même système rationaliste, l'idéalisme est inévitable, du moins l'idéalisme *problématique* ; et que si, pour la détermination de sa propre existence dans le temps, l'existence des choses extérieures n'est pas requise, c'est tout à fait gratuitement qu'on l'admettra, sans jamais pouvoir en donner une preuve. (B 418)

On pourrait répondre ici à Kant que le rationalisme cartésien prétend dépasser l'idéalisme problématique et fonder l'existence du monde extérieur. Mais il ne le fait qu'en Dieu, dont il lui faut démontrer l'existence, démonstration dont justement Kant fait la critique systématique à la fin de la Dialectique transcendantale.

Le sujet ne peut dire « je pense » qu'en partant du fait de la sensation indéterminée. Dire « je pense », c'est aussi dire « j'existe » et « je pense » est une proposition empirique, bien que le *je* du *je pense* soit le sujet transcendantal pur. La proposition « j'existe » n'est pas une détermination du *je* par la catégorie d'existence, mais la simple conscience indéterminée d'une sensation, c'est-à-dire l'expression d'une perception (ou sensation consciente) indéterminée :

> Cette proposition exprime une intuition empirique indéterminée, c'est-à-dire une perception (ce qui prouve bien par conséquent que déjà la *sensation*, qui appartient donc à la sensibilité, est au *fondement de cette proposition d'existence*) ; mais elle précède l'expérience qui doit déterminer l'objet de la perception par la catégorie relativement au temps. *L'existence n'est donc pas encore ici une catégorie*, l'existence en tant que catégorie se rapportant toujours non à un objet *donné d'une manière indéterminée*, mais à un objet dont on a un concept et dont on veut savoir s'il est posé aussi en dehors de ce concept ou non. (B 422, note)

L'existence comme catégorie concerne le rapport d'un objet au sujet. En tant qu'elle est rapportée au sujet lui-même, elle ne peut que signifier la position du sujet dans la réception d'un objet sensible indéterminé. C'est une intuition sensible immédiate, indéterminée, et non un jugement objectif.

Si Descartes a eu le mérite de mettre au jour le sujet métaphysique, il n'est donc pas parvenu au sujet transcendantal, dans la mesure où il a pensé le sujet comme substance, dont l'existence est indépendante de celle du monde. Sa méthode est en fait synthétique, car l'existence du sujet n'est pas contenue immédiatement dans son concept, et une telle méthode interdit la connaissance du sujet pur dans son unité simplement formelle.

LA PRÉSUPPOSITION DE L'UNITÉ SYNTHÉTIQUE DE L'APERCEPTION PAR L'UNITÉ ANALYTIQUE

La découverte du sujet transcendantal ne peut être obtenue que par une méthode analytique, qui part du *je pense* empirique (contenant le *j'existe*) et opérant par abstraction du contenu empirique, remonte au sujet transcendantal :

> Si au contraire nous suivons la méthode *analytique* en prenant pour fondement le *je pense* comme une proposition *renfermant déjà en elle une existence comme donnée*, ce qui revient à prendre pour fondement la modalité, si nous décomposons cette proposition pour en connaître le contenu, et savoir si et comment ce *je* détermine simplement par là son existence dans l'espace ou dans le temps, alors les propositions de la doctrine rationnelle de l'âme ne partiront pas du concept d'un être pensant en général, mais d'une effectivité, et c'est à partir de la manière dont on conçoit celle-ci, après en avoir abstrait tout ce qui, en elle, est empirique, que l'on déduira ce qui convient à un être empirique en général. C'est ce que montre le tableau suivant :
>
> 1° Je pense
>
> 2° comme sujet — 3° comme sujet simple
>
> 4° comme sujet identique
> dans chaque état de ma pensée (B 418-419)

La méthode mise en œuvre dans la déduction subjective approfondit la démarche cartésienne de découverte du *Cogito*. Ce travail ne correspond pas pour autant à la constitution d'une psychologie rationnelle, puisque le sujet transcendantal ne constitue pas un objet pour une connaissance. Il s'inscrit dans une simple Analytique transcendantale qui expose les conditions de possibilité de toute connaissance objective. Le trajet effectué dans le paragraphe 10 du numéro 3 est la remontée de la *simplicité* du sujet à son *identité*.

La découverte de l'aperception transcendantale se situe *antérieurement à l'ordre catégorial*, et c'est tout le sens de la déduction subjective que de s'inscrire dans une telle antériorité. Les déterminations pures de l'aperception transcendantale n'ont donc que le sens de *fonctions logiques* :

> Par conséquent, tous les modes de la conscience de soi dans la pensée ne sont *pas encore* en eux-mêmes des concepts d'entendement portant sur des objets (*catégories*), mais de *simples fonctions logiques*, qui ne font connaître à la pensée aucun objet, et, par conséquent, ne me font pas non plus connaître moi-même comme objet. (B 406-407)

L'affirmation de l'unité de la conscience pure n'a donc pas valeur de détermination catégoriale d'une substance appelée *aperception transcendantale* :

> À partir de tout cela, on voit qu'un simple malentendu est à l'origine de la psychologie rationnelle. L'unité de la conscience, qui est au fondement des catégories, est prise ici pour une intuition du sujet en tant qu'objet, et la catégorie de la substance y est appliquée. Mais cette unité n'est autre que l'*unité dans la pensée*, par laquelle seule aucun objet n'est donné, et à laquelle donc ne s'applique pas la catégorie de la substance, qui toujours présuppose une intuition donnée, de sorte que ce sujet ne peut pas du tout être connu. (B 421-422)

On comprend mieux pourquoi l'unité analytique de l'aperception est fondée sur son unité synthétique : l'unité comme détermination d'un pouvoir purement déterminant n'a de sens que comme détermination de ce pouvoir dans l'exercice même de sa détermination. Autrement dit, l'unité de la conscience pure est fondée sur l'identité de la fonction d'unification de cette conscience. Le passage de l'unité analytique à l'unité synthétique correspond donc à la plus haute compréhension transcendantale de l'aperception *comme fonction et non comme substance*.

Ainsi, la pure adéquation de la conscience à elle-même, dans sa pureté, n'a de sens que dans sa fonctionnalité ; l'esprit ne prend conscience de son unité qu'en tant qu'unité de la synthèse du divers qui constitue la possibilité de la connaissance des objets[10]. Pour le dire autrement, *il n'y a pas d'intuition intellectuelle possible de la conscience ne se rapportant qu'à elle-même, indépendamment de son opérativité unifiante et donc de son rapport à l'expérience.*

LA FONDATION DE LA CONNEXION DYNAMIQUE

Or, le rapport de la conscience à son acte d'unification est un rapport dynamique de connexion, qui met en jeu une relation proprement causale :

> Cette conscience peut souvent n'être que faible, si bien que nous la *connectons* [*verknüpfen*] à la génération de la représentation, non dans *l'acte* lui-même, c'est-à-dire immédiatement, mais seulement dans l'*effet*. (A 103-104)

Si chaque phénomène en tant qu'objet de connaissance est le produit d'une unification synthétique, il a valeur d'effet par rapport à la fonction unifiante de l'aperception. Or, il faut penser une identité de la fonction unifiante. Tous les phénomènes doivent être également unifiés entre eux dans un lien synthétique nécessaire. Il ne s'agit plus d'un lien mathématique de reproduction nécessaire du divers puisque ce lien correspond à l'unité synthétique produite par chaque acte dans la génération de la représentation d'un phénomène. Nous sommes désormais dans l'ordre dynamique de l'identité de la fonction dans l'enchaînement des actes. Ce lien correspond ainsi à un enchaînement nécessaire de tous les phénomènes :

> Par conséquent, la conscience originaire et nécessaire de l'identité de soi-même est en même temps une conscience d'une *unité également nécessaire de la synthèse de tous les phénomènes* d'après des concepts, c'est-à-dire d'après des règles qui les rendent *non seulement nécessairement reproductibles, mais par là aussi* déterminent un objet pour leur intuition, c'est-à-dire le concept de quelque chose où ils *s'enchaînent nécessairement.* (A 108)

10 H. E. Allison (2015, p. 229) interprète le rapport des deux unités sur le modèle du rapport entre la liberté et la loi morale dans la 2e *Critique* : l'unité analytique est la *ratio essendi* de l'unité synthétique, qui est la *ratio cognoscendi* de la première. Il est toutefois délicat de parler de *ratio essendi* alors que l'aperception transcendantale est définie simplement comme une fonction, en dehors de toute perspective ontologique (alors que la liberté est le propre du sujet comme chose en soi, donc compris cette fois dans une perspective ontologique).

Dans la remontée de l'unité analytique de l'aperception à l'unité synthétique, est mise ainsi au jour une unité synthétique non plus de la reproduction (au sens mathématique) du divers – de sorte que le triangle obéit à une règle *a priori* de la reproduction nécessaire du divers en lui – mais de l'enchaînement dynamique des phénomènes entre eux[11]. Or, de même que la reproduction était rendue possible suivant des règles *a priori*, l'enchaînement est rendu possible suivant des règles *a priori*, lesquelles expriment l'identité nécessaire de l'acte d'unification. Seule celle-ci rend possible l'unité analytique de la conscience sur laquelle sont justement fondées les règles de la reproduction nécessaire du phénomène :

> En effet, l'esprit n'aurait pas la possibilité de penser l'identité de lui-même dans la diversité de ses représentations, et cela *a priori*, s'il n'avait sous les yeux *l'identité de son acte*, qui soumet toute synthèse de l'appréhension (qui est empirique) à une unité transcendantale, et en *rend d'abord l'enchaînement possible d'après des règles a priori.* (A 108)

Nous sommes enfin arrivés à la fondation non plus de la synthèse de l'appréhension, mais de l'enchaînement de cette synthèse selon des règles *a priori* dans l'unité synthétique de l'expérience. L'unité synthétique *a priori* dont il est désormais question est le principe de la connexion dynamique des phénomènes et non plus de la composition mathématique du divers dans l'intuition :

> Nous sommes conscients *a priori* de la *continuelle identité de nous-mêmes relativement à toutes les représentations* qui peuvent jamais appartenir à notre connaissance comme d'une nécessaire condition de possibilité de toutes les représentations (car elles représentent en moi quelque chose seulement parce qu'elles appartiennent avec tout le reste à une conscience et doivent par conséquent au moins pouvoir y être *connectées*). (A 116)[12]

Cet enchaînement nécessaire des phénomènes, fondé sur la conscience *a priori* de l'identité de l'aperception dans son acte d'unification synthétique, est soumis à une règle qui est le concept de l'objet. Ainsi le concept de l'objet *maison* ne va pas simplement permettre de composer nécessairement le divers de l'intuition afin de présenter le concept de maison

11 Ce passage du point de vue mathématique au point de vue dynamique est généralement manqué par les interprètes, par exemple H. E. Allison (2015, p. 230-231).

12 Là encore, A. Renaut traduit « verknüpft » par « liées » et non pas « connectées ».

dans l'intuition. Mais on va unifier synthétiquement l'enchaînement des intuitions de la maison dans l'expérience selon une règle tout aussi nécessaire. C'est toujours le concept de l'objet *maison* qui permet de connecter, par exemple[13], la représentation actuelle de la maison à sa représentation future après le passage d'un ouragan.

Il nous faut dès lors retravailler le concept d'objet qui s'est enrichi au cours de notre analyse, puisqu'il est désormais le concept de quelque chose où les représentations à la fois sont composées nécessairement *et* s'enchaînent nécessairement en tant qu'elles sont des connaissances.

13 Cet exemple est de moi et non de Kant.

L'OBJET TRANSCENDANTAL = X

L'OBJET TRANSCENDANTAL COMME OBJET DE L'OBJET

L'aperception a été saisie dans sa nature transcendantale par un *redoublement de la fonction déterminante*, dans la mesure où son unité analytique nous est apparue reposer sur l'identité de son acte d'unification et donc sur son unité synthétique. Or, le sujet s'oppose à l'objet comme le *déterminant* au *déterminable* :

> L'objet, ce n'est pas la conscience de moi-même *déterminant*, mais celle de moi-même *déterminable*, c'est-à-dire de mon intuition interne (en tant que le divers en elle peut être lié conformément à la condition universelle de l'unité de l'aperception dans la pensée). (B 407)

L'objet peut donc être compris parallèlement dans sa nature transcendantale par un *redoublement de la déterminabilité*. L'objet transcendantal est le déterminable du déterminable, ou encore *l'objet de l'objet* :

> Toutes les représentations ont, comme représentations, leur objet et peuvent être elles-mêmes à leur tour objets d'autres représentations. Les phénomènes sont les seuls *objets* qui peuvent nous être immédiatement donnés, et ce qui en eux se rapporte immédiatement à l'objet s'appelle *intuition*. Or ces phénomènes ne sont pas des choses en soi, mais eux-mêmes seulement des représentations, qui *à leur tour ont leur objet*, lequel par conséquent ne peut plus être intuitionné par nous, et peut donc être appelé l'*objet non empirique, c'est-à-dire transcendantal*, = X. (A 108-109)

L'étude de l'objet transcendantal est développée dans le onzième et dernier paragraphe du numéro 3. En quoi l'objet transcendantal diffère-t-il de l'objet en général qui était également décrit comme le référent général des phénomènes ? L'objet en général est le fondement référentiel de toute représentation subjective, qui exprime simplement l'unité de la visée signifiante du sujet. Si chaque représentation est une détermination, les représentations étant synthétisées dans une unité nécessaire, il faut poser un terme au fondement de leur unité. Ou encore, chaque détermination correspond à un prédicat et il faut penser une unité synthétique de la série des prédicats. Ces prédicats se rapportent à un sujet (au sens grammatical) qui est hors de la prédication. Ce sujet des prédicats est l'objet en général[1].

Ainsi, un phénomène est un objet dans la mesure où il entre en rapport avec l'objet en général, c'est-à-dire où il prend la place de la variable *X* dans la fonction de déterminabilité. Ceci signifie simplement que son divers est soumis à la fonction de détermination du sujet, c'est-à-dire est unifié synthétiquement selon des règles *a priori*. L'objectivité du phénomène est conciliable avec sa subjectivité, en tant qu'il n'est qu'une représentation, une détermination du sens interne. Comme la détermination porte sur des représentations du sens interne (c'est-à-dire sur le moi en tant qu'il est déterminable), l'objet en général, comme sujet des prédicats (ou des déterminations) antérieur à toute détermination, peut être dit identique au sujet transcendantal :

> [...] cela ne signifie rien d'autre que le concept de l'*objet en général*, lequel subsiste pour autant que l'on pense en lui simplement le *sujet transcendantal sans tous les prédicats* [...] (B 441)

Une telle identité n'est-elle pas contradictoire ? Il faut ici se souvenir que le sujet transcendantal est une fonction. Le concept de l'objet est la conscience de l'identité de la déterminabilité dans le divers de l'intuition, corrélative de l'unité de la détermination de ce même divers opérée par l'aperception. La fonction de l'objet = *X* se clarifie : elle est la fonction de déterminabilité, réciproque de la fonction déterminante du sujet = X. Mais l'unité qu'elle exprime est la même : c'est l'unité synthétique de l'aperception transcendantale.

En effet, on interprète toujours le « = *X* » comme la simple affirmation de l'indétermination de l'objet en général qui ne serait qu'un simple X. Mais on oublie de commenter par là le « = ». Or le « = » est une opération mathématique qui identifie deux termes. Quand un phénomène *A* est rapporté à l'objet en général, il devient un objet. Cela

1 Voir B. Rousset (1967, p. 315-317).

se traduit par : *A* = *X*. Mais *A* n'est pas le seul objet, on a donc aussi *B* = *X*, *C* = *X*, etc. L'objet en général n'est pas le simple *X*, la variable indéterminée qui est tour à tour pensée comme *A*, *B*, *C*, etc. ; c'est la *fonction* « = *X* » qui permet de définir la classe contenant tous les termes *B*, *C*, *D*, etc. Si par exemple *X* = 1, la classe comprend les termes *n*/*n* (pour *n* quelconque différent de 0 et de l'∞), √1, Log *e*, etc. Mais ici *X* est indéterminé, ce n'est donc pas le contenu de leur détermination qui identifie ces termes, c'est l'identité de leur déterminabilité qui correspond à l'identité de la fonction de détermination.

Or, l'identité de la fonction de détermination du divers de l'intuition est l'aperception transcendantale. Dès lors, l'objet en général est le corrélat de l'aperception transcendantale. On doit donc l'appeler *objet transcendantal*. Le passage de l'objet en général à l'objet transcendantal n'est qu'une détermination « plus exacte » de son concept, rendue possible par la compréhension plus profonde de l'unité de l'aperception comme étant synthétique[2].

L'objet en général n'était que le référent indéterminé d'une représentation quelconque. Mais l'identité de cet objet en général dans toutes les représentations en général n'était pas perçue dans la mesure où l'identité de la fonction de détermination, constitutive de l'objet n'avait pas été mise au jour. L'objet transcendantal apporte donc plus que l'objet en général. Il constitue non seulement l'unité nécessaire de la synthèse du divers, mais l'unité nécessaire de l'enchaînement des phénomènes dans une expérience unique. Pour le dire brièvement, la théorie de l'objet en général ne permettait que la compréhension du « X », sa détermination plus exacte en objet transcendantal permet la compréhension du « = ».

L'objet transcendantal étant le corrélat fonctionnel du sujet transcendantal, il échappe tout autant à l'intuition et les catégories ne peuvent s'appliquer à lui. Il n'est qu'une pure fonction logique du phénomène, qui reflète la fonction originaire du sujet.

2 B. Rousset pense que l'objet transcendantal se distingue de l'objet en général en étant, en plus de l'objet des catégories, l'objet de l'intuition en général, ce qui lui conférerait en plus la détermination ontologique du « quelque chose » (1967, p. 317-318). Toutefois, l'objet en général a *déjà* été défini comme un « quelque chose de différent de toutes nos représentations » (A 105), connu « quand nous avons opéré une unité synthétique dans le divers de l'intuition » (*ibid.*). Il est donc objet de l'intuition en général.

L'OBJET TRANSCENDANTAL ET LA CHOSE EN SOI

Pourtant, il arrive à Kant d'attribuer certaines catégories à l'objet transcendantal, notamment celle de causalité :

> Nous pouvons appeler *objet transcendantal la cause simplement intelligible des phénomènes en général*, simplement afin d'avoir ainsi quelque chose qui corresponde à la sensibilité considérée comme une réceptivité. À cet objet transcendantal, nous pouvons imputer toute l'extension et tout l'enchaînement de nos perceptions possibles, et dire qu'il est donné en lui-même avant toute expérience. (B 522-523)

Mais cela procède d'une illusion transcendantale symétrique de celle de la pensée du sujet comme substance : la lumière du soleil éclairant la lune semble avoir pour source la lune elle-même. Les objets déterminés nous présentent l'unité de leur détermination. Cette unité ainsi déterminée, qui est produite par l'acte même du sujet, est l'objet transcendantal lui-même. L'objet transcendantal est l'unité de l'objet correspondant à l'unité déterminante du sujet. Mais de même que le sujet n'est pas une substance, l'objet transcendantal n'a qu'une signification fonctionnelle subjective.

L'objet transcendantal comme objet des pensées apparaît comme le fondement en général des objets. Par là, on est conduit à le penser comme une substance, cause de ces objets. Mais, ces déterminations sont tout aussi inadéquates que lorsqu'elles sont rapportées au sujet par rapport à ses pensées, puisque les deux principes fonctionnels échappent à l'intuition sensible :

> Quand je me représente ici comme sujet des pensées, ou même comme fondement de la pensée, ces modes de représentation ne signifient pas les catégories de la substance ou de la cause ; car celles-ci sont des fonctions de la pensée (de l'acte de juger) appliquées déjà à notre intuition sensible, qui seraient sans doute indispensables si je voulais me connaître. (B 429)

L'application de la catégorie de causalité à l'objet transcendantal[3] est du même ordre que celle d'unité au sujet transcendantal. La causalité

3 B 573.

n'est *pas encore* ici une catégorie puisqu'elle est rapportée à un terme dont aucune intuition n'est possible. Ce n'est qu'une fonction logique corrélative de l'opérativité déterminante du sujet, dont l'application à l'objet transcendantal est dépourvue de validité objective. L'objet transcendantal, en tant que fondement de la déterminabilité de l'objet, est tout aussi indéterminable que le fondement de la détermination du sujet :

> L'objet auquel je rapporte le phénomène en général, est l'objet transcendantal, c'est-à-dire la *pensée tout à fait indéterminée de quelque chose en général. Cet objet ne peut s'appeler le noumène*; car je ne sais pas de lui ce qu'il est en lui-même, et je n'en ai aucun concept, sinon celui de l'objet d'une intuition sensible en général, qui est donc identique pour tous les phénomènes. *Je ne puis le penser au moyen d'aucune catégorie*; car la catégorie vaut pour l'intuition empirique, pour la placer sous un concept d'objet en général. *Un usage pur de la catégorie est certes possible, c'est-à-dire sans contradiction, mais il n'a aucune validité objective*, car elle ne se rapporte à aucune intuition qui par là devrait recevoir l'unité d'un objet. (A 253)

L'objet transcendantal n'a donc qu'une signification logique dans le phénomène : c'est ce qui dans le phénomène contient la condition de la règle de l'unité synthétique du divers en lui. C'est l'unité référentielle inconnue et inconnaissable de toute représentation objective, qui exprime l'unité de la détermination catégoriale du sujet :

> Cependant, dès que j'élève mes concepts d'un objet jusqu'à la signification transcendantale, la maison n'est *pas du tout une chose en soi*, mais seulement un *phénomène*, c'est-à-dire une *représentation dont l'objet transcendantal est inconnu.* (A 190-191)

L'objet transcendantal ne doit donc pas être pensé hors de l'ordre du phénomène :

> Toutes nos représentations sont en fait rapportées par l'entendement à quelque objet, et comme les phénomènes ne sont rien que des représentations, l'entendement les rapporte à quelque chose, comme à l'objet de l'intuition sensible : mais ce quelque chose n'est, en tant que tel, que l'*objet transcendantal.* Or, cet objet signifie un quelque chose = X, dont nous ne savons rien du tout et dont en général (d'après la constitution actuelle de notre entendement) nous ne pouvons rien savoir, mais qui peut servir, seulement en tant que *corrélat de l'unité de l'aperception*, pour l'unité du divers dans l'intuition sensible, unité par laquelle l'entendement unit ce divers dans le concept d'un objet. *Cet objet transcendantal ne se laisse nullement séparer des données sensibles*, car alors il ne resterait rien par quoi il serait pensé. (A 250-251)

L'objet transcendantal doit dès lors être distingué de la chose en soi, avec laquelle il est fréquemment confondu. La chose en soi est un référentiel ontologique dont la notion intervient dès l'Esthétique transcendantale : elle correspond à l'être en soi, indépendant de l'espace et du temps, que l'on doit poser dès que l'on identifie l'espace et le temps à des formes *a priori* de la sensibilité. La chose en soi n'est pas un objet pour le sujet transcendantal.

La chose en soi échappe donc nécessairement aux catégories. Mais elle ne peut être pensée que par leur mise en œuvre, qui correspond à un usage pur, *sans validité objective*, et est alors décrite comme la cause du phénomène[4].

L'objet transcendantal est non l'objet d'un intuitionner absolu, mais l'objet d'une intuition sensible en général, corrélat de l'unité de l'aperception transcendantale[5]. Il est le fondement épistémologique du phénomène. La position même de la chose n'est pas prise en compte dans l'objet transcendantal, qui est atteint *en amont de toute position d'existence*, tout comme le sujet transcendantal lui-même. S'il possède la détermination ontologique du quelque chose, c'est simplement dans l'ordre du possible et non de l'existence effective. Cependant, en tant que fondement de l'objectivité du phénomène, l'objet transcendantal peut être pensé comme la cause ou l'origine du phénomène. Et dans la mesure où la chose en soi ne relève pas de la catégorie de causalité, la penser comme cause, c'est la penser comme objet transcendantal[6], sans qu'ils soient pour autant confondus.

Si la chose en soi (principe ontologique de l'apparaître sensible) est le référent ontologique du phénomène, l'objet transcendantal (corrélat logique de l'aperception transcendantale) est son référent épistémologique. La chose en soi et l'objet transcendantal sont dès lors inscrits dans une illusion analogue qui tend à les identifier. Cette illusion repose sur le présupposé rationaliste d'une identité de l'être et de la pensée, présupposé que le criticisme kantien récuse précisément.

Notons ici que l'interprétation néokantienne, à la suite de Cohen, tend à réduire la chose en soi, et donc l'être, au terme asymptotique du

---

4 Ceci permet de lever l'objection de Friedrich Jacobi (reprise notamment par Fichte et Schopenhauer), qui voit dans la théorie de la chose en soi au fondement des phénomènes une application indue du principe de causalité.

5 H. J. De Vleeschauwer s'oppose ainsi à toute interprétation de l'objet transcendantal comme chose en soi, en notant que sa réalité n'est que formelle (II-1936, p. 296).

6 Voir A 358.

progrès de la connaissance. Cohen en tire l'identité de l'objet transcendantal et de la chose en soi et le système critique se trouve réduit à une théorie de la connaissance, ce à quoi s'oppose Heidegger, qui insiste à juste titre sur le sens ontologique de la chose en soi.

Pour se convaincre de la différence de l'objet transcendantal et de la chose en soi[7], il suffit de remarquer que Kant peut parler de la chose en soi *au pluriel* – en rapportant les phénomènes à leur fondement ontologique en soi, la chose en soi qui leur correspond –, alors que l'objet transcendantal est nécessairement *au singulier*, car sinon une expérience une serait proprement impossible[8]. Je rejoins ici Ferdinand Alquié lorsqu'il affirme :

> Non point que nous pensions, avec A. Philonenko, suivant en cela H. Cohen, que, pour la philosophie transcendantale, l'« être » soit la « connaissance », la « chose en soi » l'« Idée de la raison », et la « science » le « véritable sujet du savoir ». *Nous croyons au contraire qu'il est une distinction à laquelle Kant ne renoncera jamais, celle de la chose en soi, ontologiquement posée, et de l'objet scientifique, tel qu'il résulte de l'acte d'objectivation du sensible opéré par l'entendement.* En abandonnant cette distinction, Kant parviendrait sans doute à conférer une unité complète à la notion d'objet. Mais il sacrifierait à l'*idéalisme* qu'il refuse si vivement. À notre sens, la philosophie transcendantale laissera demeurer la *dualité de la connaissance et de l'être.* (1980, p. 616)

La pensée de Kant s'inscrit bel et bien dans cette dualité de la connaissance et de l'être formulée par Descartes, et avec une radicalité supérieure, puisqu'elle n'est pas surmontée par la démonstration de l'existence de Dieu, comme chez Descartes.

CONCLUSION

L'objet transcendantal a été compris comme le simple corrélat logique de l'unité de l'aperception transcendantale. Un phénomène n'est un objet (n'a de réalité objective) que dans la mesure où il est en rapport avec

7 Lorsqu'en A 366, Kant écrit « la chose en soi (objet transcendantal) », il ne faut donc pas y voir une identification des deux termes, mais l'indication d'un lien nécessaire des deux approches dont ils relèvent.

8 H. E. Allison repère également ce point (2015, p. 232-233).

l'objet transcendantal, ce qui équivaut à être soumis *a priori* à l'unité nécessaire de la conscience qui synthétise le divers en lui et le lie dans l'unité d'une représentation.

Or, nous avons vu que la représentation objective est générée continûment[9] dans l'opération de synthèse (la reproduction garantissant la continuité), et doit être pensée comme l'effet de l'acte spontané d'unification synthétique de l'aperception. Le rapport de l'objet à l'aperception est donc dynamique, puisque c'est la donation du phénomène comme objet qui est ainsi fondée. La nécessité *a priori* de l'unité de l'aperception par rapport à l'objectivité de la représentation confère dès lors au rapport de soumission du phénomène à l'unité de l'aperception la forme d'une loi transcendantale :

> [...] le rapport à un objet transcendantal, c'est-à-dire la réalité objective de notre connaissance empirique, reposera sur cette *loi transcendantale* que *tous* les phénomènes, en tant que des *objets* doivent nous être *donnés* par eux, doivent être soumis à des *règles a priori de leur unité synthétique*, qui seules *rendent possible leur rapport* dans l'intuition empirique, c'est-à-dire doivent être soumis *dans l'expérience* aux conditions de l'unité nécessaire de l'aperception, tout aussi bien que, dans la simple intuition, ils le sont aux conditions formelles de l'espace et du temps, et que même toute connaissance n'est d'abord possible que par ces conditions de l'unité de l'aperception. (A 109-110)

C'est parce que tous les phénomènes doivent être identiquement soumis aux règles *a priori* de leur unité synthétique selon une loi transcendantale, que la possibilité de leur enchaînement dans l'intuition, suivant des règles également *a priori*, est fondée. La loi transcendantale que Kant vient de mettre au jour est la loi fondamentale sur laquelle repose la possibilité d'une telle expérience unifiée.

9 En A 103-104.

LE FONDEMENT DE L'AFFINITÉ DU DIVERS (NUMÉRO 4)

L'UNITÉ DE L'EXPÉRIENCE

La fondation du pouvoir de reproduction dynamique (ou d'association) de l'imagination est désormais quasiment effectuée. Il reste à comprendre que les règles *a priori* de l'enchaînement des phénomènes dans l'expérience une sont des lois objectives. Or, ceci paraît acquis puisque nous savons que leur nécessité *a priori* est objective et concerne les rapports dynamiques (ou enchaînements) des phénomènes entre eux. Elles ont donc bien valeur de lois à la différence des règles *a priori* de composition des représentations dans le phénomène. Kant peut donc commencer le numéro 4, intitulé « Explication préliminaire de la possibilité des catégories comme connaissances *a priori* » (A 110-114), en affirmant aussitôt :

> Il n'y a qu'*une* expérience, où toutes les perceptions sont représentées selon un *enchaînement complet et légal* [*gesetzmässig*]. (A 110)

La définition de la différence entre *règle* et *loi*, présupposée par le progrès de l'argumentation, est différée par Kant qui préfère s'en servir pour renforcer sa critique de Hume à la fin de l'Explication. C'est cependant dès le début de ce même numéro 4 qu'elle aurait dû intervenir pour plus de clarté :

> Or, la représentation d'une condition générale suivant laquelle un certain divers peut être posé (par conséquent d'une manière identique) s'appelle une *règle*, et quand il doit être posé ainsi, elle s'appelle une *loi*. *Tous les phénomènes sont donc dans une connexion complète suivant des lois nécessaires.* (A 113-114)

L'unicité synthétique de la série connective dans laquelle doivent nécessairement s'inscrire tous les phénomènes garantit l'unicité de l'expérience. Le parcours de remontée au fondement transcendantal ultime de la connaissance possible est ainsi achevé, et ce, *à l'intérieur de la déduction subjective.* Quant au passage à la théorie de l'objet et à l'unité de l'expérience, nous avons vu qu'il n'a pas constitué une sortie hors de la déduction subjective.

Il y a soumission *a priori* des phénomènes à l'unité synthétique de l'aperception. Or cette unité s'effectue d'après des concepts qui donnent les règles de la synthèse nécessaire. Les règles étant *a priori*, les concepts ne peuvent être de simples concepts empiriques, sans quoi la synthèse ne serait plus nécessaire et toute connaissance objective impossible :

> Si l'unité de la synthèse *d'après des concepts empiriques* était entièrement *contingente*, et si ceux-ci ne se fondaient pas sur un fondement transcendantal de l'unité, il serait possible qu'une foule de phénomènes remplît notre âme, sans qu'il en pût jamais résulter *aucune expérience.* Mais alors *disparaîtrait aussi tout rapport de la connaissance à des objets*, car la connexion d'après des lois universelles et nécessaires lui ferait défaut et par conséquent cette foule de phénomènes serait bien une *intuition vide de pensée*, mais jamais une connaissance, et qu'ainsi elle serait pour nous comme si elle n'était pas. (A 111)

Sans le rapport des concepts au fondement transcendantal de l'unité synthétique nécessaire des phénomènes, la série des phénomènes serait transformée en une foule informe, incapable de s'organiser en expérience. Dès lors, l'enchaînement des phénomènes deviendrait contingent et le rapport à l'objet transcendantal serait ainsi rompu. Or, ce rapport est constitutif de l'objectivité du phénomène qui deviendrait alors impensable. Il faut donc affirmer que la forme de l'expérience est l'unité synthétique de l'expérience selon des concepts *a priori.* Le problème est alors de déterminer l'identité de ces concepts *a priori.*

LA DÉDUCTION OBJECTIVE DE LA 2e SECTION

Le troisième paragraphe du numéro 4 démontre que ces concepts correspondent aux catégories, c'est-à-dire aux concepts purs de l'entendement. La majeure de la démonstration est la suivante :

> Les conditions *a priori* d'une expérience possible en général sont en même temps les conditions de la possibilité des objets de l'expérience. (A 111)

Cette identité a été déjà démontrée dans le paragraphe précédent : la contingence des conditions d'une expérience possible en général serait équivalente à l'absence de rapport des phénomènes à l'objet transcendantal, c'est-à-dire à leur non-objectivité[1].

À quoi correspondent ces conditions *a priori* d'une expérience possible en général ? Elles sont de deux sortes : les conditions de l'intuition de l'expérience qui sont les formes pures de l'espace et du temps, et les conditions de la pensée de l'expérience, qui sont les concepts *a priori* qui donnent les règles *a priori* de l'unité synthétique des phénomènes. Ces règles *a priori* sont les principes synthétiques qui règlent l'usage objectif des concepts *a priori*. La découverte de ces principes est donc subordonnée à la découverte de l'identité des concepts *a priori*.

Nous pouvons dès à présent en tirer une double conclusion :

1. Nous avons démontré la possibilité des jugements synthétiques *a priori*, puisque les objets sont nécessairement soumis à une synthèse *a priori* du divers de l'intuition en eux.
2. Les concepts *a priori* auxquels se conforment les règles de la synthèse ont une validité objective.

Le texte de l'Analytique des principes, qui est fondé directement dans la déduction subjective de 1781, tire cette double conséquence dans la première comme dans la seconde édition :

> *C'est de cette manière que les jugements synthétiques* a priori *sont possibles*, lorsque nous rapportons les conditions formelles de l'intuition *a priori* – la synthèse

1 Voir G. Deleuze (1963, p. 25).

> de l'imagination et son unité nécessaire dans une aperception transcendantale – à une connaissance expérimentale possible en général, et que nous disons : les conditions de la possibilité de l'expérience en général sont en même temps conditions de la possibilité des objets de l'expérience, et ont de ce fait une validité objective dans un jugement synthétique *a priori*. (A 158 / B 197)

Mais pour l'instant, nous ignorons à quoi correspondent ces concepts *a priori*. C'est ici qu'intervient la mineure de la démonstration :

> Or, *je prétends que les catégories qui ont été citées plus haut ne sont rien d'autre que les conditions de la pensée dans une expérience possible*, de même que l'espace et le temps contiennent les conditions de l'intuition pour cette même expérience. (A 111)

Si les catégories sont les conditions de la pensée dans une expérience possible, la majeure nous oblige à en déduire qu'elles correspondent bien aux concepts *a priori* sans lesquels une intuition d'objets serait vide de pensée. Les catégories sont dès lors les concepts fondamentaux de l'objectivité en général :

> [...] elles ont donc *a priori* une validité objective, ce qui était proprement ce que nous voulions savoir. (*Ibid.*)

C'est toute la déduction objective qui apparemment est ainsi opérée dans ce seul paragraphe de la déduction subjective ! Un tel résultat semble paradoxal.

Prenons toutefois garde au caractère *hypothétique* de l'argumentation. La démonstration est valide *si* les catégories sont bien les conditions de la pensée dans une expérience possible en général. Mais pour l'instant, cela fait l'objet d'une simple « prétention » de la part de Kant. Cette prétention n'est pas arbitraire. De fait, il est très probable que les catégories correspondent effectivement à ces concepts qui donnent les règles de la synthèse *a priori*, puisqu'elles ont été introduites comme les fonctions logiques qui donnent l'unité à la synthèse pure :

> La synthèse pure, représentée de manière générale, donne le concept pur de l'entendement. Or par cette synthèse, j'entends celle qui repose sur un fondement de l'unité synthétique *a priori* [...] (A 78)

Or, les phénomènes, pour avoir une validité objective, doivent :

> [...] être soumis aux *fonctions générales de la synthèse*, je veux dire la synthèse d'après des concepts, celle seulement où l'aperception peut prouver sa complète et nécessaire identité *a priori*. (A 112)

Comme la synthèse constitutive de l'objet est pure, il semble logique d'en déduire que les concepts qui donnent l'unité à cette synthèse sont les catégories. Mais pourquoi ne correspondraient-ils pas à d'autres concepts purs dérivés des catégories (et nous en connaissons l'existence depuis A 81), ou à certaines catégories seulement mais pas à toutes ? Le problème est un problème de totalité :

> Mais la possibilité et même la nécessité de ces catégories reposent sur le rapport que *la sensibilité* dans son ensemble, et avec elle aussi *tous les phénomènes possibles*, a avec l'aperception originaire, dans laquelle *tout* doit être nécessairement conforme aux conditions de *l'unité complète de la conscience de soi* [...] (A 111-112)

La mineure ne sera donc véritablement fondée que lorsque l'entendement aura été défini par rapport à l'aperception et la sensibilité, et que le rapport nécessaire de l'entendement à une expérience possible aura été saisi, ce qui a lieu dans la 3e section, en A 119[2]. Car alors, on pourra comprendre que c'est bien la *totalité du pouvoir de l'entendement* qui est engagée dans le fondement de l'expérience possible, et les concepts purs de la synthèse ne pourront être que la *totalité des concepts premiers et purs de l'entendement*, à savoir les catégories. Ce n'est donc qu'en A 119[3] que l'anticipation de la déduction objective de A 111 sera effectivement validée[4].

Dès lors, l'Explication de la possibilité des catégories comme connaissances *a priori* doit bien être considérée comme simplement

---

2 Si B. Longuenesse remarque l'absence de justification de la prétention formulée par Kant en A 111, elle ne repère pas sa fondation en A 119.

3 Et non dans la déduction de 1787 comme le pense H. E. Allison (2015, p. 239), auquel cas la déduction de 1781 serait incomplète.

4 Comme le note H. J. De Vleeschauwer : « en fait Kant montre que des catégories sont les conditions de l'expérience, sans montrer qu'elles sont celles qu'il avait relevées dans sa table » (II-1936, p. 307). De Vleeschauwer pense toutefois que cette identification devra attendre l'Analytique des principes. Je pense qu'elle intervient dès A 119, considéré comme la fin de la déduction subjective. La différence est de taille, car dans l'interprétation de H. J. De Vleeschauwer, la déduction subjective n'est pas autonome, et présuppose le texte de l'Analytique des principes. Dans la mienne, elle fonde l'Analytique des principes, même si son contenu, trop concis, s'éclaire par l'Analytique des principes.

« provisoire[5] » (*vorlaüfig*), comme l'indique le titre du numéro 4-. Cette possibilité et sa nécessité ne sont complètement justifiées que dans la 3e section, au moment où s'achève la déduction subjective, à savoir où est prouvée la possibilité de l'entendement.

Ainsi, la déduction subjective complète *a valeur de déduction objective*. Les deux déductions sont imbriquées l'une dans l'autre sans qu'il soit possible de les séparer. Doit-on s'en étonner ? La déduction subjective montre que le principe même de l'objectivité est dans le sujet. Il est dès lors logique de trouver le principe de la déduction objective dans la déduction subjective qui, nécessairement, *devient objective*. Mais ceci ne peut être compris qu'à la fin de la déduction, et c'est pourquoi Kant, avant que cette déduction ne soit opérée, parle de deux déductions.

Ma lecture est ici en accord avec celle de Heidegger, à cette différence près que je pense que l'imbrication des deux déductions est une donnée consciente du texte de Kant :

> Kant parle donc ici de deux faces de la « Déduction transcendantale », d'une face subjective et d'une face objective. Son but essentiel, dit-il, est la « Déduction objective », et c'est à celle-ci qu'il donne la forme juridique, *méconnaissant précisément par là la connexion interne de la face objective de la « Déduction » avec la face subjective* – plus encore : méconnaissant que précisément *l'exécution radicale de la face subjective de la tâche de la « Déduction » règle du même coup la tâche objective*, ou, pour le dire plus exactement, qu'elle ne la laisse même plus se présenter comme tâche sous cette forme. Or, *cette voie radicale, Kant ne l'empruntera pas*. (Heidegger, 1982, p. 294)

Toutefois, et ici je me sépare de Heidegger, la fin de la déduction subjective *ne correspond pas à la fin de la déduction transcendantale*. En effet, elle aura simplement montré *que* les catégories, en tant que concepts purs de l'entendement, sont les conditions *a priori* de l'expérience possible. Reste encore à montrer *comment* effectivement elles rendent l'expérience possible. C'est l'enjeu de la 2e partie (ascendante) de la 3e section, qui achève la déduction objective mise en place dans la déduction subjective.

---

5 Ce caractère provisoire de l'Explication ne remet cependant pas en cause son acquis théorique. Si l'on croit que la synthèse de la reproduction a été entièrement fondée dans le texte de la 2e synthèse (alors qu'en fait, seule la reproduction mathématique l'a été), le rôle de l'Explication provisoire dans la logique de la déduction subjective doit être limité à celui d'une simple reprise explicative et il faut dire avec H. J. De Vleeschauwer qu'elle « ne nous a rien appris de neuf » (II-1936, p. 317).

On ne devra pas s'étonner de voir alors la déduction objective proprement dite refaire rapidement le chemin de la déduction subjective, puisque cette dernière en est le fondement nécessaire.

LA CRITIQUE DE LA THÉORIE HUMIENNE DE LA CAUSALITÉ

Si la déduction objective des catégories dans leur totalité n'est pas encore effectuée, nous avons toutefois les moyens théoriques d'opérer dès maintenant la déduction objective du concept de causalité.

Pourquoi le concept de causalité ? Nous avons vu qu'il est un mode de la connexion des phénomènes. Or, nous avons montré la nécessité d'une telle synthèse connective des phénomènes dans l'unité de l'expérience, sans laquelle aucune pensée de l'objet ne serait possible. Dès lors, la synthèse selon le concept de la causalité est nécessaire, et les phénomènes doivent obéir aux règles *a priori* d'une telle synthèse. En elle, l'unité de la conscience dans la connexion des phénomènes se réalise, et par là, l'unité de l'expérience est rendue possible et donc la pensée de l'objet.

Ce concept doit bien être considéré comme un concept *a priori*, condition de possibilité de l'expérience en général et donc des objets de l'expérience. Toute tentative pour le tirer de l'expérience se révèle vaine et inutile. La succession des représentations n'est pas un simple jeu, l'équivalent d'un rêve ou d'un songe ; elle a une réalité objective. Nous pouvons désormais rendre compte de cette objectivité de la succession.

Or, c'est justement ce que nous n'avions pu faire dans le texte de la 2e synthèse (reproduction). Nous avions dû considérer les phénomènes comme de simples jeux de représentations et nous n'avions pu fonder que la succession *subjective* en eux. Mais cette nécessité objective ne peut être tirée simplement empiriquement de l'expérience. Car la succession objective que l'on peut constater dans l'expérience est par définition *a posteriori*. Par induction, on tire certes une règle de succession, mais elle ne correspond qu'à une simple habitude subjective. Elle ne peut valoir universellement pour la totalité des phénomènes et ne définit qu'une probabilité et non une nécessité.

Pourtant une telle succession objective doit exister puisque nous avons vu qu'elle est la condition de possibilité de l'unité de l'expérience et donc des objets de l'expérience. Il faut comprendre sur quoi repose la possibilité d'une succession non simplement subjective mais objective des représentations. Ceci revient à poser enfin le problème du fondement du mode dynamique de la synthèse de la reproduction dans l'imagination, à savoir la synthèse de l'association. Nous avons vu qu'une synthèse de l'association n'est possible que si, dans l'objet même, une associabilité des phénomènes est possible. La question que nous posons désormais revient à chercher *le fondement d'une telle associabilité*[6] *objective des phénomènes*, c'est-à-dire de leur *affinité* :

> Mais cette règle empirique de l'association, que l'on doit pourtant admettre universellement quand on dit que tout dans la série des événements est soumis à des règles – au point que jamais rien n'arrive qui n'ait été précédé de quelque chose qu'il suit toujours –, cette règle, en tant que loi de la nature, sur quoi, je le demande, repose-t-elle ? Et comment même cette association est-elle possible ? Le fondement de la possibilité de l'association du divers, dans la mesure où ce divers est dans l'objet, s'appelle l'*affinité du divers*. Je demande donc : Comment rendez-vous compréhensible la complète affinité des phénomènes (par laquelle ils sont soumis à des lois constantes et doivent en relever) ? (A 112-113)

C'est évidemment à Hume que Kant pose cette question. Elle renvoie directement à la difficulté profonde que Hume, à la fin de son *Traité de la nature humaine*, découvre lui-même dans son système, à savoir l'impossibilité de fonder un principe objectif de connexion des perceptions :

> Jusque-là, j'ai été accompagné, semble-t-il d'une évidence suffisante. Mais lorsque j'ai ainsi délié toutes nos perceptions particulières et que je passe à l'explication du *principe de connexion* qui les relie les unes aux autres et nous leur fait attribuer une *simplicité et une identité réelles*, j'ai le sentiment que *mon explication est très déficiente et que rien, sinon l'apparente évidence des précédents raisonnements, n'a pu m'engager à la recevoir* [...] *tous mes espoirs s'évanouissent quand j'en viens à expliquer les principes qui unissent nos perceptions successives dans notre pensée ou notre conscience. Je ne peux découvrir de théorie qui, sur ce point, me donne satisfaction.* (Hume, 1983, p. 760)

6 H. E. Allison considère que la 2e synthèse (en A 100-101) traite seulement de l'affinité empirique et le numéro 4 (en A 110-111), de l'affinité transcendantale (2015, p. 241). C'est oublier que la synthèse de la reproduction est une synthèse transcendantale (A 102). L'occurrence de A 100-101 est une anticipation qui est fondée dans le numéro 4.

On peut interpréter la déduction transcendantale des catégories comme la construction d'une telle théorie. Celle-ci doit nécessairement passer par une critique de l'associationnisme humien, qui s'articule en deux temps.

Tout d'abord, dans le texte de la 2e synthèse (numéro 2), Kant montre que l'interprétation de l'enchaînement des phénomènes comme une simple règle de l'association, dont l'imagination reproductrice serait le siège, ne suffit pas. À la succession subjective des représentations doit correspondre une succession objective des phénomènes. En effet, si la nature était dans un seul jour couverte de fruits puis de neige, le pouvoir même de l'association ne pourrait même pas intervenir et resterait un pouvoir mort au fond de notre esprit.

Puis, dans le texte de l'Explication provisoire (numéro 4), il montre que la théorie humienne ne peut rendre compte de la nécessité de l'enchaînement des phénomènes sous des lois constantes de la nature dans l'unité de l'expérience. Or, la science physique nous présente une telle nécessité. En rester à Hume, c'est se condamner à trouver incompréhensible la possibilité même de la physique newtonienne[7].

Le dépassement de Hume ne sera réalisé que si nous sommes en mesure de rendre compte de cette affinité effective des phénomènes[8]. Or, nous avons déjà la solution de ce problème depuis le début de l'Explication provisoire. En effet, nous avons vu que les phénomènes sont des représentations. À ce titre, s'ils ne sont pas forcément conscients (la représentation accompagnée de conscience est une perception), ils doivent toujours *pouvoir* l'être (par un effort d'attention), ainsi que l'explicite le texte de la seconde édition :

---

7 On pourrait ici objecter que la physique contemporaine n'est plus newtonienne. Mais il s'agit d'un problème d'échelle : si au niveau subatomique (physique quantique) ou au niveau cosmique (relativité générale) le modèle de Newton n'est plus valide, il reste opératoire à l'échelle phénoménale. Or, c'est bien à cette échelle que travaillent Hume et Kant. On peut donc ici admettre la supériorité du traitement kantien de la question de la causalité, tout en reconnaissant par ailleurs son insuffisance par rapport à la physique contemporaine. Les adversaires de Kant tendent ici à confondre ces deux points de vue. Sur les limites du projet fondationnel kantien en physique et en mathématiques, voir E. Barot & J. Servois (2009) ainsi que A. Séguy-Duclot (2013, p. 386-392) et (2019a, p. 79-82 et 97-100).

8 Le concept d'affinité est défini dans la première partie de l'*Anthropologie* : « J'entends par *affinité* l'assemblage tenant à la *commune origine du divers suivant un même principe* » (VII, 176, C). L'affinité des phénomènes est alors démontrée à partir du moment où nous avons mis au jour l'identité de leur fondement transcendantal, à savoir l'aperception transcendantale.

> Le : *je pense* doit *pouvoir* accompagner toutes mes représentations ; car autrement quelque chose serait représenté en moi qui ne pourrait pas du tout être pensé, ce qui équivaut à dire ou bien que la représentation serait impossible, *ou bien que du moins elle ne serait rien pour moi.* (B 131-132)

On n'insiste en général pas suffisamment sur le verbe « pouvoir » dans ce texte, alors qu'il porte véritablement le sens de la phrase[9]. La restriction finale indique qu'une représentation n'est pas forcément impossible sans le *je pense*. Simplement, elle n'a alors aucune validité objective, pas même analogique comme les idées de la raison, et elle n'est donc rien pour le sujet.

Dans l'expérience, tous les phénomènes possibles doivent appartenir à la conscience, non effective mais possible, que nous avons définie dans son unité comme l'aperception transcendantale. Rappelons ici que nous n'avons considéré l'aperception que dans sa possibilité et non dans son effectivité. Or, nous avons vu que la possibilité de l'unité de l'aperception transcendantale avait pour condition l'identité numérique dans sa fonction d'unification synthétique du divers. Cette identité est *a priori* certaine, puisqu'il n'y a de connaissance objective possible que sur un tel fondement transcendantal.

Dès lors, les phénomènes doivent être soumis aux conditions *a priori* de l'unification synthétique du divers en eux selon l'identité de la fonction de l'aperception transcendantale. C'est-à-dire que la synthèse de l'appréhension de divers en eux, doit se soumettre d'une part, à des conditions *a priori* de composition du divers conformément à l'unité de l'aperception, et d'autre part, à des conditions *a priori* d'enchaînement des appréhensions, conformément à l'identité nécessaire de l'aperception. Dans le premier cas, la nécessité concerne la succession subjective des représentations, dans le second, la succession objective des phénomènes.

Dans la mesure où nous prenons ici en compte l'identité de l'aperception, la nécessité dont il est question est la nécessité *objective*. Or, nous avons vu que la représentation d'une condition générale suivant laquelle le divers peut être posé d'une manière identique est une règle ; elle s'appelle *loi* quand ce divers doit être posé ainsi :

---

9 Insistons sur cette restriction qui permet de comprendre en quoi le kantisme échappe à l'idéalisme. À ce titre, il est signifiant de voir P. Lachièze-Rey, qui entend découvrir dans le kantisme un idéalisme, occulter le verbe *pouvoir* en se livrant à la déformation suivante de la formule de Kant : « [...] car le *je* doit *accompagner nécessairement* toutes nos représentations [...] » (1972, p. 27).

> Or, la représentation d'une condition générale suivant laquelle un certain divers peut être posé (par conséquent *d'une manière identique* [*einerlei*]) s'appelle une règle, et quand ce divers *doit* [*muß*] être posé ainsi, elle s'appelle une loi. *Tous les phénomènes sont donc dans une connexion complète suivant des lois nécessaires.* (A 113)

Kant n'identifie pas toute règle *a priori* donnée par les concepts purs à des lois dans la mesure où elles sont nécessaires. Le texte ne concerne que les règles *a priori* de connexion. Il est donc préférable de ne pas traduire *auf einerlei Art* par *de manière homogène*, car il ne s'agit pas ici de la composition du divers *homogène* (*gleichartig*), mais de la connexion du divers hétérogène qui s'opère *identiquement*[10], conformément à l'identité de la fonction d'unification synthétique du divers. Aussi faut-il comprendre l'expression du devoir (*müssen* et non *sollen*), caractéristique de la loi, comme exprimant une nécessité objective qui engage l'existence même du phénomène, et non une simple nécessité subjective :

> Tout ce qui arrive est hypothétiquement nécessaire : c'est là un principe qui soumet le changement dans le monde à une *loi, c'est-à-dire à une règle de l'existence nécessaire, sans laquelle il n'y aurait pas même de nature.* (A 228)

Par conséquent, tous les phénomènes sont entièrement connectés suivant des lois nécessaires. Cette connexion définit une affinité transcendantale, c'est-à-dire une associabilité objective fondée sur un principe transcendantal. C'est cette affinité transcendantale qui rend compte des connexions empiriques entre phénomènes, qui sont observables et rendent possible l'usage de notre propre pouvoir d'association : l'imagination reproductrice (au sens dynamique) qui est simplement empirique. La question du fondement de l'affinité du divers trouve sa solution dans la découverte de l'affinité transcendantale des phénomènes.

---

10 La traduction d'A. Renaut (2006, p. 187) est ici préférable à celle de F. Marty (*Œuvres philosophiques de Kant*, I-1980, p. 1416).

L'UNITÉ DE LA NATURE

Or, la nature correspond à l'ensemble de tous les phénomènes enchaînés suivant des lois nécessaires, c'est-à-dire *au tout dynamique des phénomènes* :

> Nous avons deux expressions, *monde* et *nature*, lesquelles sont quelquefois confondues. La première signifie *le tout mathématique* de tous les phénomènes et la totalité de leur synthèse, en grand aussi bien qu'en petit, c'est-à-dire dans le développement progressif de cette synthèse aussi bien par composition [*Zusammensetzung*] que par division. Mais *ce même monde est appelé nature, en tant qu'il est considéré comme un tout dynamique*, et que l'on a en vue ici non l'agrégation dans l'espace ou le temps pour la constituer comme une grandeur, mais *l'unité dans l'existence des phénomènes.* (B 446-447)

Le fondement de l'affinité transcendantale de tous les phénomènes sur l'aperception transcendantale ne signifie pas autre chose que la dépendance de la nature, dans sa légalité même, vis-à-vis de l'aperception transcendantale.

Dès lors, l'incapacité de la théorie empiriste de Hume à rendre compte de l'affinité empirique des phénomènes lui interdit de comprendre la *possibilité de la nature en tant qu'unité* dans l'existence des phénomènes. De fait, la nature étant un ensemble de phénomènes qui ne sont que des représentations, elle correspond à une multitude de représentations dans l'esprit. De cette multitude, on ne peut tirer *a posteriori* une unité, de même que l'on n'en peut extraire des lois universelles ou des concepts purs.

La nature dans son unité est le corrélat objectif de l'unité de l'expérience. Elle peut être définie comme l'objet de toute expérience possible, c'est-à-dire de toute connaissance empirique possible. Or, l'unité de l'expérience correspond à l'unité de l'objet transcendantal, qui est le corrélat de l'unité de l'aperception transcendantale. L'unité de la nature se fonde donc dans l'aperception transcendantale et est *a priori*. Ce caractère *a priori* de l'unité de la nature fonde sa nécessité, que nous ne pourrions jamais atteindre par la simple induction à partir de l'observation empirique de la nature. Dès lors, nous sommes en droit, face à tout phénomène naturel qui apparaît dans l'espace et le temps, de penser sa soumission nécessaire à la loi de causalité.

L'ENCHAÎNEMENT DES TROIS SOURCES

La 1re partie de la 3e section[1] constitue le centre de la déduction transcendantale de 1781. Elle est à la fois la fin de la déduction subjective et le fondement de l'anticipation de la déduction objective qui a été opérée dans la 2e section[2]. Elle est donc le lieu où les deux déductions coïncident. Par ailleurs, elle ouvre sur l'achèvement de la déduction objective, effectué dans la 2e partie de la 3e section[3]. Elle représente donc le point clé de toute interprétation de Kant.

Nous allons d'abord montrer dans ce chapitre que le texte de la 3e Section succède directement à ce qui précède sans rupture logique[4]. Il s'agit simplement d'une représentation unitaire et enchaînée de ce que nous venons de mettre au jour successivement et par unités isolées.

LA REDISPOSITION DYNAMIQUE

Pourquoi un tel travail de redisposition ? Afin de définir l'entendement : jusqu'à présent, l'entendement n'est pas apparu et son rapport à la sensibilité reste indéterminé. Or, c'est l'enjeu de la déduction subjective que de déterminer un tel rapport.

L'entendement est un *pouvoir* (*Vermögen*) transcendantal de l'esprit. Un pouvoir n'est pas une partie de l'esprit, mais a un sens à la fois

1 A 115-119.
2 En A 111.
3 A 120-130.
4 La principale discontinuité relevée par les commentateurs (Voir H. J. De Vleeschauwer, II-1936, p. 325) porte sur le passage de l'imagination *reproductrice* à l'imagination *productrice* comme fondement de la synthèse de la reproduction. Mais nous avons vu que cela ne constitue pas un problème, puisque la synthèse de l'association ne doit pas se fonder sur la synthèse pure de la reproduction.

dynamique et potentiel : celui d'une *capacité* (ou *faculté*[5]). Définir un pouvoir transcendantal, c'est le situer dans l'enchaînement ou la connexion dynamique des pouvoirs de l'esprit, en vue de la constitution de la possibilité de la connaissance. Dès lors, avant toute définition de l'entendement, il faut dégager un tel enchaînement. Tel est le sens de cette nouvelle disposition. Revenons sur les différents éléments mis au jour :

> Il y a trois sources subjectives de la connaissance, sur lesquelles repose la possibilité d'une expérience en général et de la connaissance de ses objets : le *sens*, l'*imagination* et l'*aperception*. (A 115)

Chaque source définit un lieu où s'opère l'activité de synthèse productrice de l'objet. La division de l'esprit en *sources* correspond ici à un point de vue mathématique d'inclusion ; elle se distingue de la division en *pouvoirs* qui correspond à un point de vue dynamique. Or, nous avons défini trois lieux : la synthèse de l'appréhension est *dans l'intuition sensible* et donc *le sens* ; la synthèse de la reproduction est *dans la représentation imaginaire* et donc *l'imagination* ; la synthèse de la recognition est *dans le concept*, et son lieu ultime nous est apparu être l'*aperception*.

Ces trois sources peuvent être considérées d'un point de vue simplement empirique, en tant qu'elles s'appliquent dans l'expérience à des phénomènes donnés :

> Le sens représente les phénomènes empiriquement dans la perception, l'imagination dans l'association (et la reproduction), l'aperception dans la conscience empirique de l'identité de ces représentations reproductrices avec les phénomènes, par lesquels elles étaient données, par conséquent dans la recognition. (A 115)

On parle de *perception* et non d'*appréhension* pour les représentations du sens parce que l'on considère une représentation sensible empirique.

---

5 B. Longuenesse a repéré la distinction entre simple *potentialité* (*Vermögen*) et mise en œuvre *effective* (*Kraft*), mais elle la rend par la distinction entre *pouvoir* et *faculté* (1993, p. XIV). Or, cela ne suffit pas : *Vermögen* traduit *facultas* (*faculté* en français), et *Kraft*, *vis* (*force* en français). Si l'entendement est le *pouvoir de juger*, l'*Urteilskraft* est la *force de jugement* : elle correspond à la mise en œuvre *effective* du jugement dans sa relation aux objets (en repérant s'ils en relèvent ou non), ce qui implique, *en plus de l'entendement*, l'*imagination*. Sur cette question, voir Séguy-Duclot (2018, p. 33-37).

La perception signifie ici une représentation accompagnée de sensation[6]. La représentation sensible est une *perception* et la saisie du divers de cette représentation se fait par *appréhension*. Par ailleurs, l'imagination, qui effectue la synthèse, est le lieu de la deuxième synthèse. Comme les deux types de reproduction ont été fondés, Kant peut désormais les juxtaposer : « *Assoziation* (*und Reproduktion*) » (A 115), à savoir *association* (reproduction dynamique) et *reproduction* (mathématique)[7]. Enfin, l'aperception est la source des concepts empiriques, qui correspondent à la conscience empirique de l'identité de l'acte de reproduction.

Mais chaque sorte de représentation empirique a un fondement *a priori*. La perception se fonde sur les formes pures de la sensibilité, et notamment sur le temps, dans la mesure où toute représentation est une détermination du sens interne. L'association, elle, se fonde sur la synthèse pure de l'imagination. Après notre commentaire de la 2e synthèse, nous comprenons qu'il ne s'agit pas ici de la synthèse reproductrice pure, qui ne peut fonder l'association, mais de la synthèse productrice pure de l'imagination comme le confirmera la déduction objective[8]. Enfin la conscience empirique se fonde sur l'aperception transcendantale.

CONSCIENCE CLAIRE ET CONSCIENCE OBSCURE

Ceci étant posé, nous pouvons passer à un point de vue dynamique. Cela revient à considérer non plus le lieu d'origine (la source) des différents types de représentations, mais leur principe interne de connexion, qui rend possible l'unité de la connaissance empirique. Le point de vue dynamique porte sur le fondement de l'activité synthétique *a priori* de l'esprit. Le fondement dynamique ultime de toutes les représentations constitue leur point de convergence. Ce point ne peut correspondre qu'à

6 Voir B 147.

7 L'absence de distinction explicite entre *association* et *reproduction* conduit A. Tremesaygues et B. Pacaud à ne pas traduire la conjonction de coordination *et* : « l'association (la reproduction) [*Assoziation* (*und Reproduktion*)] » (*Critique de la raison pure*, 1968, p. 129). Ce qui renforce la confusion.

8 En A 123.

l'unité synthétique de l'aperception transcendantale, comprise comme pouvoir originaire de l'esprit.

L'argumentation de Kant consiste à remonter au principe dynamique de la connexion de toutes les représentations, et s'appuie directement sur le texte de la synthèse de la recognition qui opérait déjà une telle remontée. Il s'agit donc d'une reprise récapitulative qui présuppose le texte de la 2e section. La remontée s'opère comme précédemment en trois temps : la conscience empirique, puis l'unité analytique de l'aperception transcendantale, enfin l'unité synthétique de l'aperception transcendantale.

Kant part de l'intuition empirique. Il note d'abord que si une intuition ne peut devenir consciente, elle n'est rien pour nous et il n'y a pas de connaissance possible. Toutes les intuitions doivent donc pouvoir être reçues dans la conscience :

> Toutes les intuitions ne sont rien pour nous, et ne nous concernent pas le moins du monde, si elles ne *peuvent* être admises dans la conscience, *qu'elles puissent y être incorporées directement ou indirectement*, et ce n'est que par ce moyen que la connaissance est possible. (A 116)

Le texte ne se livre pas à une récusation du non-conscient[9]. En effet, Kant admet la théorie leibnizienne d'une pensée non consciente au sens de conscience obscure (ce qui ne correspond pas au sens de l'inconscient chez Freud) :

> *Les représentations obscures sont celles dont on n'est pas conscient.* Or, quelques expériences montrent que, même dans un profond sommeil, nous avons des représentations et, comme nous n'en sommes pas conscients, c'est qu'elles ont été obscures. Ici la conscience a une double signification. On n'est pas conscient d'une représentation soit que l'on a, soit que l'on a eue. Le premier cas désigne l'obscurité de la représentation en tant qu'elle est dans l'âme, le second indique seulement que l'on ne s'en souvient pas. (Kant, *Recherche sur l'évidence des principes de la téléologie naturelle et de la morale*, II, 290)

Une telle conscience obscure est une conscience médiate, c'est-à-dire sur laquelle l'intuition agit indirectement (par exemple, lorsque nous intuitionnons un effet qui nous fait prendre conscience de la présence d'une cause, laquelle échappe à notre intuition directe) :

---

9 H. J. De Vleeschauwer pense le contraire (II-1936, p. 239).

> Avoir des représentations, et pourtant n'en être pas conscient, cela semble contradictoire. Comment en effet pouvons-nous savoir que nous avons ces représentations si nous n'en sommes pas conscients ? Cette objection, Locke la faisait déjà, lui qui rejetait pour cette raison l'existence d'une telle sorte de représentations. *Mais nous pouvons avoir une conscience médiate d'une représentation, bien que nous manque sa conscience immédiate.* De telles représentations sont alors appelées *obscures*, les autres étant *claires*, et si leur clarté s'étend aussi aux représentations partielles d'un tout constitué par elles et leur liaison, ce sont des représentations *distinctes*, de la pensée ou de l'intuition. (Kant, *Anthropologie*, VII, 135)

Dans la question qui nous occupe, les représentations obscures sont prises en compte au même titre que les représentations claires. Ce qui importe, c'est qu'elles *puissent* être reçues dans une conscience, indépendamment du caractère direct ou non de leur rapport à la conscience :

> Toutes les représentations ont un rapport nécessaire à une conscience empirique *possible* ; car si elles n'en avaient pas, il serait tout à fait impossible d'en avoir conscience, autant dire qu'elles n'existeraient pas pour nous. (A 117, note)

En effet le questionnement est proprement transcendantal et ne prend en compte la conscience *que dans sa possibilité*, alors que la question de la distinction entre conscience claire et obscure est proprement empirique et relève de l'*effectivité* :

> Que cette représentation soit claire (conscience empirique) ou obscure, peu importe ici, *pas davantage même n'importe l'effectivité* [*Wirklichkeit*] *de ce Je*. (A 117, note)

LE SENS TRANSCENDANTAL DE L'APERCEPTION

Le deuxième temps de l'argumentation remonte au fondement transcendantal de la conscience empirique. En effet, la conscience empirique correspond à la conscience de l'identité de notre acte de synthèse qui rend possible toute représentation en tant qu'elle peut avoir valeur de connaissance. Or, la possibilité de la connexion de toutes les représentations pose l'exigence d'une identité numérique complète de l'acte de synthèse dont le principe doit être unique. Cette unicité vaut pour toute représentation, elle est donc *a priori* :

> Ce principe est fermement établi *a priori* et peut s'appeler le principe transcendantal de l'unité de tout le divers de nos représentations (par conséquent aussi du divers dans l'intuition). (A 116)

Ce principe ne peut correspondre qu'à l'aperception transcendantale, c'est-à-dire à la pure forme du moi originaire, qui définit l'identité[10] complète de la conscience antérieurement à toute sensation effective. Ce moi échappe à toute détermination temporelle. Il est le fondement de toute conscience empirique, dans la mesure où toute représentation doit, pour valoir comme connaissance, pouvoir lui être rapportée :

> Mais toute conscience empirique a un rapport nécessaire à une conscience transcendantale (précédant toute expérience particulière), c'est-à-dire à la conscience de moi-même comme aperception originaire. Il est donc absolument nécessaire que *dans ma connaissance* toute conscience appartienne à une conscience (de moi-même). (A 117, note)

Que, hors d'un effet de connaissance, une représentation puisse ne pas appartenir effectivement à une conscience de moi-même, cela est évident. Car nous pouvons laisser l'imagination divaguer sans la moindre règle, et l'on ne cesse pas d'être un être humain lorsque l'on rêve ou que l'on devient « fou ». Mais il n'est plus possible de parler de connaissance objective dans de tels états psychiques. Or, la première *Critique* porte sur la possibilité de la connaissance objective, et n'a donc pas à prendre en considération de tels cas[11].

C'est l'un des aspects principaux de l'opposition de Kant à Descartes. Si la vie n'était qu'un songe (et telle semble être la vie à la fin de la première Méditation), si mes représentations ne présentaient pas un enchaînement nécessaire dans une expérience une, si donc toute physique était impossible à construire, rien ne me permettrait de remonter à un principe de subjectivité unique. Le *je* serait prisonnier du flux du sens interne et soumis à un devenir incessant.

L'unicité du sujet cartésien n'est qu'un effet de perspective produit par l'hypothèse du Malin Génie. Une fois l'hypothèse du Malin Génie

10 Comme le souligne D. Henrich (1994, p. 178-180), il s'agit d'une identité numérique relative et non absolue, dans un sens leibnizien.

11 Lewis White Beck, dans son essai « Did the Sage of Königsberg have no Dreams ? » (1978, p. 38-60), qui reprend une remarque célèbre de C. I. Lewis, pense que Kant ne pouvant rejeter les rêves, il devait leur reconnaître une structure causale, comme des phénomènes dont les causes nous sont inconnues. Je ne partage pas du tout cet avis.

levée, le sujet saisi dans sa réflexion ne peut conserver son identité dans le temps qu'en présupposant, par un effet d'inversion spéculaire dont lui-même est le centre, un Bon Génie non trompeur, en l'occurrence Dieu, qui garantisse son identité dans la série des instants. C'est en effet le sujet divin qui fonde la synthèse de la reproduction rendant possible l'unité du sujet métaphysique dans le temps, sa permanence temporelle, c'est-à-dire sa substantialité. On peut ainsi estimer que le sujet transcendantal kantien tient la *place de Dieu* chez Descartes, et l'achèvement de la déduction transcendantale des catégories, celle de la *démonstration de l'existence de Dieu dans le système cartésien*, dans la mesure où c'est par cette déduction que l'accord entre le sujet et l'objet est garanti chez Kant.

L'APERCEPTION TRANSCENDANTALE COMME POUVOIR

Le sujet kantien évite les apories de la substantialité. Il n'a pas de réalité ontologique, d'effectivité, indépendamment de son acte d'unification du divers des représentations et ne peut se saisir comme existant que dans la mesure où il opère sur une sensation indéterminée : la proposition affirmant son existence ne peut avoir qu'une validité empirique.

L'unité du sujet est celle d'une fonction d'unification synthétique du divers de la représentation. L'unité analytique du sujet, obtenue par analyse à partir de la représentation du divers, comme condition de possibilité de son unité, *n'a de sens que dans sa fonction synthétique*. Sa compréhension transcendantale ultime nous révèle qu'elle est originairement synthétique. Nous parvenons dès lors à la définition de l'aperception transcendantale comme principe de l'unité synthétique du divers :

> Or, l'unité du divers dans un sujet est synthétique ; par conséquent, l'aperception pure fournit un *principe de l'unité synthétique* du divers dans toute intuition possible. (A 116-117)

À ce titre, l'aperception transcendantale doit simplement être considérée comme un pouvoir dynamique de l'esprit :

> [...] *la possibilité* de *la forme logique de toute connaissance repose nécessairement* sur le *rapport à cette aperception* comme à un *pouvoir*. (A 117, note)

L'aperception transcendantale, considérée seulement dans sa possibilité, est réduite à un pouvoir, et n'est du coup pas une *force*. Cette distinction entre *pouvoir* (*Vermögen*) et *force* (*Kraft*) s'origine dans la distinction leibnizienne entre *facultas* et *vis*[12]. Le pouvoir est une notion dynamique qui fonde non l'effectivité d'une chose, comme la force, mais sa seule possibilité[13]. En tant que pouvoir, l'aperception n'est donc envisagée que dans sa possibilité et non dans son effectivité, et son activité fondatrice ne concerne que la possibilité même de la simple forme logique de la connaissance.

---

12 Voir *Refl.* 3582-3585 (XVII, 72-73).

13 Pour une analyse plus précise de cette distinction, voir A. Séguy-Duclot (2018, p. 33-34)

LA FIN DE LA DÉDUCTION SUBJECTIVE (1)

L'interprétation de Cohen

Nous sommes désormais en mesure d'affronter le texte le plus difficile de la déduction subjective, celui qui constitue la clé à la fois de l'interprétation de Cohen et de celle de Heidegger[1]. Nous étudierons d'abord l'interprétation de Cohen. La mise au jour de ses difficultés nous conduira, dans un deuxième temps, à étudier l'interprétation de Heidegger. Enfin, ce n'est que dans un troisième temps que je proposerai mon interprétation.

Mais, avant toute chose, lisons le texte de Kant :

> Mais cette unité synthétique *présuppose* [*setzt voraus*] une synthèse *ou la renferme* [*schliesst sie ein*], et si la première doit [*soll*] nécessairement être *a priori*, la seconde doit [*muß*] être aussi une synthèse *a priori*. Par conséquent, l'unité transcendantale de l'aperception se rapporte à la synthèse pure de l'imagination comme à une condition *a priori* de la possibilité de toute composition du divers en une connaissance. Or, seule la synthèse productrice de l'imagination peut avoir lieu *a priori* ; car celle qui est reproductrice repose sur les conditions de l'expérience. Le principe [*Prinzipium*] de l'unité nécessaire de la synthèse pure (productrice) de l'imagination est donc, *antérieurement* [*vor*] à l'aperception, le fondement de la possibilité de toute connaissance, particulièrement de l'expérience. (A 118)

1 H. E. Allison (2015, p. 250) – qui ne considère ni l'interprétation de Cohen, ni celle de Heidegger –, estime que les 3 paragraphes de A 118-119 ne sont qu'une reprise du contenu de la 2e section et ne méritent pas une étude précise. Il les résume donc en trois pages (p. 250-252). Ces trois paragraphes me semblent constituer au contraire le cœur de la déduction transcendantale de 1781. En revanche, il découvre le cœur de la déduction de 1781 en A 121-123, dans les trois paragraphes consacrés à l'affinité du divers (2015, p. 264). Là encore, je ne le suis pas, car la question de l'affinité, qui est effectivement fondamentale puisqu'elle engage le débat avec Hume sur la causalité, a déjà été fondée au numéro 4 de la 2e section.

L'INTERPRÉTATION DE COHEN

Nous avons vu que Cohen donne de la déduction subjective, qu'il réduit à la 2e Section, une interprétation simplement empirique et psychologique. Ainsi, la question d'une synthèse de l'appréhension et de son lien à une synthèse de la reproduction est, selon Cohen, un problème purement psychologique qui porte sur la question de savoir comment s'effectue le passage par l'esprit d'une représentation à une autre[2].

Mais la déduction subjective contient une déduction des catégories[3]. Comment comprendre ce passage si la déduction subjective est simplement psychologique ? Cohen doit reconnaître qu'à travers la nécessaire présupposition de la synthèse de la recognition, le fondement transcendantal de la synthèse est trouvé dans l'aperception transcendantale. La déduction subjective a effectivement valeur de déduction des catégories :

> [...] dans l'analyse *psychologique, subjective*, nous démontrons donc que les conditions de l'expérience possible sont les conditions de la possibilité des objets de l'expérience. (1885, 308)

Cohen[4] explique le passage à la 3e section de la déduction par une simple volonté de précision. Le problème du rapport entre l'entendement et l'aperception transcendantale restant encore indéterminé, la 3e section a pour tâche de lever une telle indétermination en fondant leur relation[5]. En somme, l'essence de la déduction objective est identifiée au projet même de la déduction subjective...

C'est ici que Cohen parvient au texte que nous venons de citer. L'affirmation que l'unité synthétique de l'aperception présuppose la synthèse pure de l'imagination ne peut que gêner son interprétation. On pourrait s'attendre à ce qu'il occulte la difficulté, en insistant sur

2 Cohen, 1885, p. 303.

3 A 111.

4 J'ai privilégié la 2de édition de la *Théorie kantienne de l'expérience* (1885), où se met clairement en place l'originalité de la lecture de Cohen par rapport à l'édition de 1871. L'édition de 1918, celle qui a été traduite en français au Cerf en 2001, a pour défaut selon moi d'être postérieure au devenir idéaliste de la pensée de Cohen à partir de 1902.

5 1885, 309.

le second terme de l'alternative : l'aperception renfermant la synthèse. Mais ce serait méconnaître l'honnêteté intellectuelle de Cohen et sa puissance interprétative. Tout au contraire, il insiste sur la présupposition de la synthèse productrice de l'imagination par l'unité synthétique de l'aperception.

Mais cette présupposition est aussitôt interprétée par Cohen comme un danger pour la philosophie transcendantale, dans la mesure où l'imagination est la *force motrice* (*Triebkraft*) de l'idéalisme subjectif[6], qui sera utilisée par les postkantiens comme « locomotive » pour transformer la *natura naturans* en *natura naturata*[7].

Précisons ce danger idéaliste. Affirmer que l'aperception transcendantale présuppose la synthèse productrice de l'imagination, cela revient à conférer à la synthèse de l'imagination productrice une apriorité essentielle. Or, l'imagination appartient à la sensibilité et porte sur le divers. Il nous faudrait alors penser une production *a priori* du divers, ce qui correspond à l'idéalisme subjectif :

> Le soupçon s'élève que la sensibilité soit troublée dans ses droits, dans la mesure où dans l'image, *le divers serait d'abord à produire et non donné.* (1885, p. 309)

Or, la base même de l'interprétation de Kant par Cohen est le refus de l'idéalisme subjectif et la volonté de défendre le concept de donné, en quoi il est fidèle à Kant. Il lui faut donc préserver le kantisme de ce risque d'idéalisme subjectif. Mais dans la mesure où l'imagination est sensible et où sa synthèse met en œuvre le donné, la synthèse productrice pure conduit à l'idéalisme. Il n'y a alors qu'une solution, considérer que la synthèse productrice de l'imagination ne concerne pas la sensibilité :

> [...] *l'imagination productive* n'est pas portée au compte de la sensibilité mais de l'*entendement.* (1885, p. 309-310)

En cela elle doit être nettement distinguée de l'imagination *reproductrice* qui, elle, appartient à la sensibilité. L'imagination productrice *a priori* contient la possibilité de la liaison objective du divers : elle est donc liée nécessairement à l'aperception transcendantale. L'entendement étant

6 1885, 309.
7 1885, 588.

compris comme la relation entre ces deux fonctions de la connaissance, l'imagination productrice relève en propre de l'entendement.

Il est alors crucial pour Cohen de montrer que la productivité de l'imagination se rapporte uniquement à l'entendement et aux catégories et non au divers sensible de l'intuition, sans quoi, l'imagination productrice retomberait dans la sensibilité. Le problème reste toutefois de comprendre pourquoi ce rapport aux catégories, s'il est de l'ordre de l'entendement, est appelé *imagination* (*Einbildungskraft*) :

> *Les catégories renferment les unités pour la synthèse pure* ; mais dans ces unités se fixe indéniablement une image [*Bild*] ; donc la synthèse est un acte de l'imagination. Seulement cette image ne se rapporte pas à une intuition particulière, mais à l'unité de l'aperception. *Les catégories mettent donc en image* [*bilden*] *l'unité de l'aperception dans chaque synthèse* ; en elles l'aperception reconnaît l'identité des représentations mises en image par toutes les formes précitées de synthèse et, en se fondant sur l'identité de ces représentations, l'identité du Je lui-même. Mais *ce rapport, dans lequel s'accomplit cette recognition, dans lequel l'image devient concept*, nous savons aussi le reconnaître comme *l'entendement* ; l'unité dans laquelle la recognition s'accomplit, est donc le concept pur de l'entendement. L'entendement est un « principe formel et synthétique de toutes les expériences », parce qu'il rend possible au moyen des catégories la synthèse des phénomènes dans une conscience unitaire. Et *l'imagination productrice produit donc moins l'image que le concept.* (1885, p. 311)[8]

Le problème pour Cohen est alors de rendre compte des textes nombreux dans lesquels Kant a explicitement rattaché l'imagination productrice à la sensibilité. Prenant l'exemple[9] de la production *a priori* de la figure du triangle dans l'intuition sensible par l'imagination, Cohen souligne que la figure présuppose une règle de l'image, et donc non une image mais un concept. L'imagination, pour produire la figure du triangle, réclame en fait une synthèse de la production pour le concept de triangle[10]. Cette synthèse créatrice de l'imagination doit relever de la force productrice de l'entendement. Par là, l'entendement n'est plus limité à une simple faculté d'abstraction, mais accède à un pouvoir législateur objectif et peut être défini comme « pouvoir de règles »

8 Dans la traduction de ce passage, j'ai été attentif à rendre manifeste la présence de « Bild » dans « bilden », masquée par la traduction française de ce passage (Cerf, 2001, p. 331-332).

9 1885, p. 312.

10 *Ibid.*

(1885, p. 313), sans lequel il n'y aurait pas de nature (au sens d'« unité synthétique du divers des phénomènes selon des règles »).

Ainsi, *dès la 1re édition de la déduction des catégories*, Cohen découvre une identification de l'imagination productrice et de l'entendement. Les textes de la déduction transcendantale de 1787 qui *rapportent expressément la synthèse productrice de l'imagination à l'entendement* viennent justifier son interprétation.

Comment interpréter alors le passage à la seconde édition ? En 1781, on doit poser apparemment une identité fonctionnelle entre l'unité synthétique de l'aperception et l'imagination productrice. Une telle identité doit être précisée, dans la mesure où une ambiguïté subsiste sur l'appartenance ou non de l'imagination à la sensibilité : ce sera l'objet de l'édition de 1787[11].

Toutefois une telle précision ne pourra s'effectuer qu'après avoir levé l'hypothèque psychologique de la déduction subjective. Cohen explique ainsi que c'est la leçon de l'édition de 1787 qui doit être retenue. En effet, en renonçant à la théorie de la triple synthèse de l'imagination, Kant renonce à la psychologie du connaître dont relevait la déduction subjective de la 1re édition. Il rapporte alors l'ensemble de la philosophie transcendantale à l'unité synthétique de l'aperception transcendantale, identifiée à l'entendement lui-même, qui n'est plus pensé comme rapport entre l'aperception et l'imagination. Dès lors, l'appartenance de l'imagination productrice à l'entendement résout le problème de son rapport à l'unité synthétique de l'aperception.

La déduction de 1787 n'a plus besoin de passer par la déduction subjective et de rapporter l'unification du divers à l'objet transcendantal. Le principe d'unification est immédiatement découvert dans la conscience de soi. Sa démarche est la suivante :

> 1° L'objet se trouve dans la catégorie. 2° La catégorie est l'unité de la synthèse. 3° La conscience de soi devient un objet dans la catégorie. 4° La conscience de soi consiste dans l'unité de la synthèse du divers. (1885, p. 321)

Ainsi, l'unité synthétique originaire de la conscience peut être identifiée à l'unité pensée dans les catégories, et dès lors, comme dans la 1re édition, être dirigée sur l'imagination productrice qui fait fonction d'entendement en tant qu'elle détermine le sens. Alors que la 1re édition

11 1885, p. 314-316.

faisait de l'entendement la relation entre l'aperception et l'imagination – ce qui, dans la mesure où l'on pense que l'imagination relève de l'entendement, manque de clarté[12] –, la 2de édition insiste à juste titre sur l'unité synthétique de l'aperception comme le point le plus élevé de la philosophie transcendantale.

LES DIFFICULTÉS DE L'INTERPRÉTATION DE COHEN

Revenons sur le moment clé de l'argumentation de Cohen, lorsque, mettant au jour la présupposition de la synthèse productrice pure de l'imagination par l'unité synthétique de l'aperception transcendantale, il prétend en tirer l'appartenance de l'imagination productrice à l'entendement.

Nous avons vu que ce n'est pas tant pour garantir les droits de l'entendement à une signification objective, comme principe constitutif de l'expérience, que pour préserver le donné de la sensibilité contre l'idéalisme subjectif, que l'imagination productrice (qui permet de produire l'image correspondant à un concept dans le schématisme) est portée au compte de l'entendement. Par conséquent, la 2de édition de la *Théorie kantienne de l'expérience* (1885) de Cohen ne remet pas en cause le concept de donné :

> En fait, le contenu [*Inhalt*] doit être donné [*gegeben*] à la conscience, à savoir dans la forme temporelle de la matière. Mais ce contenu n'est alors que donné, il n'est que phénomène. Et le phénomène est l'objet indéterminé. Or l'objet indéterminé n'est pas encore objet. Ce qui est donné doit, pour pouvoir devenir objet, être pensé. Nous voyons ainsi liés [*verbunden*] par le sens interne sensibilité et entendement, intuition et pensée, Esthétique transcendantale et Logique transcendantale. (1885, p. 186)

Le rapport entre l'Esthétique et la Logique est donc indissoluble, la Logique seule permettant d'accéder à l'objectivité en tant que telle :

> *L'Esthétique transcendantale* ne dépasse pas la forme de la matière. Elle *donne* [*giebt*] *ainsi à la matière le phénomène ou la donnéité* [*Gegebenheit*][13]. Mais elle

12 1885, p. 324.

13 Je traduis *Gegebenheit* par *donnéité* au sens de *caractère du donné* (donc en tant que « condition de cette expérience qui donne les objets », selon la définition donnée par Cohen, 1885,

> ne remplit ainsi que la *condition négative de l'objet* et elle n'accomplit que le premier pas de la méthode transcendantale. (1885, p. 188)

La théorie du donné dans l'interprétation de Cohen se trouve repensée en 1885 par rapport à la 1re édition de la *Théorie kantienne de l'expérience* en 1871. C'est l'intuition pure qui constitue la forme de la donation qu'elle donne à la matière. Pour être perçue comme donné, la matière indéterminée doit recevoir cette forme de la donation qui est la *Gegebenheit*. Le donné a donc bien son origine dans la sensibilité, mais son sens se trouve redéfini : ce n'est pas la matière qui se donne à la sensibilité dans la perception, mais la sensibilité qui donne la *Gegebenheit* à la matière. Or, c'est cette donation de la *Gegebenheit* à la matière qui permet de comprendre selon Cohen la possibilité d'une auto-affection du sens interne :

> *Le phénomène désigne un quelque chose qui affecte* [*afficirend*] dans le sens interne comme dans le sens externe, il vise un tel quelque chose comme *donné*. Il ne le suppose pas, mais au contraire *il le donne lui-même*. Car *être donné* [*Gegebensein*] *veut dire être rapporté à l'expérience* et, pour le phénomène, à l'intuition.
>
> Ainsi, dans le *concept de donnéité*, en tant que concept de cette *condition de cette expérience qui « donne » les objets*, se trouve en même temps la raison d'après laquelle l'*affection du sens interne par lui-même* ne pouvait présenter pour Kant aucune difficulté. (1885, p. 338-339)

Mais si le donné fait l'objet d'une donation dans sa donnéité, il doit être référé à une *activité* de la sensibilité :

> Conformément à notre interprétation, la réceptivité de la sensibilité ne signifie pas sa passivité ; car *la spontanéité de l'entendement n'exclut pas toute activité des sens* [...] Également le fait que *le sens interne s'affecte lui-même* représente un *tort considérable porté à la passivité de la sensibilité.* (1885, p. 346)

Cette activité ne peut avoir le sens que d'une *Erzeugung* du divers[14] au sens de *génération continue*. Or, le concept d'*Erzeugung* a pour origine théorique première le texte kantien des Anticipations de la perception :

p. 339) qui fait l'objet d'une donation par la sensibilité à la matière. Ce concept de *Gegebenheit* est introduit par Cohen dans la pensée kantienne. Il constitue un maillon essentiel dans la problématisation néokantienne du donné (*Gegeben*), qui finira par remettre en cause ce concept (avec le concept d'*affection*) comme étant précritique.

14 Commentant le passage précédent, J. Vuillemin remarque : « En effet *le sens intime "produit" assurément le divers de la succession*, comme le sens externe produit le divers de la simultanéité, et cette production est bien une *loi*, encore que son objet demeure indéterminé » (1954,

> Or, un changement graduel de la conscience empirique à la conscience pure est possible, quand le réel [*das Reale*] de la première disparaît totalement, et qu'il ne reste qu'une conscience purement formelle (*a priori*) du divers dans l'espace et le temps ; par conséquent est aussi possible une *synthèse de la génération* [*Erzeugung*] *de la grandeur d'une sensation*, de son commencement, l'intuition pure = 0, jusqu'à une grandeur quelconque de cette sensation. (B 208)

La loi de génération du divers trouve son fondement dans le principe de grandeur intensive, interprétée par Cohen comme grandeur différentielle (1885, p. 427) et travaillé dans son texte de 1883 : *Le principe de la méthode infinitésimale*. S'appuyant sur le texte du Schématisme transcendantal[15], Cohen affirme que la réalité doit se générer de façon continue et uniforme :

> En effet, « le schéma d'une réalité, comme quantité de quelque chose, en tant que ce quelque chose remplit le temps, est précisément cette continuelle et uniforme génération de la réalité dans le temps ». Ici est désignée la loi du passage [de la réalité à la négation]. *La « continuelle et uniforme génération » de la réalité dans le temps est cette loi*, qui *émancipe donc le passage de la sensation*, bien que Kant ne rende *pas* cela *explicite* [...] (1885, p. 425)

Cohen est donc conduit à rectifier le texte de Kant dans la mesure où ce dernier associe la grandeur intensive à la sensation. Kant a « interverti le domaine de l'illustration et celui de la fondation » (*ibid.*), car ce n'est pas la *sensation*, mais seulement la *réalité* qui a une grandeur intensive[16] :

---

p. 177). Dans cette « production », J. Vuillemin entend évidemment non *Produktion* mais *Erzeugung*.

15 En B 183.

16 J. Vuillemin ne dégage pas assez ce problème du rapport entre sensation et réalité, ce qui le conduit à affirmer trop rapidement : « Loin que la sensation soit cette chose en soi réaliste qui nous affecte dans le sens interne, elle s'exprime dans un principe par lequel la chose en soi, mais entendue désormais en son sens transcendantal = *x*, se fournit le divers du temps et donc de l'espace pour se déterminer, c'est-à-dire pour rendre possible un objet d'expérience [...] Par la grandeur intensive, la sensation est intégrée au domaine de l'*a priori* et reçoit la faculté d'objectiver la qualité qu'elle révèle » (1954, p. 196). Comme le note A. Philonenko : « Selon H. Cohen, le moment le plus délicat est la notion de sensation (*Empfindung*) qui en dépit de la purification de la sensation dans l'intuition, ne laisse pas de signifier un *donné*, c'est-à-dire une détermination ne découlant pas de la pensée et la bornant par conséquent » (1989, p. 53-54). Vuillemin anticipe ici sur la critique du concept de *donné*, qui interviendra de fait dans *La logique de la connaissance pure*, où Cohen expliquera que ce qui est proprement *donné*, ce sont les *data* de l'analyse mathématique. Mais une telle théorie aurait été rejetée par Cohen en 1885.

> La grandeur, intensive comme extensive, peut seulement, à titre de principe, avoir vocation à déterminer un objet. La *sensation* n'*est* pas un objet, mais *seulement un mode de rapport de la conscience à son contenu, en vue de la détermination de ce contenu comme objet.* Cette détermination repose dans la réalité, qui en vertu de la continuité constitue un mode d'objet, qui l'authentifie comme objet de la sensation. Ainsi, *seul le réel, qui correspond à l'objet de la sensation, est une grandeur intensive.* (1885, p. 433-434)

L'analyse de Cohen permet de donner sens aux modifications de la 2de édition du texte des Anticipations de la perception. C'est le réel compris comme objet de la sensation, et non la matière du phénomène, qui a une grandeur intensive. C'est la constitution objective du réel de la sensation qui doit être soumise aux anticipations et non le donné lui-même. En clair, la génération ne porte pas sur le contenu mais sur la forme objective *a priori* du contenu. Aussi la propriété d'avoir un degré est la seule représentation *a priori* liée à la sensation :

> Par conséquent, toutes les sensations ne sont données comme telles qu'*a posteriori*, mais leur propriété d'avoir un degré peut être connue *a priori.* (*KRV*[17], B 218)

Cohen poursuit donc en affirmant que la loi de génération du divers ne concerne que le contenu de la sensation dans son apriorité. Elle correspond donc à une génération non tant de la sensation que de son objet possible[18] :

> La continuité est la caractéristique apriorique exclusive de la qualité. Que donc *dans la qualité du réel, seule la quantité intensive soit connaissable comme détermination a priori, c'est équivalent à la continuité.* Ainsi s'évanouit le miracle : car *la continuité n'appartient pas à la sensation*, mais elle *ne se laisse rapporter qu'à l'aprioricisation du contenu de celle-ci*, et ce rapport se trouve dans la *quantité intensive* [...] Ainsi sont constitués et satisfaits tous les besoins que nous pouvons avoir concernant la grandeur. *L'objet de l'expérience* est maintenant, en tant que grandeur, *fondé comme grandeur extensive dans la source de la grandeur intensive.* (1885, p. 437)

Dans la mesure où l'auto-affection du sujet a été comprise comme génération de l'apriorité du contenu dans la grandeur intensive, cette

17 Pour *Kritik der reinen Vernunft*, *Critique de la raison pure.*

18 Ce point n'a pas été vu par J. Benoist dans sa lecture de l'interprétation de Cohen (1996, p. 236-237), ce qui le conduit à reprocher à Cohen de ne pas penser « d'"autre" dans la sensation que "l'intensité" » (1996, p. 240).

naissance transcendantale de l'objet possible apparaît comme le fondement de l'auto-affection de la pensée par elle-même. Or, c'est à l'imagination productrice qu'est attribuée la génération du divers *a priori* dans l'affection de la pensée par elle-même[19]. Dès lors, l'activité attribuée par Cohen à la sensibilité en référence à l'auto-affection du sens interne relève de cette imagination productrice.

Mais alors, la prétention de Cohen à sauvegarder la différence entre l'entendement et la sensibilité chez Kant devient problématique. Car, si l'auto-affection du sens interne renvoie à la génération de l'objet possible par le principe de grandeur intensive dans une synthèse de l'imagination productrice, *alors que cette synthèse est dite relever en fait de l'entendement*, la sensibilité pure tombe tout entière dans l'entendement.

La difficulté s'élargit aux formes pures de l'intuition, l'espace et le temps. En effet, si l'imagination productrice est de l'ordre de l'entendement, le schématisme doit correspondre à l'unité synthétique de l'aperception, et l'imagination doit être comprise comme produisant « moins des images que des concepts » (1885, p. 311). Or, la production génératrice du divers de la sensation dans son apriorité grâce au principe de grandeur intensive nous oblige à rapporter une telle production au temps et à l'espace :

> Donc *l'espace et le temps eux-mêmes*, les conditions sensibles de l'unité de la conscience, dans la mesure où ils présentent les *quanta continua*, *sont générés par la grandeur intensive comme continua*, en vertu de la condition de pensée de la réalité. (1885, p. 428)

Dès lors, on ne voit pas pourquoi l'espace et le temps ne devraient pas être considérés comme des concepts, ce qui s'oppose avec la prétention de la 2de édition de la *Théorie kantienne de l'expérience* à distinguer entendement et sensibilité, intuition et concept…

19 Voir J. Vuillemin : « Le principe de la grandeur intensive éclaire enfin le sens intime et par lui le sens externe ; en lui la catégorie de réalité limitative se schématise dans la continuité du temps et elle fournit la possibilité de cet objet de l'expérience qui est le fil conducteur de la méthode. Nous découvrons enfin la vérité de l'Espace et du Temps dans la naissance transcendantale de cet objet qui n'est possible comme synthèse et comme connaissance qu'en se schématisant en eux […] La pensée s'affecte en intuition sensible pour devenir connaissance » (1954, p. 183-184).

LE DEVENIR IDÉALISTE DE L'INTERPRÉTATION DE COHEN

Cette prétention correspond en 1885 à la volonté de Cohen de sauvegarder les mathématiques et la possibilité de leur fondement, dans la mesure où la distinction entre Esthétique et Logique rend possible la synthèse *a priori*, et donc la construction des concepts mathématiques dans l'intuition sensible.

Mais, à partir du moment où les géométries non euclidiennes ont gagné en légitimité à la fin du XIXe siècle[20], cette construction des concepts mathématiques dans l'intuition sensible se trouve remise en cause, et l'interdit sur la différence entre entendement et sensibilité, levé. Le sens idéaliste contenu dans l'interprétation de Cohen peut alors librement s'exprimer. En effet, le statut synthétique de la connaissance scientifique peut dès lors être remis en cause. Dans l'étude de la science de son temps, Cohen voit ainsi son interprétation idéaliste de Kant légitimée. Il découvre la possibilité de résorber l'Esthétique dans la Logique (l'Esthétique transcendantale étant assimilée à un reliquat de la période précritique), faire de l'espace et du temps des catégories mathématiques (et non plus des formes de l'intuition), conditions de la génération de la réalité quantitative et qualitative dans la pensée pure par l'instrument du calcul infinitésimal, et repenser la *Critique de la raison pure* dans une simple *Logique de la connaissance pure* (1902), qui n'est plus précédée par une théorie de la sensibilité.

20 Suite notamment à la démonstration par Félix Klein (1871) de l'équiconsistance de la géométrie euclidienne (à courbure nulle), de la géométrie de Lobatchevski (à courbure négative), et de la géométrie de Riemann (à courbure positive). Si l'on admet que la géométrie euclidienne n'est pas contradictoire, comme l'affirment les tenants de la géométrie euclidienne, on doit admettre également que la géométrie de Lobatchevski et celle de Riemann ne le sont pas non plus. Ainsi, les objections de ceux qui prétendent que les géométries non euclidiennes finiraient par rencontrer des contradictions s'effondrent. Ces trois géométries deviennent pour Klein de simples cas particuliers de la géométrie projective laquelle est indépendante de la métrique et ne contient pas l'axiome des parallèles. D'où la tentative par Bertrand Russell (1901) de sauver la philosophie transcendantale en déplaçant la géométrie en amont de la géométrie euclidienne, dans la géométrie projective. Une fois devenu anti-kantien, Russell reniera cette tentative.

L'un des moments clés de la pensée idéaliste de Cohen en 1902 est ainsi consacré à la critique de ce même concept de donné[21] qu'il défendait encore en 1885 :

> *L'erreur, selon laquelle on devrait ou l'on pourrait donner à la pensée quelque chose qui n'est pas issu d'elle-même*, est alimentée par le *préjugé qui s'exprime dans le mot « donné »*. Ce mot en est presque devenu un terme technique, d'autant que même Kant ne l'a pas dédaigné [...] L'expression « donné » est apparue dans la langue mathématique, principalement dans la méthode analytique de Platon. Euclide a écrit un livre particulier sous le titre de *Data* (*Dedomena*). Ce qu'il entend par là, il l'indique dans la 4e Définition : « Les points, les lignes et les espaces sont dits selon la situation *donnés*, lorsqu'ils... peuvent être soit présentés effectivement, soit trouvés ». Ainsi, quand ils peuvent être trouvés, ils sont dits aussi *donnés*. Ils ne peuvent être trouvés que par la pensée ; pour cette raison ils sont dits *donnés*. Les *Data* de l'analyse sont dits *donnés*. Les *Data* de la pensée pure, bien plus, les résultats que la pensée pure a le pouvoir de découvrir, sont dits dans le sens classique de la recherche mathématique *donnés*. *La pensée doit seulement tenir pour donné cela même qu'elle a le pouvoir de découvrir*. (1902, p. 67-68)

Cela signifie que la pensée doit pouvoir générer son contenu sans aucune borne extérieure. L'unité synthétique de l'aperception est l'origine (*Ursprung*), à partir de laquelle est engendrée la pluralité selon la méthode du calcul infinitésimal. L'*a priori* se trouve réduit à la pure forme de la pensée qui se développe dans le système des catégories. Cohen peut alors penser une génération *a priori* de la choséité :

> La logique du jugement génère formellement du jugement les *catégories*, comme étant les *connaissances pures*. Et *celles-ci sont les choses* [*Sachen*], qui constituent le *contenu et la consistance* [*Gehalt*] avant tout des *sciences mathématiques de la nature*. Le jugement formel génère ces *fondements réels* (*sachlich*), en tant qu'ils sont les présuppositions de la science. (1902, p. 501)

---

21 On peut regretter que l'interprétation de J. Vuillemin en reste à la 2de édition de la *Théorie kantienne de l'expérience*, qui n'a qu'un statut intermédiaire dans l'interprétation de Kant par Cohen. Vuillemin ne dégage ainsi pas assez les difficultés liées à l'idéalisme sous-jacent du texte, qui aurait donné à sa critique de Cohen une portée plus grande en replaçant le texte de 1885 dans l'horizon de la *Logique de la connaissance pure* : « La genèse de l'imagination transcendantale entendue au sens de principe des grandeurs intensives demeure ambiguë. Appartient-elle à l'*a priori* ou à l'*a posteriori* ? à l'inconditionné philosophique ou au conditionné scientifique ? au principe de la possibilité de l'expérience ou aux données de cette expérience ? » (1954, p. 203). C'est bien tout le problème du donné qui se trouve ici posé par Vuillemin, qui malheureusement ne distingue pas entre *donnéité* et *donné*. Or, c'est justement par une réduction du donné à la donnéité que Cohen résout le problème en 1902. Là réside, selon moi, le problème majeur de l'interprétation de Cohen, dans la question du donné et donc de l'être.

La frontière entre l'idéalisme transcendantal du néokantisme et un idéalisme absolu semble alors problématique, comme l'indique Cohen lui-même lorsqu'il affirmait en 1885 dans la *Théorie kantienne de l'expérience* :

> Or, on pourrait de nouveau se demander : pourquoi de multiples sources de la connaissance ? *Pourquoi la catégorie ne peut-elle envelopper la sensibilité en tant qu'unique source de la connaissance ?* On ne peut régler cette question que dans un aperçu systématique : la catégorie est seulement le « concept d'un objet en général ». Afin d'obtenir une réalité objective, la catégorie doit être rapportée à l'intuition, et par conséquent à la sensibilité. Si l'on situe la catégorie absolument dans la sensibilité, alors on situe de même la *sensibilité dans la pensée*, et dès lors les bornes de la *Critique* sont renversées ; et *nous retombons à nouveau dans l'exaltation de l'ontologie* [*die Schwärmerei der Ontologie*], car par cette résorption de la pensée sont perdues la donnéité [*Gegebenheit*] de l'intuition et par là la première pierre de touche de l'expérience. (1885, p. 336)

On voit en quoi Cohen pense ne pas se contredire en 1902 par rapport à ses énoncés antérieurs. Car la génération du contenu apriorique de la sensation le conduit à éliminer le donné dans son opposition à la pensée, donc la chose en soi, donc l'être. La réduction du contenu à son apriorité conduit à penser l'être comme un simple concept-limite pour la connaissance. Dès lors, l'exaltation de l'ontologie est définitivement surmontée. Il n'en reste pas moins qu'il est conduit à penser ce qu'il refusait initialement, à savoir que le « divers serait à produire et non donné » (1885, p. 308).

Précisons ici que le problème n'est pas ici le devenir idéaliste, en tant que tel, de la philosophie de Cohen. Car la critique de la notion de *donné* est sans doute une nécessité philosophique (la question étant alors de savoir si elle doit s'inscrire ou non dans le cadre d'une philosophie transcendantale)[22]. Le problème est que ce devenir idéaliste ne peut plus s'inscrire à l'intérieur d'une *interprétation* de la philosophie kantienne.

---

22 H. E. Allison (2015, p. 260) souligne ici l'intérêt de Wilfrid Sellars pour la théorie kantienne de l'imagination (voir Sellars, 1978). Contre Carnap, Sellars découvre dans l'opération synthétique de l'imagination au cœur de la perception décrite par Kant l'idée que la perception est déjà « chargé en théorie (*Theory laden*) ». Ce qui le conduit à trop rapprocher (comme Cohen) l'imagination de l'entendement, comme le lui reproche avec raison Allison (261). Sur cette question, voir J. Benoist (2004). M. Girel (2011) repère le lien direct de la critique du « mythe du donné » par W. Sellars (voir Sellars, 1956) avec cette même critique dans le néokantisme, et donc chez Cohen. En 1948, Sellars a ainsi écrit une recension de *Langage et mythe* de Cassirer, où il évoque la critique par Cassirer du mythe erroné du réalisme naïf selon lequel l'esprit ferait face à un donné naturel immédiat (voir Sellars, 1948, p. 326).

LA FIN DE LA DÉDUCTION SUBJECTIVE (2)

L'interprétation de Heidegger

L'INTERPRÉTATION DE HEIDEGGER

L'interprétation de Heidegger, se construit contre celle de Cohen, en donnant à la forme de l'intuition la plus subjective, le temps, un sens ontologique. La démarche transcendantale tout entière prend alors le sens d'une ontologie fondamentale. Aussi Heidegger interprète-t-il l'*objectivité de l'objet* en termes d'*être de l'étant* :

> La démarche de la *Critique de la raison pure* n'abandonne *ni la définition de l'être comme position, ni en général le concept de l'être.* C'est pourquoi aujourd'hui encore se maintient *l'erreur du néokantisme* qui est de croire que *par la philosophie kantienne a été « liquidé »*, comme on dit, *le concept d'être.* Le sens de l'être (présence constante) qui s'impose depuis les temps anciens se trouve, dans l'interprétation kantienne de *l'être comme objectivité de l'objet de l'expérience*, non seulement maintenu, mais, par la définition « objectivité », il est à nouveau mis en lumière sous une forme remarquable, alors qu'il est comme caché, et même déformé, dans l'interprétation de l'être comme substantialité de la substance qui prévaut ailleurs dans l'histoire de la philosophie. (Heidegger, 1968, p. 95)

Or, cette ontologisation de la perspective transcendantale, entraîne une interprétation ontologique de l'aperception transcendantale qui en est le fondement ultime :

> L'ob-jet [*Gegenstand*] au sens de l'objet [*Objekt*][1] ne se rencontre que là où l'homme devient sujet, où le sujet devient moi, où le moi devient *ego cogito* : là seulement où ce *cogitare* est compris dans son être comme « *l'unité originairement synthétique de l'aperception transcendantale* », là seulement où le point suprême

1 Sur la distinction entre *Gegenstand* et *Objekt* chez Kant et l'interprétation qu'en donne Heidegger, voir A. Séguy-Duclot (2018, p. 87-91) L'interversion des termes français *objet* et *ob-jet* dans la traduction de A. Préau est justifiée dans ce même ouvrage (*ibid.*, p. 96).

> de la « logique » est atteint (dans la vérité entendue comme la certitude du « je pense »). *C'est là seulement que l'être de l'objet se dévoile dans son objectité.* (Heidegger, 1980, p. 97)

Heidegger est conduit ainsi à opérer une temporalisation de l'aperception transcendantale. Ce qui conduit à une « esthétisation » de la Logique exactement inverse de la résorption finale opérée par Cohen de l'Esthétique dans la Logique dans la perspective idéaliste du néokantisme. La justification de cette temporalisation, Heidegger la trouve chez Kant dans une transition du texte :

> Or, *l'unité du divers dans un sujet est synthétique* ; l'aperception pure fournit par conséquent un principe de l'unité synthétique du divers dans toute intuition possible. (*KRV*, A 116)

Heidegger voit dans cette phrase le cœur de la déduction transcendantale et du schématisme, car si l'unité du divers dans un sujet est synthétique, alors :

> Il appartient *a priori* à cette unité de l'aperception *de s'étendre dans la dimension temporelle*, cette unité implique la synthèse originaire des trois synthèses, c'est-à-dire que l'*unité de la conscience* est en soi *unité de la pure synthèse imaginative rapportée au temps*. (1982, p. 355)

Cette phrase nous livre le sens de la finitude du sujet, qui est le centre de la perspective ontologisante et temporalisante de Heidegger :

> [...] la *finitude* consiste dans l'assignation à la *pré-donation* d'un étant sous-la-main que la connaissance ne produit pas elle-même ; [...] (*Ibid.*)

LE PROBLÈME DE L'AUTO-AFFECTION

Ce concept de *pré-donation* (*Vorgebung*) est le pendant du concept de *donnéité* (*Gegebenheit*) chez Cohen. La donnéité était donnée par le sens interne à la matière et témoignait d'une activité propre à la sensibilité qui donnait sens à l'auto-affection. C'est sur cette activité du sens interne que s'appuyait Cohen pour opérer finalement une résorption de l'Esthétique dans la Logique. Le concept de pré-donation joue chez Heidegger un rôle analogue. De fait, Heidegger essaie de penser la fonction déterminante que possèdent les formes pures de l'intuition, en tant que formes, par rapport à la matière du phénomène, sans les inscrire pour autant dans la spontanéité de l'entendement :

> [...] sur quel mode l'espace, dans le laisser-faire-encontre intuitif du divers, fonctionne-t-il comme ce déterminant qui détermine bel et bien le laisser-faire-encontre comme tel ? (1982, p. 130)

Le divers apparaît comme ordonné spatialement, ce qui suppose une visée préalable qui détermine un tel ordre sans être pour autant objectivante, en ce sens qu'elle ne représente encore aucun étant. L'espace et le temps sont donc des pré-figurations (*Vorbildung*) de l'intuition. Cette visée préalable et ordonnatrice du divers est le sens de la synopsis dont parle Kant[2], qu'il faut comprendre comme une con-donation originaire, ou *syndose.* L'activité déterminante des formes *a priori* de la sensibilité est donc une *préfiguration syndotique inobjective du réel.*

Or, il y a un primat du temps sur l'espace, dans la mesure où toute représentation est une détermination du sens interne dont le temps est la forme. La préfiguration temporelle est un laisser-faire-encontre du pur l'un-après-l'autre dans une visée inobjective et préalable. C'est cette préfiguration qui a le sens d'une prédonation qui permet de comprendre l'auto-affection du sujet par lui-même :

> La pure intuition du temps est donc un accomplissement – libre d'expérience – du laisser-faire-encontre du l'un-après-l'autre, et, simultanément à ce l'un-après-l'autre, vient à la rencontre du soi quelque chose qu'en tant que *soi* il *laisse ad-venir* à partir d'elle-même et vers lui-même, *quelque chose que lui-même est en quelque façon et que comme tel il se pré-figure* [*vorbildet*], *se prédonne. Le soi est ici abordé ou affecté de façon pure, a priori*, libre d'expérience par le temps, et cela de telle manière que c'est lui-même en tant qu'intuitionner du temps qui est le fondement de son être-affecté par le temps [...]. *Le temps antérieur à toute expérience est donc auto-affection originaire pure* [...] (1982, p. 150)

Ainsi, Cohen et Heidegger fondent l'auto-affection sur une activité propre de la sensibilité, qui est chez Cohen une donation pure de la

---

2 A 94 et A 97.

donnéité et chez Heidegger une prédonation originaire pure. Or, poser une telle activité originaire de la sensibilité alors que Kant a fondé la distinction entre sensibilité et entendement sur l'opposition activité/passivité conduit à remettre en cause cette distinction. Deux voies semblent alors possibles : ou bien résorber finalement la sensibilité dans l'entendement (Cohen), ou bien temporaliser l'entendement (Heidegger). Le caractère antithétique des deux solutions naît de la parenté de leur point de départ.

Dans la mesure où la donation est comprise comme la position de l'être même, si l'on admet que la sensibilité donne la donnéité, on peut opérer une réduction complète de l'être en soi à la forme logique et subjective de la donnéité, et l'objet transcendantal joue ce rôle. En revanche, si l'on pense une prédonation, l'objet transcendantal devient l'horizon pur de la donation de l'étant et l'Analytique des concepts prend le sens d'une ontologie fondamentale.

LE RECUL DE KANT SELON HEIDEGGER

Dans la mesure où l'aperception transcendantale est condition de possibilité de cette pré-donation et unité de la triple synthèse, qui est une synthèse *temporelle* de l'imagination, il faut affirmer que : « la finitude de la connaissance humaine consiste en ce que la *subjectivité est comme telle temporelle*, ek-statique » (1982, p. 355). Il est alors primordial, pour comprendre la finitude, d'accorder toute sa force à la phrase suivante de Kant : « l'unité de la conscience, *l'aperception transcendantale est par essence synthétique* » (*ibid.*).

Mais cette thèse ne peut être considérée comme appartenant à l'explicite du texte kantien. Heidegger vise à dégager le non-dit de ce texte, son projet, ses illuminations et sa défaillance profonde, qui exigent un dépassement philosophique. Le sens réel est en effet l'objet d'une dissimulation :

> Quant au second aspect que nous allons voir maintenant, il est tout à fait essentiel, mais précisément il *se dissimule* dans l'exposé de Kant *derrière une*

> *phrase presque anodine*, une simple transition. Après avoir caractérisé le principe transcendantal de l'unité, Kant dit *sans plus se justifier* [...] (1982, p. 354-355)

Ce caractère essentiellement synthétique de l'aperception transcendantale échappe-t-il pour autant à toute difficulté ? Poursuivons notre lecture :

> Or si l'unité transcendantale originaire de l'aperception – ainsi se poursuit la réflexion kantienne – est synthétique, alors il faut que cette *unité de l'aperception inclue comme telle une synthèse et certes une synthèse a priori.* (1982, p. 356)

Heidegger accède ici au texte clé que nous avons cité au début du chapitre précédent et sur lequel va se concentrer son interprétation. L'unité synthétique de l'aperception transcendantale est l'unité transcendantale de la synthèse productrice pure de l'imagination. Par conséquent, « cette *synthèse* originaire de l'imagination pure est "le *fondement de la possibilité de toute connaissance*", et cela "*avant l'aperception*" » (*ibid.*).

Heidegger voit dans la préposition *avant* l'indication d'une primauté hiérarchique de la synthèse sur l'aperception transcendantale : « Kant voudrait dire que la pure synthèse imaginative rapportée au temps est pré-ordonnée à l'aperception transcendantale comme *plus originaire* qu'elle » (1982, p. 357). D'où l'affirmation de Kant : « Mais cette *unité synthétique* [de l'aperception transcendantale] *présuppose une synthèse* [de l'imagination transcendantale] [...] ». Heidegger peut alors dénoncer une hésitation de Kant relativement au statut de l'imagination transcendantale, en complétant la citation kantienne :

> Il dit d'abord nettement : l'unité de l'aperception transcendantale présuppose la synthèse de l'imagination, se fonde sur elle, – *mais* c'est pour rajouter en même temps : « ou elle l'inclut ». (1982, p. 357)

Cette restriction, que Kant rajoute aussitôt, lui paraît inacceptable. Elle constitue un « recul » théorique de Kant :

> [...] un *recul devant* la conséquence qui résulterait de la première thèse, à savoir *l'élimination de la primauté de l'aperception transcendantale*, et du même coup la *fin de la prédominance*, aussi infondée que traditionnelle, *de la logique.* (*Ibid.*)

Heidegger n'a plus qu'à présenter les modifications de la 2de édition de la *Critique de la raison pure* comme la restauration de l'aperception transcendantale dans sa vieille souveraineté.

Le § 17 de *Kant et le problème de la métaphysique*[3] ne dit pas autre chose : la 2de édition enterre sous le poids de la tradition métaphysique la découverte révolutionnaire de Kant dans la 1re édition. L'interprétation de Heidegger a donc pour mission de prolonger le texte de Kant dans le sens de sa découverte, manifestant par là une fidélité à l'esprit, qui doit dépasser toute soumission à la lettre.

DIFFICULTÉS DE L'INTERPRÉTATION DE HEIDEGGER

L'interprétation de Heidegger permet d'échapper aux difficultés de l'interprétation de Cohen puisqu'elle évite l'écueil de l'idéalisme tout en respectant l'appartenance profonde de l'imagination à la sensibilité (dont la négation conduit inévitablement au rétablissement de l'idéalisme). Pourtant, elle reste insatisfaisante.

Elle l'est d'abord dans ses conséquences : la déduction transcendantale de la 2de édition devient contradictoire dans la mesure où elle remet en cause selon Heidegger le primat de l'imagination alors qu'elle conserve sans modification le chapitre du schématisme qui affirme un tel primat[4].

Elle l'est aussi dans son hypothèse de lecture fondamentale. Heidegger donne au temps une signification ontologique essentielle. Lorsque Kant, au début de la synthèse de l'appréhension, distingue le temps de la série des impressions successives, Heidegger l'interprète comme un dévoilement de l'essence même de l'être. Or, ceci est problématique car le 3e terme de la table du Rien, qui conclut l'Analytique transcendantale, signifie précisément l'absence de validité ontologique des formes pures de l'espace et du temps :

> La simple *forme de l'intuition* [*Form der Anschauung*], sans substance, *n'est pas en soi un objet*, mais sa simple condition formelle (en tant que phénomène), comme l'espace pur et le temps pur, qui *sont certes quelque chose* [*Etwas*], *en tant que formes à intuitionner* [*als Formen anzuschauen*][5], mais *qui ne sont pas eux-mêmes des objets pour l'intuition* (*ens imaginarium*). (*KRV*, A 291)

---

3 1979, p. 134-143.
4 Voir. A. Philonenko, 1983, I, p. 176.
5 Et non « en tant que formes de l'acte d'intuitionner » comme le traduit A. Renaut (2006, p. 328).

Les traductions de ce texte sont imprécises dans la mesure où aucune ne distingue *forme de l'intuition* et *forme à intuitionner*. Kant ne dit pas que l'espace et le temps sont certes quelque chose comme formes *de l'intuition* (*der Anschauung*), bien que ne pouvant être des objets pour l'intuition. Une telle traduction permettrait effectivement d'accorder une valeur ontologique à l'espace et au temps. Kant dit au contraire que l'espace et le temps, en tant que formes de l'intuition, ne sont pas des objets pour l'intuition et ne sont donc rien. En revanche, ils ont le statut de quelque chose, mais seulement en tant qu'ils ont une valeur objective, en tant que formes à intuitionner, c'est-à-dire dans leur détermination comme *intuitions formelles*.

De fait, les intuitions formelles sont soumises à l'unité de l'aperception transcendantale et ont donc une forme d'objectivité, sans quoi la géométrie serait impossible :

> *L'espace représenté comme objet* (ainsi qu'il en est effectivement besoin dans la géométrie), contient *plus que* la simple *forme de l'intuition* [*Form der Anschauung*], à savoir la compréhension [*Zusammenfassung*] en une représentation intuitive du divers donné selon la forme de la sensibilité, de telle sorte que *la forme de l'intuition* donne simplement du divers, tandis que *l'intuition formelle* [*die formale Anschauung*] donne l'unité de la représentation. (B 160, note)

L'espace et le temps en tant que formes de l'intuition ne sont pas même quelque chose et appartiennent en propre à la table du Rien. Seule une confusion entre intuition et sensation autorise à affirmer le contraire. Comprendre ontologiquement l'espace et le temps, en tant que condition formelle de toute position, conduit Heidegger à inscrire l'être dans l'*a priori*[6] : « L'*a priori* est la dénomination de l'essence de la chose » (Heidegger, 1971, p. 176). Ce qui est contraire au principe même de la pensée kantienne : l'être, réduit au sens catégorial de l'existence, se découvre dans la sensation et donc uniquement *a posteriori*.

---

6 Voir l'interprétation de G. Granel qui suit Heidegger : « L'*ens imaginarium* est plutôt, en un sens tout particulier, le "*nihil positivum*", le rien en tant que "position fondamentale" *dans* laquelle seulement toute autre position, c'est-à-dire la position même des choses, est "possible". Il ne faut donc pas chercher loin ce que signifie la pensée kantienne de la forme "rien" : *ce rien est le nom de l'être en tant "position fondamentale" ou "possibilité" de l'étant-paraissant* » (1970, p. 79-80). Mais dès lors l'être, rejeté dans l'*a priori*, est identifié au possible, ce qui est inacceptable. G. Granel peut alors dénoncer l'équivoque ontologique de la pensée kantienne.

AUTO-AFFECTION MATÉRIELLE ET AUTO-AFFECTION FORMELLE

L'interprétation par Heidegger de l'auto-affection du sujet par lui-même est également discutable. Correspond-elle effectivement à une activité de la sensibilité ? Revenons au texte de Kant :

> Or, ce qui peut, comme représentation, précéder tout acte de penser quelque chose, c'est l'*intuition*, et, quand elle ne contient rien que des rapports, c'est la *forme de l'intuition* ; celle-ci, comme elle ne représente rien, sinon dans la mesure où quelque chose est posé dans l'esprit, ne peut être autre chose que la *manière dont l'esprit est affecté par sa propre activité*, à savoir par le poser de sa représentation, par conséquent par lui-même, c'est-à-dire un sens interne considéré d'après sa forme. (B 67-68)

L'activité de l'esprit par lequel il s'affecte n'est pas la détermination des phénomènes par la forme pure de l'intuition, puisque celle-ci *n'est que la manière dont l'esprit est affecté par son activité.* Comment comprendre alors cette auto-affection ?

Pour répondre à cette question, commençons par définir le sens de l'affection en général. Nous sommes affectés dans la mesure où nous ne produisons pas le contenu de la sensation, où nous sommes donc passifs et nous devons penser une chose en soi qui nous affecte. C'est la chose en soi qui fondamentalement affecte[7].

Or, comme dans le sens interne, nous ne nous percevons pas comme nous sommes en nous-mêmes, par intuition intellectuelle, mais seulement comme phénomènes, on peut donc dire que le sujet en soi *s'affecte lui-même* :

> Par suite, si nous convenons à propos de ces dernières [les déterminations du sens externe] que nous ne connaissons par là les objets que dans la mesure où

7 Ce point est contesté, notamment par J. Benoist (1996, p. 268). Mais si Kant pose un en soi, c'est bien pour donner sens à la passivité. D'où sa référence à ce « quelque chose qui se trouve au fondement des phénomènes extérieurs, qui affecte [*afficirt*] notre sens de sorte qu'il reçoit les représentations d'espace, de matière, de figure, etc. » (A 358). Rappelons que l'affection par la chose en soi n'a qu'un sens causal analogique, puisque la chose en soi ne relève pas des catégories (contrairement à l'affection empirique du sujet par les objets extérieurs), de sorte que la chose en soi est prise ici au sens d'objet transcendantal (*ibid.*). L'affection ontologique se trouve ainsi réduite à une affection transcendantale.

> nous sommes extérieurement affectés, nous devons aussi reconnaître à propos du sens interne que nous nous intuitionnons par-là nous-mêmes, *tels seulement que nous sommes affectés intérieurement par nous-mêmes*, c'est-à-dire qu'en ce qui concerne l'intuition interne, nous ne connaissons notre propre sujet que *comme phénomène, mais non d'après ce qu'il est en soi.* (B 156)

Mais le sens de l'auto-affection dans le sens interne se complexifie dans la mesure où l'on distingue une passivité et une activité dans la subjectivité. Ainsi la sensibilité est passive et l'entendement actif. Dans l'activité de détermination catégoriale du phénomène dans le temps (qui est donc la manière dont s'effectue cette détermination), on peut parler d'une affection du sujet passif, c'est-à-dire sensible, par le sujet actif, qui correspond également à une auto-affection. À l'auto-affection *matérielle* du moi phénoménal par le moi en soi *s'adjoint* donc une auto-affection *formelle* du moi sensible par l'entendement :

> Je ne vois pas comment on peut trouver tant de difficultés dans ce que le *sens interne soit affecté par nous-mêmes.* Chaque acte d'attention peut nous en donner un exemple. *L'entendement y détermine toujours le sens interne, conformément à la liaison qu'il pense*, pour l'intuition interne, qui correspond au divers dans la synthèse de l'entendement. À quel point *l'esprit est communément affecté par là*, chacun pourra le percevoir en lui-même. (B 156-157, note)[8]

Cette auto-affection formelle intervient dans toute représentation, *que celle-ci porte sur le sens externe ou interne.* Mais c'est bien le temps qui est seul la manière dont l'esprit est affecté par son activité, puisque c'est en lui que s'effectue la détermination catégoriale.

Cette compréhension du sens à la fois matériel et formel de l'auto-affection s'oppose aux lectures de l'auto-affection non seulement par Heidegger mais aussi par Cohen, selon lesquelles l'auto-affection correspondrait à une activité de la sensibilité.

---

8 J. Benoist (1996, p. 277) conteste une telle auto-affection par l'entendement, sur laquelle B. Longuenesse, au contraire, insiste (1993, p. 253-254 et 393).

LA FIN DE LA DÉDUCTION SUBJECTIVE (3)

Troisième voie interprétative

LE CERCLE DE L'UNITÉ ET DE LA SYNTHÈSE

Revenons au texte clé où Heidegger découvre l'indication d'une primauté hiérarchique de la synthèse sur l'aperception transcendantale :

> Cette synthèse originaire de l'imagination pure est « le fondement de la possibilité de toute connaissance », et cela « *avant* » l'aperception. (1982, p. 356)

Une lecture précise du texte de Kant montre que ce qui « avant » l'aperception[1] est « le fondement de la possibilité de toute connaissance », ce n'est pas « la synthèse originaire de l'imagination pure » comme le prétend Heidegger, mais le « principe de l'unité nécessaire de la synthèse pure de l'imagination » (*KRV*, A 118).

Tentons de comprendre la signification de cette distinction. Si le sens ultime de l'aperception transcendantale est d'être une unité synthétique, elle ne peut prendre conscience de soi indépendamment de son acte d'unification du divers dans une synthèse. Elle présuppose donc nécessairement une synthèse *a priori* qu'elle puisse unifier. Mais elle est *en même temps présupposée par cette synthèse*, à titre de condition de possibilité, car l'opération d'unification est impossible sans unité. Dès lors, il nous faut poser une *présupposition réciproque entre l'unité et la synthèse*[2], à savoir un *cercle* entre unité et synthèse.

1 H. E. Allison (2015, p. 251) pense que par « aperception », il faut ici entendre seulement l'acte d'aperception et non l'aperception comme faculté de penser. C'est réduire excessivement la portée du texte de Kant.

2 Cette présupposition réciproque de l'unité et de la synthèse aurait pu être mise au jour dès le 10e paragraphe de la synthèse de la recognition, qui fondait l'unité analytique de l'aperception sur son unité synthétique en mettant au jour l'unité nécessaire de la synthèse de tous les phénomènes d'après des concepts.

Ainsi, la remontée transcendantale au principe de la connaissance objective conduit bien et bien à un cercle[3]. Toute la question est désormais d'en saisir le sens : s'agit-il d'un cercle vicieux ?

UNE PRÉSUPPOSITION RÉCIPROQUE

Le cercle serait incontestablement vicieux si le principe atteint avait été l'unité de l'aperception transcendantale *dans son effectivité*. Dès lors, une présupposition effective entre l'unité de la synthèse et la synthèse eût été de fait contradictoire et impensable. En effet, l'opération d'unification est une synthèse dynamique du divers et toute connexion dynamique implique une relation *irréversible* de dépendance, même si le temps entre la causalité de la cause et l'effet va disparaissant :

> Si je considère comme cause une boule qui est placée sur un coussin moelleux et y imprime un léger creux, elle est simultanée avec son effet. Mais je les distingue cependant tous deux par le rapport du temps de leur connexion dynamique. Car si je pose la boule sur le coussin, le petit creux succède à la forme unie précédente du coussin [...] (A 203)

Or, une telle connexion dynamique engage une action effective mettant en jeu une force. Ceci implique une théorie de la substance :

> Cette causalité conduit au concept de l'action [*Handlung*], celle-ci au concept de force [*Kraft*], et par là au concept de substance [...] Là où est l'action, et par conséquent l'activité [*Tätigkeit*] et la force, là aussi est la substance, et c'est en elle seulement qu'il faut chercher le siège de cette source féconde des phénomènes. (A 204)

---

3 A. de Muralt dégage une telle circularité entre l'unité et la synthèse : « l'identité de la conscience permet la synthèse, or la synthèse permet de réaliser l'unité du sujet [...] il semble que toute synthèse soit rendue impossible puisqu'elle présuppose nécessairement une unité du sujet, unité qui est précisément réalisée par elle. » (1958, p. 95). A. de Muralt voit dans ce cercle une aporie dont l'unité synthétique serait la solution. Cette interprétation est toutefois insatisfaisante dans la mesure où l'unité synthétique est explicitement inscrite dans le cercle (A 118). Le problème du cercle entre unité et synthèse demeure donc sans solution. Nous verrons en quoi ce problème est à l'origine de la refonte de la déduction en 1787.

Mais l'aperception transcendantale est saisie uniquement dans sa possibilité et *non dans son effectivité*, donc non comme *force* mais comme *pouvoir*. Son opérativité n'est pas alors pensée comme l'opérativité d'une substance, mais d'un pouvoir transcendantal de l'esprit à titre de condition de possibilité ultime de la représentation du divers.

Or, ce pouvoir est *a priori*. Il n'a pu être mis au jour que par la synthèse de l'imagination transcendantale qui correspond à un second pouvoir *a priori* de l'esprit. Entre ces deux pouvoirs *a priori*, envisagés simplement selon la possibilité, il ne faut pas établir une relation temporelle d'irréversibilité, mais simplement reconnaître leur *complémentarité* dans la constitution de l'objectivité en général. La synthèse a besoin de l'unité fournie par l'aperception, et l'aperception n'a de sens que dans la synthèse qu'elle unifie. Il faut donc affirmer, comme nous l'avons vu, que :

> [...] cette unité synthétique *présuppose* une synthèse *ou la renferme*, et si la première doit nécessairement être *a priori*, la seconde doit être aussi une synthèse *a priori*. (A 118)

Le « ou » ne traduit pas une hésitation théorique de Kant, comme le pense Heidegger, mais rend manifeste l'accord nécessaire de deux pouvoirs *a priori* qui se *présupposent*, comme conditions de possibilité de la connaissance objective.

La remontée analytique de la synthèse de l'imagination à l'aperception transcendantale n'a pas le sens d'une déconstruction temporelle d'un processus de constitution. C'est dans l'immanence d'une opérativité unique que nous avons été conduits à distinguer deux pouvoirs du simple point de vue de la possibilité. Poser l'aperception transcendantale dans son unité analytique indépendamment de son unité synthétique, qui présuppose la synthèse de l'imagination, est une abstraction qui risque de nous faire retomber dans une théorie de la substance.

Dans la mesure où la synthèse de l'imagination est apparue dans la seconde synthèse comme condition de possibilité de la composition du divers, et que l'aperception n'a pu être atteinte que par le trajet de la triple synthèse, elle présuppose (d'un point de vue transcendantal) la synthèse de l'imagination.

Or, la synthèse pure de l'imagination, qui intervient dans la constitution de la connaissance dans une expérience une, est la synthèse productrice *a priori* de l'imagination transcendantale. Car nous avons vu que la synthèse reproductrice ne pouvait être pensée comme pure que d'un point de vue mathématique, antérieurement au problème dynamique de l'unité de l'expérience, et c'est ce point de vue qui est en question désormais. Allons-nous en conclure que la synthèse pure productrice de l'imagination est, *avant l'aperception*, le fondement de la possibilité de toute connaissance ? Non. Car pas plus que l'aperception transcendantale, la synthèse pure ne peut prétendre à une quelconque primauté dynamique dans le processus de constitution de l'objectivité envisagé simplement selon sa possibilité. Le terme transcendantal premier, ce n'est donc ni l'unité de l'aperception transcendantale, ni la synthèse de l'imagination transcendantale, mais la nécessité de leur présupposition réciproque, et tel est le sens de la dernière phrase de notre texte :

> Le principe [*Prinzipium*] de l'unité nécessaire de la synthèse pure (productrice) de l'imagination est donc, *antérieurement* [*vor*] à l'aperception, le fondement de la possibilité de toute connaissance, particulièrement de l'expérience. (A 118)

Nous accédons ici au sommet véritable de la déduction subjective. Nous avions cru trouver dans l'unité synthétique de l'aperception le point ultime de la fondation transcendantale de la possibilité de la connaissance. Or, la compréhension transcendantale profonde de cette unité synthétique nous révèle que ce n'est pas l'aperception qui correspond au point ultime de la fondation, mais le *principe de l'unité nécessaire de la synthèse.*

Que signifie un tel principe ? Il ne correspond pas à l'aperception, puisque l'unité est rapportée nécessairement à l'opération de synthèse, ni à la synthèse, puisqu'elle présuppose une unité nécessaire. Il n'est donc que l'expression de la présupposition réciproque nécessaire de l'unité et de la synthèse, laquelle semble pouvoir échapper à l'accusation de cercle vicieux, même si, et on peut le noter dès maintenant, elle conduit à une ambiguïté du sens de la méthode, qui d'analytique (par remontée de condition de possibilité en condition de possibilité) prend un sens synthétique[4].

4 Sur cette ambiguïté, voir J. Rivelaygue (II-1992, p. 75) et M. Caimi (2007, p. 23, note 43).

RÉINTERPRÉTATION DE L'OPPOSITION COHEN/HEIDEGGER À LA LUMIÈRE DE LA PRÉSUPPOSITION RÉCIPROQUE

Or, repérer une telle présupposition réciproque permet d'éclairer le conflit interprétatif fondamental portant sur la déduction transcendantale. Car c'est précisément parce que les interprétations de Cohen et de Heidegger manquent une telle présupposition réciproque, qu'elles sont rejetées dans les deux solutions partielles et opposées que nous avons décrites.

Cohen privilégie ainsi l'unité synthétique comme fondement transcendantal ultime et pense l'unité de l'unité et de la synthèse. En conséquence, il n'a plus les moyens de distinguer l'unité et la synthèse, cette dernière tombant du côté de l'entendement. La spécificité de l'acte de synthèse est occultée : elle devient un simple processus d'unification dont l'auteur est l'entendement.

Inversement, Heidegger privilégie la synthèse aux dépens de l'unité de l'aperception. Dès lors, il ne peut plus penser l'indépendance de l'aperception transcendantale par rapport à la temporalité, et ce n'est plus l'imagination productrice qui est inscrite dans l'entendement, mais l'inverse :

> Or, il nous est apparu de diverses manières et du seul point de vue de la chose même, depuis que nous avons interprété la synthèse pure de la recognition, que l'entendement s'enracine lui-même dans l'unité des trois synthèses, c'est-à-dire qu'il se fonde dans l'imagination productrice tridimensionnelle. (1982, p. 365)

Dans la mesure toutefois où Heidegger n'entend pas résorber la Logique dans l'Esthétique, sa position le conduit à être plus nuancé que Cohen et donc plus proche de notre lecture :

> *La synthèse exige l'unité, l'unité exige la synthèse* – il règne ici une corrélation originaire qui signifie qu'aucun des deux moments ne peut être dérivé de l'autre, mais que tous deux ont une *racine commune* qui n'est ni seulement intuition, ni seulement pensée, mais l'une et l'autre quant à la possibilité. (1982, p. 367)

Ceci le conduit à voir le cœur de la *Critique de la raison pure*, non dans l'Esthétique transcendantale comme une lecture superficielle pourrait le faire croire, mais bien dans la Logique transcendantale tout comme Cohen.

Le passage central en est pour Heidegger le Schématisme transcendantal où est justement travaillée la temporalisation nécessaire des catégories.

Toutefois, cette racine commune de l'unité et de la synthèse, de l'entendement et de la sensibilité étant pour Heidegger l'imagination productrice qui opère dans le schématisme[5], il est alors conduit à penser le fondement de l'unité et de la synthèse *encore du côté de la synthèse*[6], ne donnant pas entièrement droit à la nécessaire présupposition réciproque des deux pouvoirs transcendantaux.

L'ENTENDEMENT COMME POINT ULTIME DE LA DÉDUCTION SUBJECTIVE

La suite du texte de Kant confirme la distinction que nous avons dégagée entre la *synthèse*, l'*unité synthétique* et l'*unité nécessaire de la synthèse* qui signifie la présupposition réciproque nécessaire des deux termes :

> Or, nous nommons transcendantale la *synthèse* du divers dans l'imagination, quand, *indépendamment de la différence des intuitions*, elle n'a trait *a priori* à rien d'autre qu'à la liaison du divers, et *l'unité de cette synthèse* s'appelle *transcendantale* quand, *relativement à l'unité originaire de l'aperception*, elle est représentée comme nécessaire *a priori*. Or, vu que cette dernière est au fondement de la possibilité de toutes les connaissances, l'unité transcendantale de la synthèse de l'imagination est la forme pure de toute connaissance possible, par laquelle donc tous les objets de l'expérience possible doivent être représentés *a priori*. (A 118)

Ce texte distingue *l'unité originaire de l'aperception* et *l'unité de la synthèse de l'imagination*, qui n'est pas l'aperception elle-même et constitue, *avant* l'aperception, le fondement transcendantal de la possibilité de toute connaissance.

En effet, l'unité de l'aperception étant synthétique, elle est unité unifiante d'une synthèse *a priori*. Elle présuppose donc une synthèse à

---

5 Heidegger retrouve ici l'interprétation de Hegel pour qui l'imagination est « la racine commune, mais inconnue de nous » (1988, p. 106 *sqq.*).

6 En ceci, Heidegger rejoint R. Kroner qui pense l'unité comme synthèse formelle pure : « Cette conscience transcendantale est l'unité purement abstraite d'une diversité, forme vide au repos, synthèse sans contenu synthétique. » (I-1921, p. 84).

unifier, à savoir la synthèse productrice pure de l'imagination, et elle la contient puisqu'elle l'unifie. Elle n'est donc pas première, d'un point de vue transcendantal, car on ne parvient à la conscience de cette unité de l'aperception qu'à partir de la saisie de l'unité nécessaire de la synthèse de l'intuition. Ce qui est transcendantalement premier, c'est le rapport de la synthèse pure de l'imagination à l'unité de l'aperception, en tant qu'il est saisi dans sa nécessité, c'est-à-dire la présupposition réciproque de l'unité et de la synthèse, à laquelle correspond « l'unité nécessaire de la synthèse de l'imagination ».

Or, si cette unité nécessaire de la synthèse de l'imagination ne correspond ni à l'aperception originaire, ni à l'imagination transcendantale productrice, il nous faut penser un troisième pouvoir intermédiaire entre l'aperception et l'imagination. C'est ce pouvoir qui correspond au *véritable fondement transcendantal ultime* de la connaissance, donc au point d'achèvement du processus analytique de la déduction subjective. Ce pouvoir correspond à *l'entendement* dont la définition constitue l'objet même de la déduction subjective :

> L'unité de l'aperception *relativement* à la synthèse de l'imagination *est l'entendement*, et cette même unité, relativement à la synthèse transcendantale de l'imagination, est l'*entendement pur*. (A 119)

L'entendement pur, dans la mesure où il représente le lieu de la relation de l'unité de l'aperception à la synthèse de l'imagination transcendantale, apparaît ainsi comme le *point le plus haut* de la fondation de la connaissance possible, avant (d'un point de vue transcendantal et dynamique) l'aperception transcendantale elle-même. Le trajet analytique que nous avons effectué, qui remonte de condition de possibilité en condition de possibilité, prend fin sur la saisie de l'entendement, qui se révèle être un pouvoir non simple mais complexe : c'est une *relation de pouvoirs*. Il a fallu identifier les différents pouvoirs, puis penser leur connexion pour arriver à cette définition de l'entendement.

Que reste-t-il à faire pour achever la déduction subjective ? Il fallait montrer la réalité de l'entendement, c'est-à-dire son rapport nécessaire à la sensibilité. Or, ceci est désormais évident à partir de sa définition même. Car l'imagination appartient en propre à la sensibilité, et l'entendement n'est autre que l'unité de l'aperception par rapport à la synthèse de l'imagination. *L'entendement doit donc être reconnu comme réel.*

LA FIN DE LA DÉDUCTION SUBJECTIVE ET SON LIEN À LA DÉDUCTION OBJECTIVE

Un tel achèvement permet de légitimer l'anticipation de la déduction objective intervenue à la fin de la 2e section, en A 111.

En effet, l'entendement contient des concepts purs qui sont les catégories. Comme l'entendement est le rapport nécessaire de l'unité de l'aperception à la synthèse de l'imagination qui rend possible toute connaissance objective, les catégories (qui définissent la liste complète des modes de rapports possibles) peuvent être considérées comme des connaissances pures, contenant cette unité nécessaire de la synthèse pure par rapport à tous les phénomènes possibles. Dès lors, on doit admettre que la *force de connaissance* (*Erkenntniskraft*) empirique d'un être humain – c'est-à-dire la mise en œuvre effective du *pouvoir de connaître* (*Erkenntnisvermögen*) dans l'expérience –, dans la mesure où elle présuppose une telle unité de la synthèse que mettent en œuvre les catégories, fait nécessairement intervenir l'entendement.

Cet entendement est en rapport à tous les objets des sens par la médiation de l'intuition et de la synthèse de l'imagination puisqu'il correspond au rapport nécessaire de l'aperception à l'imagination et que tous les phénomènes sont soumis à l'intuition et à la synthèse de l'imagination. Or, comme les phénomènes sont dans un rapport nécessaire à l'expérience possible, sans quoi ils ne pourraient être connus, et que la connaissance empirique fait intervenir nécessairement l'entendement, il faut admettre que les phénomènes sont dans un rapport nécessaire à l'entendement. L'entendement est principe formel de toutes les expériences, par le moyen des catégories qui sont les concepts les plus généraux de l'entendement, et donc les modes généraux de l'unité de la synthèse relativement à tous les phénomènes possibles.

Les catégories ont par conséquent un rapport nécessaire à tous les phénomènes possibles. Ce sont bien les modes de la pensée (cognitive) pour l'expérience possible conformément à l'affirmation de A 111. Leur réalité objective se trouve fondée[7]. *L'essentiel de la déduction objective est ainsi opéré, avec la fin de la déduction subjective.* Pour achever la déduction objective, il

7 H. E. Allison (2015, p. 252), qui manque le sens crucial de A 118-119, estime au contraire que la déduction opérée en A 119 n'apporte rien par rapport à la 2e section et repose

ne reste plus qu'à revenir au plan empirique et à montrer comment les catégories sont les formes de la pensée d'un objet en général. Telle est la tâche de la 2de partie de la 3e section[8], dont la démarche ne procède plus de façon descendante, en partant de l'unité de l'aperception pour aller aux catégories et prouver leur réalité objective, mais ascendante :

> Maintenant, nous allons mettre sous les yeux le lien de l'entendement avec les phénomènes au moyen des catégories, en partant du bas, c'est-à-dire de l'empirique. (A 120)

Cette 2de partie n'apporte rien de fondamentalement nouveau et n'a qu'un rôle secondaire : son trajet consiste en fait à reprendre brièvement les analyses de la 2e section, qui partait de l'empirique pour remonter à l'unité de l'aperception transcendantale, en mettant cette fois clairement au jour le rôle des catégories. Nous ne l'étudierons donc que rapidement.

Kant considère à nouveau la synthèse d'appréhension, opérée par l'imagination, qui présuppose une synthèse de la reproduction. Il envisage tout de suite la reproduction selon la question de l'affinité objective des phénomènes qui se fonde sur l'unité originaire de l'aperception[9] et rappelle le sens transcendantal de l'imagination productrice[10]. Par l'intermédiaire de l'imagination, le divers intuitif est mis en liaison avec l'unité synthétique de l'aperception[11] et donc avec l'entendement. Les « deux termes extrêmes » sont bien la « sensibilité et l'entendement » (A 124), puisque ce dernier nous est apparu être[12] le *véritable fondement transcendantal ultime* de la connaissance.

Or nous avons vu que l'unité synthétique de l'aperception rend nécessaire la synthèse de la reproduction objective du divers selon des règles *a priori*. Les formes de l'unité synthétique qui permettent de penser le rapport du divers à l'unité sont des concepts purs que nous avons identifiés aux catégories de l'entendement. Les catégories doivent donc être considérées comme les fondements de l'unité formelle de la synthèse de l'imagination qui rend possible toute connaissance objective[13].

---

sur une « pure assertion [*sheer assertion*] ». C'est au contraire A 111, qui reposait sur une assertion, d'où la nécessité de A 119.

8 A 120-128.

9 A 122.

10 A 123.

11 A 124.

12 A 119.

13 A 125.

Ce sont elles qui donnent les règles auxquelles obéit la nature dans l'expérience une. L'entendement peut être compris comme le « pouvoir des règles » (A 126) qui définit la législation de la nature. Si bien que l'ordre et la régularité que nous trouvons dans la nature ont en fait leur origine dans l'esprit. Sans l'entendement, il n'y aurait pas de nature, au sens d'unité synthétique du divers des phénomènes selon des règles[14].

Précisons que si l'entendement est la source de l'unité formelle de la nature et de ses lois, il ne l'est pas toutefois des lois empiriques, lesquelles ne sont que des déterminations particulières des lois pures de l'entendement. Par exemple, tout phénomène doit obéir au principe de causalité, mais que l'eau entre en ébullition à 100° C au niveau de la mer, seule l'expérience peut nous l'apprendre, car du point de vue de l'entendement seul, n'importe quelle température pourrait convenir. L'entendement donne la forme pure de la loi qui fonde la possibilité des lois empiriques particulières. Mais celles-ci sont des déterminations effectives qui ne peuvent en être déduites *a priori*, sans quoi nous serions dans un idéalisme absolu. Nous pouvons penser *a priori* l'affinité du divers, car sinon il n'y aurait pas de connaissance possible, mais la détermination particulière effective de cette affinité n'est pas du ressort de l'entendement.

La déduction objective est alors achevée :

> Par conséquent, l'entendement pur est dans les catégories la loi de l'unité synthétique de tous les phénomènes, et par là, il rend d'abord et originairement possible l'expérience selon la forme. Mais, dans la déduction transcendantale des catégories, nous n'avions d'autre tâche que de faire comprendre ce rapport de l'entendement à la sensibilité, et par l'intermédiaire de celle-ci, à tous les objets de l'expérience, donc à faire comprendre la validité objective de ses concepts purs *a priori*, et à établir ainsi leur origine et leur vérité. (A 128)

Insistons sur le fait que cette partie ascendante de la déduction objective, qui opère son achèvement, n'a fait que suivre la progression de la 2e section, de l'analyse de l'appréhension du divers au problème de l'unité de la nature, et *présuppose donc bien la déduction subjective.*

La fin de la déduction transcendantale de l'édition de 1781[15] est une « Représentation sommaire de l'exactitude et de l'unique possibilité

14 A 127.
15 A 128-130.

de cette Déduction des concepts purs de l'entendement ». Elle ne constitue pas une nouvelle déduction, mais montre en quoi, dans la mesure où nous avons affaire non aux choses en soi – auquel cas, ou bien il faudrait admettre que nos concepts ne seraient qu'empiriques (échec de l'empirisme), ou bien leur application à une réalité transcendante à l'esprit serait non garantie (échec du rationalisme) – mais aux phénomènes, cette déduction est la seule possible[16].

Elle s'appuie pour cela sur la théorie de l'objet transcendantal, selon laquelle les phénomènes ne peuvent avoir une validité objective que s'ils sont soumis à l'unité nécessaire de la conscience. Or, les catégories sont les formes de cette unité nécessaire rapportée au divers de la représentation, elles sont donc les formes pures de la pensée d'un objet en général et ont nécessairement une réalité objective puisque sans elles, aucun objet ne pourrait être pensé.

RÉSULTATS

Notre étude a permis ainsi d'établir les résultats suivants :

1. La déduction transcendantale de 1781 suit une ligne démonstrative *unique*, même si elle est masquée en raison d'anticipations et de reprises d'une même argumentation mais d'un point de vue différent, d'où l'impression de « *patchwork*[17] » que peut donner le texte.
2. La déduction subjective est une déduction transcendantale qui vise à démontrer la réalité de l'entendement.
3. La déduction subjective est liée à l'Analytique des principes : elle est donc essentielle à l'économie de la première *Critique*.

---

16 H. E. Allison (2015, p. 279) établit un parallèle de ce texte avec l'ouvrage de 1763 : *L'unique fondement possible d'une preuve de l'existence de Dieu*. C'est d'autant plus judicieux que nous avons vu que la déduction transcendantale des catégories joue chez Kant un rôle analogue à celui de la démonstration de l'existence de Dieu chez Descartes (voir plus haut, p. 127).

17 Pour reprendre l'expression de H. J. Paton (1930). Jonathan Bennett est ici encore plus violent en affirmant, en accord avec la lecture critique de Kant par P. F. Strawson (1966), que la déduction transcendantale des catégories « is not a patchwork but a botch [un ratage] » (1966, p. 100).

4. Pour que la déduction transcendantale puisse avoir lieu, il est nécessaire de faire intervenir l'imagination. Les recherches de Kant sur la théorie de l'imagination, pendant les années 1775-1781, correspondent à une exigence transcendantale de sa réflexion et non à une digression psychologique[18].
5. La division de la déduction en sections ne correspond pas à la distinction entre déduction subjective et déduction objective.
6. La déduction subjective fonde la déduction objective.
7. Pour qu'une connaissance objective soit possible, il faut admettre une *présupposition réciproque* entre l'unité de l'aperception transcendantale et la synthèse productrice pure de l'imagination transcendantale.
8. Le point ultime de la déduction subjective n'est pas la mise au jour de l'unité synthétique de l'aperception transcendantale mais la définition de l'entendement pur.

18 À la suite de Cohen, A. Philonenko insiste sur le caractère inessentiel et psychologique de la déduction subjective. Il pense trouver dans un texte des *Premiers principes métaphysiques de la science de la nature* (datant de 1786 et donc juste antérieur à la 2de édition de la 1re *Critique*) un appui pour sa thèse (1983, I, p. 149-150) : « Car si l'on peut prouver *que* les catégories dont la raison doit se servir dans toutes ses connaissances ne peuvent avoir d'usage que par rapport à des objets de l'expérience (attendu qu'en celle-ci, elles ne rendent possible que la forme de la pensée), alors la réponse à la question de savoir *comment* ces catégories rendent possible l'expérience est certes importante pour compléter si possible cette déduction, mais non nécessaire et simplement méritoire eu égard au but principal du système, à savoir la détermination des limites de la raison pure. » (IV, 474, note). Selon A. Philonenko : « Kant semble ici reprendre les termes de la Préface de 1781 : la déduction subjective est méritoire, non nécessaire et seule la déduction objective s'impose. » (1983, I, p. 150) Cette interprétation est contestable. En effet, la question *comment* qui est associée à la déduction subjective de la Préface de 1781 n'est pas de savoir *comment les catégories rendent possible l'expérience*, mais *comment est possible le pouvoir de penser lui-même*, ce qui est différent. La 2de question est du ressort de la déduction subjective ; la 1re, de la déduction objective : elle en est un complément méritoire et non nécessaire. La preuve en est que cette réponse peut être déduite de la définition du jugement en général : « [...] mais cela ne répond pas à la question : comment donc l'expérience est-elle possible au moyen de ces catégories et seulement d'elles ? Bien que l'édifice soit solide même sans cette réponse, celle-ci a une grande importance ; et je vois maintenant qu'elle est d'une grande facilité, car c'est presque une inférence de la définition exactement précisée du *jugement en général* (l'opération par laquelle des représentations données deviennent d'abord des connaissances d'un objet). » (IV, 474, note). Or, cette définition du jugement fait l'objet du § 19 de la déduction de 1787, qui appartient en propre à la déduction objective.

EXTENSION DE LA DÉDUCTION SUBJECTIVE À LA DIALECTIQUE TRANSCENDANTALE

Pour compléter le résultat 3-, ajoutons que le projet de la déduction subjective ne s'achève pas totalement à la fin de l'Analytique des concepts. Car la question de la possibilité de l'entendement est retravaillée dans l'Appendice à la Dialectique transcendantale. Kant y dégage la possibilité pour la raison d'avoir un usage *immanent*, interne aux limites de l'expérience, qui peut avoir une fonction transcendantale.

La raison ne peut se rapporter aux objets de l'intuition, contrairement aux concepts de l'entendement. Mais si l'on ne peut la rapporter *directement* à l'expérience, on le peut *indirectement*, en la rapportant à *l'entendement* lui-même, dans son rapport à ses propres objets. De même que l'entendement opère, grâce aux concepts, une liaison du divers dans l'objet, de même la raison opère, grâce aux idées, une liaison du divers des concepts de l'entendement dans une unité systématique. Cette unité n'a qu'un rôle régulateur pour l'activité de l'entendement : elle lui fournit un *point de convergence* vers lequel les concepts de l'entendement se dirigent. Ce point de convergence se situant en dehors des limites de l'expérience possible, seule la raison peut le penser. Loin d'être inutile, il permet de donner aux concepts de l'entendement une unité et une extension maximale. Dans son usage régulateur, la raison propose ainsi l'idée d'une systématicité de la connaissance à l'entendement, que ce dernier va chercher à réaliser. Cette unité systématique n'est pas donnée mais projetée : elle reste à construire.

Or, le principe transcendantal de l'unité systématique de la nature a valeur de condition de possibilité de l'expérience[19]. Le problème ne concerne pas la forme d'une expérience possible en général, qui a été envisagée dans l'Analytique transcendantale, mais l'homogénéité du contenu des lois empiriques particulières, qui ne sont pas déductibles des lois universelles de la nature. Kant fait l'hypothèse d'une nature soumise certes aux lois universelles *a priori*, mais au contenu tellement hétérogène, qu'*aucune comparaison ni subsomption ne serait possible*. Tout usage de l'entendement serait impossible :

19 A 654.

> [...] il n'y aurait pas de loi logique des genres, ni aucune notion de genre, ni aucune notion générale, ni même d'entendement puisqu'il a seulement affaire à de tels concepts. (A 653-654)

Ainsi, l'entendement lui-même n'est rendu possible que par ce principe transcendantal de la raison, qui complète donc et achève la déduction subjective de l'Analytique transcendantale.

Ajoutons que cet achèvement de la déduction subjective ouvre sur une nouvelle déduction objective : non plus celle des *catégories*, mais celle des *idées de la raison*. Nous venons de voir en effet que les idées de la raison ont une *réalité objective*. À ce titre, il va falloir penser non seulement un *schématisme de la raison*[20] mais une *déduction* des idées de la raison[21]. Cette déduction est parallèle à la déduction des catégories, mais différente, puisque la réalité objective des idées est *indirecte et indéterminée*, et non *directe et déterminée* comme celle des catégories. Le texte sur le « But final de la dialectique naturelle de la raison humaine » opère cette déduction objective des idées de la raison.

Il apparaît ainsi que le projet de la déduction subjective, qui ouvre sur deux déductions objectives, celle des catégories de l'entendement et celle des idées de la raison, est lié non seulement à l'Analytique des principes mais aussi à la Dialectique transcendantale, et ceci, aussi bien pour la déduction de 1781 que pour celle de 1787.

CONTINUITÉ DE LA DÉDUCTION TRANSCENDANTALE DE 1781

Revenons sur le résultat 1 – : malgré la complexité de l'argumentation de la déduction de 1781, elle nous est apparue continue et non composée de couches déductives hétérogènes, appartenant à des époques différentes. La déduction de 1781 est certes complexe et difficile à comprendre, mais logiquement bien construite. C'est ce que souligne Kant dans sa *Lettre à Garve du 7 août 1783* :

20 A 664-665.
21 A 669-671.

> Afin que le désagrément causé à mes lecteurs par la nouveauté de la langue et l'obscurité difficile à pénétrer ne me soit point reproché à moi-même, je veux bien faire la proposition suivante. La déduction des concepts purs de l'entendement ou catégories, c'est-à-dire la possibilité d'avoir entièrement *a priori* des concepts des choses en général, on jugera qu'elle est au plus haut point nécessaire car, sans elle, la connaissance pure *a priori* n'a aucune sûreté. Or, j'aimerais que quelqu'un essaie de la rendre plus facile et plus populaire ; il éprouvera alors la difficulté la plus grande que la spéculation puisse jamais rencontrer dans ce champ. Mais il ne fera jamais cette déduction à partir de sources autres que celles que j'ai indiquées ; ce dont je suis pleinement assuré. (X, 339, note)

Ce texte nous donne trois indications importantes :

1. Le texte des *Prolégomènes* – qui paraît dans cette même année 1783 et qui a pour but de vulgariser le texte de la *Critique de la raison pure* dont l'insuccès a été porté par Kant au compte de sa trop grande complexité – est en accord avec la déduction de 1781. Si les § 18-20 mettent en place la distinction des jugements de perception et des jugements d'expérience, qui jouera un rôle dans la refonte de la déduction[22], cela ne suffit pas pour y chercher une version intermédiaire de la déduction transcendantale qui remettrait en cause celle de 1781[23]. Il s'agit plutôt d'une présentation ramassée de celle de 1781[24].
2. La forme de la déduction de 1781 correspond à la forme la plus simple possible aux yeux de Kant de la déduction des catégories. L'interprétation de cette déduction comme la juxtaposition d'une série de déductions ne convient donc pas, et la version ramassée des *Prolégomènes* n'est pas suffisante.
3. Kant ne semble pas concevoir la possibilité d'une autre déduction : la modification de cette déduction en 1787 devient alors problématique (d'autant plus que la déduction en semble simplifiée).

22 Voir plus bas, p. 235.

23 Il existe d'autres étapes intermédiaires entre les deux déductions, qui sont toutefois trop allusives pour constituer une autre version de la déduction transcendantale des catégories. Cohen (1885, p. 315-316) insiste sur l'importance de la note de la Préface aux *Premiers principes métaphysiques de la science de la nature* (1786) où Kant évoque les critiques de Johann August Heinrich Ulrich et de Johann Schultz à sa déduction des catégories et articule l'idée d'une réécriture de la déduction objective à partir de la théorie du jugement au projet de l'Analytique des principes (montrer comment les catégories rendent possible l'expérience). H. E. Allison (2015, p. 315-325) met également en avant les *Réflexions 5923-5935*.

24 Ce que concède H. E. Allison (2015, p. 297).

DIFFICULTÉS DE LA DÉDUCTION TRANSCENDANTALE DE 1781

Revenons sur le dernier point. En quoi la déduction de 1781 peut-elle exiger une modification de sa ligne démonstrative ?

Nous avons jusqu'à présent insisté sur la structure logique du texte de la déduction. Mais sa mise au jour nous en révèle les faiblesses. Tout repose en effet sur la distinction de deux instances constitutives de l'objectivité : l'aperception transcendantale et l'imagination transcendantale. Or, cette distinction pose problème, car l'imagination – intermédiaire entre entendement et sensibilité – participe à la fois de la *spontanéité* de l'esprit (dont la source est l'aperception) et de sa *passivité* (dont la source est la sensibilité).

Ce problème, dégagé en fin d'analyse, aurait pu l'être à son commencement, dès le début de la synthèse de l'appréhension. En effet, pour que du divers sorte l'unité de l'intuition, nous avons vu qu'il fallait le parcourir et le rassembler. Tout le sens de la remontée à l'aperception transcendantale est de montrer que cet acte constitutif de l'unité présuppose une unité constituante originelle. Mais un minimum d'attention nous révèle aussitôt qu'il nous faut présupposer également une unité sensible première. Car pour parcourir de divers et le rassembler, ce divers doit avoir la forme d'une pluralité, donc d'une série d'*unités*. Et la synthèse de la reproduction consiste justement à reproduire les *unités* antérieures afin de ne pas les oublier.

Or, comment comprendre ces unités ? Il semble qu'elles soient des unités premières correspondant aux sensations instantanées antérieures à toute synthèse d'appréhension et ne présupposant nullement l'unité de l'aperception. Ce seraient donc des unités sensibles, indépendantes de tout concept.

Une telle interprétation paraît impossible : les unités qui composent la pluralité du divers ne peuvent être les sensations absolument instantanées, car de même qu'une droite n'est pas une somme de points[25], de même l'appréhension successive du divers ne peut être une somme d'appréhensions instantanées. Dès lors, il faut penser que le divers

25 Penser cela impliquerait de recourir à un infini mathématique *actuel*, ce que Kant refuse.

que nous parcourons est composé de représentations qui elles-mêmes ont une durée, une succession en elles, et donc exigent une synthèse de l'appréhension qui parcourt et rassemble le divers en elle. Ainsi, la synthèse de la reproduction dans le cas de la ligne reproduit des unités élémentaires qui ne sont pas des points, mais des parties de la ligne.

Mais on voit alors la difficulté : si la synthèse de l'appréhension porte sur un divers dont les éléments sont eux-mêmes produits par synthèse de l'appréhension, il faut répéter l'opération, et il en va ainsi de suite indéfiniment… Si l'unification est rendue possible par le concept, dans la mesure où le divers est composé d'unités contenant elles-mêmes du divers en elle, il faut penser un acte synthétique à l'infini jusqu'à des appréhensions infinitésimales très en dessous du seuil de conscience.

En première lecture, cela peut paraître acceptable. Cela revient à affirmer que le donné est en fait réductible à du construit, conformément à l'interprétation néokantienne. Le donné en tant que tel, c'est-à-dire l'être, n'a plus qu'une valeur limite : c'est la sensation instantanée, où ne se trouvent ni l'intuition de l'espace, ni celle du temps[26]. Mais cela signifierait que toute intuition sensible serait divisible à l'infini, et renfermerait une infinité d'actes unificateurs à des niveaux infinitésimaux de conscience, ce qui est difficilement admissible.

Une solution serait de penser que les unités qui composent le divers sont appréhendées dans une synthèse d'origine simplement sensible et seraient produites *par la synthèse de l'imagination indépendamment de l'entendement*. Mais rien dans le texte de la 1re édition ne permet de comprendre la possibilité de telles unités synthétiques sensibles[27]. Le texte de la déduction semble plutôt démontrer tout le contraire.

---

26 B 208.

27 On peut ici rapprocher cette question de la lecture de Michael Young (1992, p. 140-164), évoquée par H. E. Allison (2015, p. 260). M. Young s'intéresse à la synthèse de l'imagination chez Kant et pense la possibilité chez un animal, par exemple un chat, d'une synthèse sans concept. H. E. Allison considère non sans raison qu'une telle compréhension de la synthèse n'est pas conforme au texte de la déduction transcendantale. Il n'en reste pas moins que la question de la possibilité d'une telle synthèse peut, et même doit, être posée à partir de ce texte. Ajoutons que l'opposition par Allison de la lecture de W. Sellars, qui intellectualise trop la synthèse, et de celle de M. Young (2015, p. 260-264), qui ne l'intellectualise pas assez, n'est pas sans évoquer celle entre Cohen et Heidegger. Même si Allison n'a pas conscience de la bifurcation théorique dont nous traitons, il en trouve en quelque sorte une formulation analogue (mais non équivalente et moins précise par rapport au texte de Kant), dans la littérature anglo-saxonne.

LE PROBLÈME DES UNITÉS PREMIÈRES EN MATHÉMATIQUES

Or, ce problème de la saisie première et immédiate des unités, antérieurement à la synthèse, déborde la seule déduction transcendantale de 1781. Il se retrouve dans la théorie de la *quantitas* développée dans le schématisme des concepts purs de l'entendement. La catégorie de *grandeur* peut être comprise en *deux sens* :

1. Le sens que nous appellerons *quantique*[28] (la grandeur comme *quantum*), qui correspond au sens *général* de la grandeur.
2. Le sens *quantitatif* (la grandeur comme *quantitas*), qui est la *détermination de la grandeur quantique par rapport à l'unité*, c'est-à-dire sa *mesure*, et qui donc correspond plus particulièrement à la catégorie de *pluralité* (*Vielheit*), tandis que l'*unité* donne l'étalon de la mesure (*Maß*).

Le *quantum*, indépendamment de sa détermination par la *quantitas*, est doté d'une image pure, qui est l'*espace* pour le sens externe, et le *temps* pour tous les objets des sens. L'espace et le temps sont, en ce sens, appelés des *quanta*. Comme leurs parties sont également des espaces et des temps, ce sont des grandeurs quantiques *continues* (*quanta continua*). La *quantitas*, en revanche, est *discrète*. Le nombre arithmétique est son schéma :

> L'image pure de toutes les grandeurs (*quantorum*) pour le sens externe est l'espace ; pour tous les objets des sens en général, c'est le temps. Mais le schéma pur de la grandeur (*quantitatis*), considérée comme un concept de l'entendement, c'est le nombre, qui est une représentation embrassant l'addition successive de l'unité à l'unité (de l'homogène). (*KRV*, A 142)

Le nombre est le schéma de la *quantitas* car il est soumis à la condition du temps, comme forme pure de l'intuition : il doit ajouter successivement l'unité à l'unité pour opérer sa synthèse. Mais la représentation d'une intuition formelle déterminée du temps ne peut être produite dans l'appréhension de l'intuition que par le nombre lui-même, en tant qu'il synthétise dans l'appréhension le divers homogène de l'intuition.

---

28 Ce sens n'a rien à voir avec l'usage du terme « quantique » en physique quantique.

Le nombre est alors défini proprement comme « l'unité de la synthèse du divers de l'intuition homogène en général » (A 143).

La *quantitas* n'est que seconde par rapport au *quantum* car elle permet simplement de donner « [...] la réponse à la question de savoir combien une chose est grande » (A 163). Or, la grandeur au sens de *quantum* a été définie au début de ce texte dans les termes mêmes de la définition du nombre (*Zahl*)[29], à savoir comme *unité de la synthèse du divers d'une intuition homogène en général* :

> La conscience du divers homogène dans l'intuition en général, en tant que par là la représentation d'un objet devient d'abord possible, est le concept d'une *grandeur* (d'un *quantum*). La perception même d'un objet comme phénomène n'est donc possible que par cette unité synthétique du divers de l'intuition sensible donnée, par laquelle l'unité de la composition du divers homogène est pensée dans le concept d'une *grandeur*. (B 203)

Cela pose problème : il semble que le concept de nombre entre dans la constitution même du concept de *quantum*, alors qu'il est dit n'en constituer qu'une détermination seconde. De fait, toute représentation déterminée d'un *quantum*, par exemple d'une ligne, présuppose une opération d'addition et de détermination quantitative qui présuppose l'utilisation du nombre :

> Je ne peux me représenter une ligne, si petite soit-elle, sans la tirer par la pensée, c'est-à-dire sans en produire à partir d'un point successivement toutes les parties, et tracer d'abord cette intuition. Il en est ainsi pour tout temps même le plus petit. Je pense en lui seulement la progression successive d'un moment à l'autre, où, au moyen de toutes les parties du temps et de leur addition, une grandeur déterminée de temps est finalement produite. (A 162-163)

Mais le nombre lui-même présuppose le *quantum* qui lui donne l'unité sur laquelle il se fonde :

> Comme à tout nombre, une unité doit se trouver pour fondement, le phénomène comme unité est alors un *quantum* et, comme tel, toujours un *continuum*. (A 171)

À nouveau, il y a donc *cercle*. Pour le formuler autrement, l'unité est l'étalon de mesure du nombre qui permet la détermination de la grandeur comme *quantum*. Mais cela semble supposer que la grandeur de l'unité de mesure soit déterminée, ce qui ne peut se faire que par des nombres

29 En A 142-143.

qui à leur tour présupposent une unité. Donc, la détermination de la grandeur semble supposer une grandeur déterminée. Le cercle entre l'unité et la synthèse semble ici conduire à une aporie qui est loin d'être secondaire puisqu'elle concerne les bases de la théorie de la grandeur.

RETOUR À LA BIFURCATION ET PASSAGE À LA DÉDUCTION DE 1787

Au terme de notre analyse de la déduction transcendantale de 1781, il apparaît ainsi que la troisième voie que nous tentons de construire, par-delà le conflit entre l'interprétation de Cohen et celle de Heidegger, nous reconduit à une *nouvelle bifurcation interprétative*, qui nous fait retrouver notre opposition initiale :

1. Ou bien les unités sensibles premières relèvent de l'unité transcendantale de l'aperception et le donné est construit, conformément à l'interprétation finale de Cohen[30].
2. Ou bien elles n'en relèvent pas et il faut reconnaître à la sensibilité une activité propre d'unification, conformément à l'interprétation de Heidegger[31].

Mais aucune de ces deux interprétations ne nous est apparue satisfaisante. La déduction subjective de 1781 – malgré sa cohérence profonde que nous nous sommes efforcés de dégager –, apparaît au bout du compte problématique, en raison du cercle que nous avons repéré entre l'unité et la synthèse, cercle qui risque fort de se révéler vicieux.

Si Kant a pris conscience de la difficulté que nous venons de mettre au jour, il doit donc affronter deux tâches :

1. Retravailler le statut de l'imagination transcendantale afin de lever l'ambiguïté de sa situation dans l'esprit entre l'entendement et la sensibilité.

30 Également suivie, mais sur un mode original, par B. Longuenesse (1993).
31 Également suivie, mais sur un mode original, par J. Benoist (1996).

2. Retravailler la synthèse afin de lever l'hypothèque de la nécessaire présupposition d'une activité infinie de synthèse (et par là même résoudre le problème de l'unité de mesure en théorie de la grandeur).

Or, la synthèse est l'activité propre de l'imagination. On voit donc que ces deux tâches se ramènent en fait à une seule : *repenser la théorie de l'imagination*. Dans la seconde partie de notre travail, nous allons montrer que la refonte de la déduction transcendantale dans l'édition de 1787 s'explique par la nécessité de mener à bien un tel projet théorique, et que si elle paraît plus simple que celle de 1781, cette simplicité n'est qu'apparente et engage en fait une complexification théorique.

L'enjeu d'une telle refonte peut se résumer à un impératif : faire en sorte que le cercle entre l'unité et la synthèse ne corresponde pas à un diallèle.

DEUXIÈME PARTIE

LA DÉDUCTION TRANSCENDANTALE DANS L'ÉDITION DE 1787

LA DÉDUCTION SUBJECTIVE DE 1787

§ 15-17

REPRENDRE LA TROISIÈME VOIE

Formellement, la déduction transcendantale de 1787 se divise en deux parties explicitement distinguées par Kant : les § 15-21 opèrent le commencement de la déduction objective, et les § 22-27 procèdent à son achèvement.

Or, cette 2de édition semble différer de la 1re sur deux points :

1. La triple synthèse, base de la déduction subjective, a disparu[1], ce qui paraît impliquer l'abandon de la déduction subjective.
2. La synthèse de l'imagination est mise au compte de l'entendement.

Ces deux modifications sont liées. Car la déduction subjective mettait au jour le rôle de l'imagination comme pouvoir de la synthèse. Cette double modification semble indiquer que Kant a résolu les difficultés liées à cette déduction dans le sens de l'interprétation néokantienne. L'imagination perd son statut de pouvoir présupposé par l'aperception et n'est plus qu'un pouvoir d'application de l'entendement à la sensibilité, la synthèse elle-même devenant une activité secondaire au profit du jugement, dont les fonctions sont les catégories.

Ici, la quasi-totalité des interprètes s'accordent. Les interprètes néokantiens ou proches du néokantisme se félicitent à la suite de Cohen des modifications apportées par Kant – qui renonce enfin au psychologisme de 1781[2] – et trouvent dans la déduction de 1787 une cohérence qui

1 Voir Cohen, 1885, p. 315.
2 Voir notamment H. J. De Vleeschauwer (III-1937, p. 19) et A. Riehl (I, 1908, p. 392-393 et p. 400-401).

faisait défaut selon eux en 1781. Quant à Heidegger, il regrette le recul de Kant et le primat retrouvé de la Logique dans l'édition de 1787. Là encore, on peut vérifier que les divergences de ces deux voies interprétatives reposent sur une identité de lecture[3].

Or, la réalité de ces deux modifications n'est nullement évidente, pas plus que leur interprétation dans le sens néokantien d'un primat de la Logique aux dépens de l'Esthétique. Contre l'interprétation des néokantiens et celle de Heidegger, je vais montrer en quoi la déduction de 1787 s'inscrit dans la continuité de celle de 1781. Cela revient à poursuivre dans la déduction transcendantale de 1787 *cette troisième voie interprétative* qui a été la nôtre dans la lecture de la déduction transcendantale de 1781, laquelle a buté sur des difficultés dont nous recherchons la solution dans cette nouvelle édition.

LE PROBLÈME DE L'ABANDON DE LA DÉDUCTION SUBJECTIVE

Considérons tout d'abord l'abandon de la déduction subjective. Il semble problématique, puisque nous avons vu que la déduction objective se fonde sur la déduction subjective. Comment la déduction de 1787 peut-elle dès lors se passer de la déduction subjective ? De fait, la triple synthèse n'est pas étudiée dans la 2de édition et seule la synthèse de l'appréhension est rapidement évoquée[4] sans être véritablement analysée. Doit-on pour autant en déduire que la déduction subjective est absente de l'édition de 1787[5] ?

La Préface de 1781 précise que la déduction objective porte sur la validité objective des catégories (et donc sur leur possibilité), tandis

3 Comme le remarque A. Philonenko : « Notons que sur ce point Heidegger et Cohen s'accordent, mais jugeant chacun les choses de manière différente : le premier aperçoit dans la seconde rédaction de la déduction le"recul" de Kant devant la *Gleichsetzung*, l'identification de l'imagination et de la raison, tandis que le second y aperçoit le perfectionnement de la conception transcendantale accordant à la logique des concepts purs le primat sur l'Esthétique transcendantale. » (1983, I, p. 174).

4 Notamment au § 24.

5 Bien qu'il ne reprenne pas exactement l'interprétation de Cohen, M. Caimi (2007), qui ne considère que la déduction transcendantale de 1787, est conduit, tout comme Cohen, à secondariser l'imagination et à ne pas voir de déduction subjective dans cette déduction.

que la déduction subjective porte sur la *possibilité de l'entendement*. Or, la question de la possibilité des catégories présuppose celle de la possibilité de l'entendement, dans la mesure où les catégories sont les concepts purs de l'entendement[6]. En raison de ce rapport de présupposition, la déduction objective se fonde sur la déduction subjective.

La question est alors la suivante : la déduction transcendantale de 1787 fait-elle l'économie de la question de la possibilité de l'entendement ? Si oui, alors elle se réduit effectivement à la déduction objective. Mais on ne peut affirmer que la déduction subjective en est absente pour l'unique raison que son mode d'opérativité de 1781, la triple synthèse, ne figure plus dans le texte : ce serait confondre le moyen et la fin.

Considérons la structure de la déduction transcendantale de 1787. Elle se divise en deux parties. La déduction objective est opérée à la fin du § 20 : « Le divers dans une intuition est donc nécessairement soumis aux catégories » (B 143). Mais cette déduction objective n'est que partielle dans la mesure où elle porte sur le divers d'une intuition sensible *en général*, sans considérer sa spécificité spatio-temporelle. Elle doit être complétée par une seconde déduction objective à la fin du § 26 qui porte proprement sur l'expérience sensible[7] : « Les catégories sont les conditions de la possibilité de l'expérience et par conséquent valent aussi *a priori* pour tous les objets de l'expérience » (B 161).

Or, cette double déduction objective se construit, comme en 1781, *sur le fondement de la démonstration de la possibilité de l'entendement*, qui est atteinte au milieu du § 17 :

---

6 A 95-7.

7 Je suis ici D. Henrich lorsqu'il affirme que les § 20 et 26 sont deux étapes d'un même trajet argumentatif (1982, p. 67-68). Mon interprétation est toutefois différente. D. Henrich considère en effet, en accord avec H. Robinson (1981), que dans le § 20 la déduction ne vaut que pour une gamme déterminée d'intuitions sensibles alors que dans le § 26, elle vaut pour toute intuition sensible. Or, ce n'est pas compatible avec le fait que dans le § 20, la déduction vaut pour un divers *en général* (B 129) tandis qu'au § 26 elle vaut pour la sensation humaine, comme le remarquent également P. Baumanns (1997, p. 420), W. Carl (1998, p. 203) et H. E. Allison (2015, p. 327-328). P. Keller (1998, p. 88-94), A. B. Dickerson (2004, p. 196-201), et T. Vinci (2014, p. 197-229) sont globalement d'accord avec cette lecture. En revanche, M. Leppäkoski (1998) considère que l'étape 1 correspond à la déduction des catégories mathématiques, et l'étape 2, à celle des catégories dynamiques, ce qui ne cadre pas toutefois avec le § 20 qui porte sur l'ensemble des catégories, sans distinction. B. Longuenesse (1998, p. 234-235) propose également une autre interprétation où le § 26 opérerait un engendrement des formes de la sensibilité, mais pour cela, elle doit identifier les notions d'*intuition formelle* et de *forme de l'intuition* (*ibid.*, p. 240-250), pourtant distinguées par Kant en B 160 (note).

> Par conséquent, *l'unité de la conscience* est ce qui seul constitue la relation des représentations à un objet, donc leur validité objective, c'est elle qui en fait des connaissances, et c'est donc *sur elle que repose la possibilité même de l'entendement.* (B 137)

Ainsi, le trajet des § 15-17 correspond à la déduction subjective, qui *est bien présente* dans le texte de la 2de édition[8]. Toutefois, sa méthode n'est plus la même. Le problème est donc de comprendre pourquoi la déduction subjective de 1787 n'emprunte plus le trajet de la triple synthèse afin de démontrer la possibilité de l'entendement.

DÉDUCTION SUBJECTIVE ET DÉDUCTION OBJECTIVE

Cette absence de la triple synthèse est d'autant plus surprenante que la déduction subjective de 1787 semble suivre le même trajet qu'en 1781. Le § 15, qui inaugure la déduction transcendantale, part en effet du divers donné dans une intuition sensible et met au jour l'opération de synthèse qui exige un principe d'unité au-delà des catégories. Le § 16 identifie ce principe à l'unité analytique de l'aperception transcendantale, qui n'est possible que sous la présupposition de son unité synthétique. Enfin les deux premiers paragraphes du § 17 définissent l'entendement et démontrent sa possibilité.

Or, ce qui avait été atteint en 1781 au prix d'une complexité remarquable de l'argumentation, semble en 1787 couler de source. Les § 15-16 prétendent effectuer un trajet semblable à celui de l'ensemble de la 2e section de la déduction de 1781. Le principe de l'unité synthétique de

8 E. Adickes (1889, p. 139-144) et H. J. Paton (1936, I, p. 501-502) réfèrent la 1re partie de la déduction (§ 15-21) à la déduction objective et la 2de partie (§ 22-27) à la déduction subjective. Ils n'ont pas tort au sens où le § 20 a bien valeur de déduction objective et où les § 22-27 font des références discrètes à la triple synthèse (nous verrons pourquoi par la suite). Mais les § 22-27 ont le sens d'un achèvement de la déduction objective commencée au § 20, et les § 15-17 constituent une déduction subjective. Ajoutons que H. J. De Vleeschauwer note une parenté entre la division des § 15-21/22-27 et la distinction déduction descendante / déduction ascendante de la 3e section de la 1re édition (III-1937, p. 24). De fait, la déduction ascendante achève la déduction subjective, qui intervient aux § 15-17 de la 2de édition, et la déduction ascendante correspond à la déduction objective, qui est menée à terme dans les § 22-27. Mais ce parallélisme n'est pas parfaitement rigoureux.

l'aperception est atteint quasi immédiatement sans passer par la triple synthèse et la théorie de l'objet transcendantal.

Deux solutions sont alors possibles : *ou bien* la déduction subjective de 1781 était inutilement complexe et donc simplifiable ; *ou bien* la déduction subjective de 1787 limite sa portée démonstrative et s'autorise de cette limitation pour simplifier son argumentation. Or, la 1re solution entre en contradiction avec la *Lettre à Garve de 1783*. La 2de semble donc préférable. De fait, la déduction subjective de 1787 s'inscrit dans le 1er moment de la déduction qui ne concerne que l'intuition sensible en général, c'est-à-dire en faisant :

> [...] *abstraction de la manière dont le divers est donné à une intuition empirique*, pour considérer seulement l'unité que l'entendement ajoute dans l'intuition au moyen des catégories. (B 144)

Aussi, dès le début du § 15, Kant opère une telle mise entre parenthèses, en passant de l'étude du donné de l'intuition sensible à celle du donné en général :

> *Le divers des représentations peut être donné dans une intuition qui est simplement sensible*, c'est-à-dire qui n'est rien que réceptivité, et la forme de cette intuition peut se trouver *a priori* dans notre pouvoir de représentation, sans être cependant autre chose que la manière dont le sujet est affecté. Mais la *liaison* [*Verbindung*] (*conjunctio*) *d'un divers en général* [*eines Mannigfaltigen überhaupt*] ne peut jamais venir en nous par les sens et par conséquent elle ne peut pas non plus être contenue en même temps dans la forme pure de l'intuition sensible. (B 129-130)

Le mot-clé de cette déduction est *überhaupt*, qui exprime l'abstraction généralisante du donné dans laquelle s'inscrit la nouvelle logique argumentative. Cette abstraction se substitue à la différenciation du temps dans la série des sensations opérée dans la déduction subjective de 1781. La différenciation permettait de dégager la pure forme *a priori* du sens interne comme mode essentiel de donation du donné. L'abstraction de 1787 met entre parenthèses *le mode même de donation du donné, c'est-à-dire les formes pures de la sensibilité dans lesquelles apparaît le phénomène.* Kant entend ne considérer le donné que dans sa généralité, dans son caractère de donné, indépendamment de sa réalité *matérielle et formelle.*

Évitons ici tout contresens : Kant travaille sur *une sensibilité en général* et non sur un esprit en général qui pourrait être non fini, c'est-à-dire doté d'une intuition intellectuelle. Nous restons dans le cadre général d'une intuition sensible pour un esprit fini :

> Les concepts purs de l'entendement se rapportent par le simple entendement à des objets de *l'intuition en général, que ce soit la nôtre ou quelque autre restant indéterminé, pourvu qu'elle soit sensible.* (B 150)

En effet, si Kant avait voulu considérer une intuition en général, au sens de sensible ou intellectuelle, le projet même de la déduction n'aurait plus eu de sens. Car dans le cas d'une intuition intellectuelle, les catégories auraient immédiatement une valeur objective, et une déduction n'aurait pas lieu d'être. Ce n'est que dans le cas d'une intuition sensible qu'une déduction est pertinente et nécessaire :

> Seulement, il y a un point dont *je ne pouvais faire abstraction* dans la démonstration précédente, à savoir que *le divers pour l'intuition doit être donné avant la synthèse de l'entendement et indépendamment d'elle* ; mais *comment ?, cela reste ici indéterminé.* (B 145)

L'abstraction opérée par Kant en 1787 vise donc à mettre au jour le caractère du donné en général *indépendamment de sa réalité formelle et matérielle*, et donc de sa réalité en général. Kant peut alors envisager le donné sensible en général *du seul point de vue logique.* Ainsi dans l'exemple de la ligne du troisième alinéa du § 17, Kant passe immédiatement de la nécessité de lier son divers à l'unité de cet acte de liaison qui n'est autre que l'unité de la conscience, sans évoquer le temps nécessaire pour tirer la ligne et donc le sens temporel de la synthèse du divers de la ligne.

Or, cette abstraction se rapproche fortement de l'interprétation néo-kantienne qui privilégie la déduction de 1787 – à laquelle elle concède une forme de continuité contrairement à celle de 1781 –, et plus particulièrement les § 15-21, qui mettent en œuvre une telle abstraction. Dans sa continuité, Adickes[9] estime que la véritable déduction est opérée dans les § 15-21 : le reste serait constitué d'un texte interpolé ultérieurement (§ 22-25) et d'un complément explicatif de la déduction (§ 26-27). De Vleeschauwer, dans une certaine mesure, reprend ce primat de la première partie de la déduction[10] : la déduction serait effectivement opérée au § 20[11].

---

9 1889, p. 139-140.

10 III-1937, p. 25.

11 Si Kant poursuit son travail et envisage le rapport des catégories à l'expérience, ce serait pour ne pas sombrer dans le « cauchemar idéaliste » (III-1937, p. 40), dont le refus est la raison principale de la modification de la déduction de 1781 selon H. J. De Vleeschauwer :

Cette abstraction de la forme du temps dans la considération du divers en général permet à la déduction subjective de se passer de la triple synthèse. Car cette dernière n'a de sens que par rapport à la différenciation du temps. Son abandon ne correspond donc pas à un rejet théorique mais à une *modification méthodologique.*

Dans ce nouveau cadre démonstratif, l'imagination, qui est le pouvoir actif dans la triple synthèse, perd son rôle central au profit du pouvoir logique d'unification qui correspond à l'entendement. La théorie de la synthèse se trouve réduite à une théorie logique du jugement dont les fonctions sont les catégories. La 1re partie de la déduction objective peut dès lors être atteinte quasi immédiatement à partir de cette réduction.

LA DÉMONSTRATION DE LA POSSIBILITÉ LOGIQUE DE L'ENTENDEMENT

Considérons la 1re partie de la déduction qui occupe les § 15-21. Notre premier objet d'étude est la déduction subjective qui commence au § 15 et se termine à la fin du 2e paragraphe du § 17. Nous partons de la simple considération d'un divers en général, sans prendre en compte sa matérialité, ni les modes formels de son intuition. Nous ne retenons que deux caractéristiques :

1. L'indépendance de ce divers (donné dans une intuition sensible en général) par rapport aux catégories. D'où la nécessité d'une déduction des catégories.

« L'objection de l'idéalisme a commandé la refonte de notre chapitre, et la révision est destinée à éviter l'idéalisme par la suppression de la déduction subjective et l'orientation empirico-phénoménaliste. » (III-1937, p. 41). Dans la mesure où ce retour phénoménaliste est nécessaire, De Vleeschauwer finit par reconnaître que la véritable déduction est celle du § 26 (III-1937, p. 158). Toutefois, il reste convaincu que le projet propre de la déduction est atteint dès le § 20 : « on voit clairement que le but de la déduction ainsi conçue dépasse le but atteint par le § 20, mais qu'il le dépasse grâce à un complément *étranger* au problème strict que la déduction se proposait de résoudre. » (III-1937, p. 159). En effet, le § 20 semble donner une réponse suffisante au problème posé dans la *Lettre à Hertz de 1772* (III-1937, p. 232). Je pense au contraire que le trajet de la 1re partie n'est que préparatoire par rapport à la déduction qui intervient au § 26.

2. La pluralité des éléments du divers, liés dans l'unité d'une représentation. Cela renvoie à la question initiale de la déduction subjective de 1781 : comment le divers de l'intuition sensible (ici, *en général*) peut-il être saisi dans une représentation une ?

Ce second problème est celui de la liaison du divers dans l'unité d'une représentation. Le concept de *liaison* (*Verbindung*) est ici capital : il correspond à la généralisation de l'intuition qui a été opérée. La *Verbindung* est en effet une liaison *en général.*

Nous avons vu que la prise en compte de l'homogénéité du divers ou de son hétérogénéité conduit à distinguer la composition (*Zusammensetzung*) et la connexion (*Verknüpfung*). La composition ne concerne que la succession subjective et la connexion, la succession objective. Toute la difficulté de la théorie de la synthèse de l'imagination résidait dans la compréhension de la possibilité d'une *succession* objective. Cette distinction n'a plus lieu d'intervenir ici, puisque nous avons fait abstraction de la forme du temps dans le divers en général. La 1re partie de la déduction ne va ainsi porter que sur le problème de la *Verbindung* au sens de liaison en général du divers de l'intuition sensible en général dans l'unité d'une représentation.

Or, ce concept de liaison possède une plus grande généralité logique dans la mesure où il ne se rapporte *pas seulement* à la sensibilité. Il vaut *pour toute opération d'unification* que ce soit dans l'entendement ou dans l'intuition en général, *qu'elle soit sensible ou non* :

> [...] toute liaison, que nous en prenions ou non conscience, que ce soit une *liaison du divers de l'intuition ou d'une diversité de concepts*, et dans le premier cas, que *l'intuition soit sensible ou non sensible* [...] (B 130)[12]

Il est dès lors impossible d'attribuer la liaison à la sensibilité puisque son opérativité *dépasse le cadre de la sensibilité.* Elle correspond à un acte de la spontanéité de l'esprit *qui relève de l'entendement.*

Ce qui est ici éliminé, c'est la possibilité de faire appel à l'imagination. En effet, de la simple considération de l'activité de la liaison dans son opposition à la passivité de la sensibilité réceptrice, on ne pourrait déduire

12 Il n'y a pas lieu ici de rendre ici « sinnlichen oder nichtsinnlichen » (III, 107) par « empirique ou non empirique », comme le pensent B. Longuenesse (1993, p. 59) ou H. E. Allison (2015, p. 373).

l'inscription de la liaison dans l'entendement, car l'imagination participe à la fois de la spontanéité et de la sensibilité. Ce qui est décisif dans le raisonnement de Kant, c'est l'affirmation que la liaison en général dépasse le cadre de la sensibilité et n'est donc pas du ressort de l'imagination. La mise hors circuit de l'imagination est inévitable en 1787 *en raison de son lien à la temporalité*. Cette dernière étant mise entre parenthèses, l'imagination n'a plus à intervenir dans la compréhension de la liaison du divers de l'intuition, qui relève dès lors du seul entendement.

Aussi Kant peut-il donner le nom général de *synthèse* à cette liaison *en général*. Cette appellation est lourde de sens car l'imagination était en 1781 le pouvoir de la synthèse. La mise entre parenthèses du temps conduit à penser une *synthèse en général* envisagée selon la simple opérativité de liaison en elle, qui est purement logique et *relève donc de l'entendement*. La réduction de la réalité matérielle *et* formelle du donné conduit à penser une *synthèse logique pure* dont le pouvoir ne peut plus être l'imagination mais l'entendement[13] :

> [...] toute *liaison est un acte de l'entendement*, auquel nous voudrions donner l'appellation générale [*allgemeine Benennung*] de *synthèse* [...] (B 130)

Comme nous considérons la liaison d'un point de vue général et logique, nous pouvons faire l'économie du problème de la subjectivité de cette liaison. En effet, la composition était reconnue comme subjective dans la mesure où elle portait sur des phénomènes compris comme simples déterminations du sens interne. Mais comme nous avons fait abstraction du temps qui est la forme du sens interne, la liaison du divers ne correspond pas à une simple liaison dans le sens interne. Elle a immédiatement une portée *objective* :

> [...] nous ne pouvons rien nous représenter comme lié dans *l'objet*, sans l'avoir auparavant lié nous-mêmes, et de toutes les représentations, la liaison est la seule qui ne peut être donnée par des objets, mais qui ne peut être *opérée* que *par le sujet lui-même*, car elle est un *acte de la spontanéité*. (B 130)

Or, une fois l'objectivité de la liaison atteinte, il est inutile de considérer le problème de l'objet en général et, à sa suite, celui de l'objet transcendantal. En effet, la prise en compte de l'objet en général avait pour but

13 M. Caimi (2007) n'étudie pas ce sens général de la synthèse et la réduction qu'elle implique.

de nous faire sortir du présent de la synthèse et de poser le problème de l'identité de la conscience dans son acte de synthèse. Cette théorie n'avait de sens que dans le cadre d'une analyse temporelle. Cette dernière étant écartée, le long détour de la théorie de l'objet de la 1re édition n'a plus lieu d'être[14].

Kant peut immédiatement poser la question du *principe de cette unité.* Peut-il correspondre à la *catégorie d'unité*? Il est crucial de comprendre que non[15]. En effet, le concept de liaison a un sens purement logique en tant que liaison entre des concepts de l'entendement. Cette liaison logique correspond au jugement, et les catégories sont des concepts purs de l'entendement, correspondant aux fonctions logiques du jugement. La catégorie d'unité est donc une fonction de liaison logique comme les autres. Or, la liaison présuppose un principe d'unité, *que la catégorie d'unité doit donc présupposer également.*

En tant que condition de possibilité de la liaison logique dont le pouvoir est l'entendement, ce principe d'unité apparaît ainsi comme le fondement de la possibilité de l'entendement dans son usage logique. L'abstraction opérée au début du texte conduit la déduction subjective à prendre d'abord la forme d'une déduction subjective *simplement logique* :

> Par conséquent, nous devons chercher cette unité (comme qualitative, § 12[16]), encore plus haut, à savoir dans ce qui contient le fondement même de l'unité des divers concepts dans les jugements, donc de la *possibilité de l'entendement, même dans son usage logique.* (B 131)

14 La disparition de l'objet transcendantal de la déduction de 1787 correspond à une simple question de méthode. L'interprétation de cette disparition comme le rejet par Kant de la théorie de l'objet transcendantal en tant que tel parce qu'elle aurait des conséquences idéalistes (voir De Vleeschauwer, III-1937, p. 36) ou parce qu'elle serait précritique (voir N. Kemp Smith, 1962, p. 202-291) se heurte au maintien du concept d'objet transcendantal dans la suite de la 2de édition (notamment en B 522-523).

15 M. Caimi (2007, p. 26-27) considère ici « l'unité de la catégorie » alors qu'il s'agit plus précisément de la *catégorie d'unité*, comme le voit bien H. E. Allison (2015, p. 334).

16 Au § 12, Kant qualifie l'unité du concept de *qualitative* « dans la mesure où, sous ce concept, n'est pensée que l'unité de la composition du divers des connaissances, à peu près au sens de l'unité du thème dans un drame, un discours, une fable. » (B 114).

L'ACHÈVEMENT DE LA DÉDUCTION SUBJECTIVE

Le passage de la synthèse en général à l'unité de l'aperception est ainsi immédiat. Le texte du § 16 retrouve l'essentiel des résultats de la synthèse de la recognition, sans avoir pour autant besoin de considérer la théorie de l'objet transcendantal.

Il n'est pas essentiel pour notre analyse de reprendre l'étude de détail de ces textes que nous avons cités dans le cadre de l'étude de la déduction de 1781. Nous étions autorisés à le faire car nous sommes toujours dans la déduction subjective et nous retrouvons bien le même principe de l'unité analytique de l'aperception, lequel doit être nécessairement fondé sur l'unité synthétique de l'aperception :

> Cette pensée que ces représentations données dans l'intuition m'appartiennent toutes, revient à dire que je les réunis dans une conscience de soi, ou que je puis du moins les y réunir ; et quoiqu'elle ne soit pas encore elle-même la conscience de la synthèse des représentations, *elle en présuppose cependant la possibilité*, c'est-à-dire que c'est uniquement parce que je puis saisir le divers de ces représentations dans une conscience que je les nomme toutes *mes* représentations ; car autrement, j'aurais un moi aussi bigarré et divers que j'ai de représentations dont je suis conscient. (B 134)

Le sujet ne peut se saisir dans son unité analytique que dans son acte de synthèse[17]. Il y a bien présupposition de la synthèse par l'unité de l'aperception[18]. Nous accédons ici à la fin de la déduction subjective, c'est-à-dire au moment de la définition de l'entendement en fonction de l'aperception et de la synthèse. En quatre pages, nous avons effectué l'essentiel du trajet de la déduction de 1781 !

Le point clé est l'absence de sens temporel de la synthèse dans la déduction de 1787 : elle est comprise comme une opération logique, donc relevant de l'entendement et non de l'imagination. Dès lors, la présupposition réciproque entre l'unité et la synthèse *ne met plus en jeu l'aperception transcendantale et l'imagination transcendantale, mais l'aperception*

17 P. Guyer (1989, p. 56) fait une lecture psychologique de cet acte de synthèse. Ce qui est inadéquat.

18 Voir H. J. De Vleeschauwer : « La synthèse rend possible l'unité de l'aperception ; voilà la thèse que Kant doit démontrer. » (III-1937, p. 106)

transcendantale et l'entendement pur. Or, l'entendement, contrairement à l'imagination, n'est pas hétérogène à l'aperception. Le problème de la différence entre les deux termes doit alors se poser.

Dans la déduction de 1781, l'entendement servait de 3e terme intermédiaire entre l'unité et la synthèse, avec le sens de principe de l'unité nécessaire de la synthèse. En 1787, le 3e terme est identifié au 2e : le principe de l'unité nécessaire de la synthèse est identifié à la synthèse elle-même. Dès lors, unité et synthèse ne peuvent plus en droit être différenciés et l'entendement prend le sens de *l'unité synthétique de l'aperception*, qui devient le point ultime de la déduction subjective et donc de la philosophie transcendantale :

> Par conséquent, *l'unité synthétique de l'aperception* est le point le plus élevé auquel on doit rattacher tout usage de l'entendement, même la logique tout entière, et, après elle, la philosophie transcendantale ; *ce pouvoir est bien l'entendement même.* (B 134, note)

La note lève toute ambiguïté dans la logique du § 16. En tant que pouvoir de la synthèse, *l'entendement est subordonné à l'unité de l'aperception* :

> Mais la liaison [...] est uniquement une opération de *l'entendement*, qui n'est lui-même rien de plus que le pouvoir de lier *a priori*, et de placer le divers de représentations données *sous l'unité de l'aperception, qui est le principe le plus élevé dans toute la connaissance humaine.* (B 134-135)

Or, ce principe est l'unité analytique de l'aperception qui présuppose la synthèse opérée par l'entendement, ce qui signifie que *l'unité analytique de l'aperception présuppose l'entendement* :

> Ce *principe de l'unité nécessaire de l'aperception* est, certes, lui-même identique ; par conséquent, il est une proposition *analytique*, mais il *déclare cependant nécessaire une synthèse du divers donné dans une intuition*, synthèse sans laquelle cette identité complète de la conscience de soi ne peut être pensée. (B 135)

L'unité analytique de l'aperception ne peut être consciente de soi que par la conscience d'une synthèse nécessaire *a priori* des représentations, à savoir *en tant qu'unité synthétique de l'aperception.* C'est donc dans l'unité synthétique de l'aperception que prend sens la *présupposition réciproque* entre l'unité de l'aperception et l'entendement. Dans cette unité synthétique, les deux termes opposés s'identifient, de sorte que la vérité de l'unité de l'aperception est d'être synthétique, et que l'unité synthétique de l'aperception n'est autre que le pouvoir de l'entendement.

Le changement opéré par rapport à 1781 dans la définition de l'entendement est profond. L'entendement est toujours le point ultime de la déduction subjective, mais il n'est plus l'intermédiaire entre l'unité synthétique de l'aperception et la synthèse de l'imagination transcendantale : il est à la fois l'unité synthétique *et* la synthèse. Le *problème de la présupposition réciproque entre deux pouvoirs hétérogènes de l'esprit*, et donc d'une double instance de constitution de l'objectivité, *est levé* par l'identification de ces deux pouvoirs dans l'entendement même. *Tout risque de diallèle disparaît.* Cohen peut alors écrire : « le rapport de la synthèse à l'aperception devient clair » (1885, p. 316). Cet éclaircissement s'opère par l'identification de l'entendement à l'unité synthétique de l'aperception (qui est donc selon Cohen, différente de l'unité synthétique de 1781) et l'attribution de la synthèse à l'entendement[19].

La déduction transcendantale de 1787 paraît ainsi *plus satisfaisante* que celle de 1781. Elle permet en effet de lever les deux difficultés principales que nous avions rencontrées en 1781 : celle liée à la présupposition réciproque entre deux pouvoirs hétérogènes, et celle liée à la synthèse constitutive de chaque élément du divers sensible (qui s'évanouit puisque cette difficulté est liée à la triple synthèse dont nous avons fait l'économie).

Le § 17 est désormais en mesure d'achever la déduction subjective[20]. Il rappelle d'abord le sens de l'abstraction opérée, qui a permis de distinguer plus nettement *donation* et *liaison*, la première relevant de l'Esthétique transcendantale, et la seconde de la Logique. La distinction entre la sensibilité et l'entendement, qui est au fondement du kantisme, est ainsi rétablie dans toute sa force, alors que l'édition de 1781 l'atténuait par la théorie de l'imagination qui semblait participer des deux pouvoirs :

> Le principe suprême de la possibilité de toute intuition relativement à la *sensibilité* était, d'après l'Esthétique transcendantale, que tout le *divers de*

19 Au contraire, dans la 1re édition, la relation entre l'aperception et l'imagination n'était pas claire selon Cohen (1885, p. 324).

20 Il est normal que le § 17, dans la mesure où il a pour fonction d'accomplir la déduction subjective, paraisse inessentiel à une interprétation affirmant que la déduction subjective est absente de la 2de édition. Aussi H. J. De Vleechauwer peut-il dire à propos du § 17 : « ici, la démonstration de la valeur objective des catégories piétine » (III-1937, p. 118).

> *l'intuition fût soumis aux conditions formelles de l'espace et du temps.* Le principe suprême de cette même possibilité relativement à *l'entendement* est que tout le *divers de l'intuition soit soumis aux conditions de l'unité originellement synthétique de l'aperception.* (B 136)

Comment la déduction subjective peut-elle être effectuée ? Elle doit démontrer la possibilité de l'entendement c'est-à-dire la possibilité de son rapport aux objets, et donc à la sensibilité. Cette démonstration semble rendue plus difficile en 1787 par la mise entre parenthèses de l'imagination qui permettait de construire justement le rapport entre entendement et sensibilité. Toutefois, la tâche de la déduction subjective a également changé : il ne s'agit plus de montrer le rapport de l'entendement à la sensibilité humaine, mais à la sensibilité en général, indépendamment de ses formes particulières. Il suffit donc de montrer que tout objet donné dans la sensibilité en général a un rapport nécessaire à l'entendement pour fonder sa possibilité. Or, ceci semble évident d'après ce qui précède. En effet :

> L'objet est ce dont le concept réunit le divers d'une intuition donnée. Or, toute réunion des représentations exige l'unité de la conscience dans leur synthèse. Par conséquent, l'unité de la conscience est ce qui seul constitue la relation des représentations à un objet, donc leur validité objective. (B 137)

Or, l'unité synthétique de la conscience n'est autre que l'entendement. L'objet a par conséquent un rapport nécessaire à l'entendement. La possibilité de l'entendement est bien fondée et la déduction subjective, achevée[21].

21 Usuellement – par exemple M. Caimi (2007, p. 45) ou H. E. Allison (2015, p. 350) –, on cite ce passage où est démontrée la possibilité de l'entendement sans le rattacher au projet de la déduction subjective. L'analyse du § 17 est alors centrée sur la notion d'objet, alors que cette notion est introduite précisément pour achever la déduction subjective.

LA PREMIÈRE PARTIE DE LA DÉDUCTION OBJECTIVE

§ 17-21

Une fois la déduction subjective opérée, la déduction objective, c'est-à-dire la démonstration de la possibilité des catégories, et donc de leur validité objective, peut être réalisée. Elle s'étend du troisième paragraphe du § 17 jusqu'à la fin du § 21.

LE PROBLÈME DE L'AFFINITÉ

La déduction objective de 1781 (A 120-128) se proposait de partir de l'empirique et de démontrer la validité objective des catégories grâce à l'association, définie comme principe de la reproduction dynamique :

> Ce principe subjectif et empirique de la reproduction selon des règles est ce que l'on appelle l'*association des représentations*. (A 121)

Kant montrait que ce principe subjectif[1] présuppose un principe objectif *a priori* qui est l'affinité des phénomènes, laquelle est rendue possible par une synthèse de l'imagination productrice pure selon des règles *a priori* correspondant aux concepts purs de l'entendement. La validité objective des catégories pouvait alors être démontrée.

C'est donc la question du fondement de l'association qui permettait d'accéder à l'objectivité de l'unité synthétique de l'aperception

1 H. J. De Vleeschauwer laisse entendre que le § 18 renvoie la synthèse de l'association à la psychologie, ce qui expliquerait l'abandon de la triple synthèse en 1787 (III-1937, p. 140). Mais cet argument est insuffisant, puisque dès la 1re édition, la synthèse de l'association est dite être simplement subjective, de sorte qu'elle doit être fondée dans une synthèse objective.

transcendantale, et d'en tirer la validité objective des catégories qui sont les règles *a priori* de l'affinité objective du divers, et donc les modes de l'unité synthétique objective :

> Ce fondement objectif de toute association des phénomènes, je le nomme l'*affinité* de ces phénomènes. Mais nous ne pouvons le trouver nulle part ailleurs que dans le *principe de l'aperception* relativement à toutes les connaissances qui doivent m'appartenir. D'après ce principe, il faut qu'absolument tous les phénomènes entrent dans l'esprit ou soient appréhendés de telle manière qu'ils s'accordent avec *l'unité de l'aperception*, ce qui serait impossible sans unité synthétique dans leur connexion, qui par conséquent est *objectivement nécessaire.*
>
> *L'unité objective de toute conscience* (empirique) en une conscience (de l'aperception originaire) est donc la condition nécessaire même de toute perception possible, et l'affinité (proche ou éloignée) de tous les phénomènes est une conséquence nécessaire d'une *synthèse dans l'imagination, qui est fondée a priori sur des règles.* (A 122-123)

Ce raisonnement n'est plus possible en 1787, car il présuppose la synthèse de la reproduction et la fondation de l'affinité des phénomènes dans le cadre de la triple synthèse. Il faut donc parvenir à la validité objective des catégories sans passer par la synthèse de l'imagination dans le temps. Cela suppose de pouvoir atteindre l'unité objective de l'aperception et découvrir dans les catégories les règles *a priori* de l'association *sans passer par la synthèse de l'imagination.*

L'affirmation du caractère objectif de l'unité transcendantale de l'aperception est une conséquence du § 17 qui a montré en quoi elle est le fondement de l'objectivité en général. Cette objectivité est définie au § 18 par opposition à la subjectivité de l'unité empirique de la conscience, qui est une simple détermination du sens interne. De façon conséquente avec l'abstraction opérée, le problème de l'objectivité est envisagé d'un point de vue strictement logique. Comment dès lors penser le fondement objectif de l'association, et donc l'affinité des phénomènes, sans passer par la synthèse de l'imagination ?

L'affinité repose sur une synthèse de l'imagination qui est fondée *a priori* sur des règles. Or, désormais nous faisons abstraction de la forme du temps dans la synthèse. Que devient le fondement objectif de l'association ? La simple forme logique de la synthèse des représentations, c'est-à-dire de leur unification en une connaissance, sous des règles *a priori.* De quel pouvoir relève-t-elle ? Plus de l'imagination qui opère dans le temps, ni de l'entendement qui est le pouvoir des règles, mais du pouvoir de subsumer sous des règles *a priori*, à savoir la *force*[2] *de jugement* (*Urteilskraft*) transcendantale *en général* :

> Si l'entendement en général est défini comme pouvoir des règles, la force de jugement est le pouvoir de subsumer sous des règles, c'est-à-dire de discerner si quelque chose rentre ou non sous une règle donnée. (A 132)

L'abstraction de la forme du temps nous fait passer de la synthèse au jugement, et du pouvoir de la synthèse (l'imagination) à la force de jugement. Le problème du fondement objectif de l'association peut ainsi être résolu dans le cadre logique de la théorie du jugement, au prix d'une redéfinition du concept de jugement en général au début du § 19, dans le cadre non de la simple logique formelle, comme en A 68 / B 93, mais de la logique transcendantale[3] :

> Je n'ai jamais pu être satisfait par la définition que les logiciens donnent d'un jugement en général : c'est, à ce qu'ils disent, la représentation d'un rapport entre deux concepts [...] je trouve qu'un *jugement* n'est rien d'autre que la *manière de rapporter des connaissances données à l'unité objective de l'aperception.* (B 140-141)

L'association empirique ne correspond donc pas à un jugement : elle n'est que la relation de deux sensations : « je tiens un corps dans mes mains *et* je sens une pression de pesanteur », ou « je vois le soleil éclairer la pierre *et* je sens la pierre s'échauffer ». Mais si je dis : « le corps *est* pesant », la copule signifie une unité nécessaire de ces représentations, qui vient non de l'intuition sensible, du donné, mais de leur rapport à l'unité de l'aperception[4]. Le verbe *être* n'a pas ici de portée ontologique mais simplement *logique* : il ne dit rien sur l'existence effective du corps mais concerne seulement la détermination de sa réalité objective.

Croire que la nécessité du jugement proviendrait de l'intuition sensible serait une erreur. Il faut insister sur la *contingence* du jugement objectif :

> Par là, je ne veux pas dire, il est vrai, que ces représentations se rapportent nécessairement les unes aux autres dans l'intuition empirique, mais qu'elles

---

2 Voir plus haut, p. 122 et 128. Toute *force* (*Kraft*) est un *pouvoir* (*Vermögen*), car elle peut être envisagée dans sa potentialité, mais tout *pouvoir* n'est pas une *force*.

3 Comme l'indique clairement H. E. Allison (2015, p. 373, note 55).

4 L'objectivité ne correspond donc pas à une indépendance du monde par rapport à nous, comme le pense W. Carl (1989, p. 200).

> se rapportent les unes aux autres grâce à l'unité nécessaire de l'aperception dans la synthèse des intuitions, c'est-à-dire suivant des principes de la détermination objective de toutes les représentations, dans la mesure où une connaissance peut en résulter ; ces principes dérivent tous du principe de l'unité transcendantale de l'aperception. (B 142)

Les lois particulières sont contingentes dans la mesure où elles ne peuvent être tirées des catégories (comme les lois générales qui fondent la possibilité de l'expérience). Pour prendre un exemple qui n'est pas de Kant, le fait que l'eau doive congeler à 0° C est contingent : il suffit du reste de la saler ou de quitter le niveau de la mer pour modifier la température de congélation de l'eau.

Cette idée de contingence me semble avoir des conséquences profondes, et généralement inaperçues[5], dans le débat de Kant avec l'empirisme humien. Ainsi : *Le corps est pesant* ou *Le soleil échauffe la pierre* sont des jugements valables objectivement, mais ils sont empiriquement contingents. Pour illustrer ce point, je propose au lecteur d'imaginer une expérience où la pesanteur d'un corps serait annulée et où la pierre éclairée ne s'échaufferait point. Y verrions-nous une preuve du caractère simplement inductif de la causalité comme pourrait le faire un empiriste ? Non : nous chercherions au contraire, *à l'aide du principe de causalité*, à comprendre *pourquoi le corps n'est pas pesant* (en nous demandant par exemple s'il n'est pas suspendu à un fil invisible, s'il n'est pas dans un ascenseur en chute libre, ou si l'on n'a pas affaire à un phénomène de lévitation magnétique) ou *pourquoi la pierre ne s'échauffe point* (en nous demandant par exemple si elle n'est pas exposée au souffle continu d'un vent glacé).

Poursuivons notre réflexion à partir de Kant. Les représentations, même si elles ne sont pas unies nécessairement dans l'intuition empirique, sont soumises à un principe objectif de détermination nécessaire, si bien que l'on est en droit d'affirmer que le soleil échauffe la pierre *lors même que l'on observe que la pierre éclairée ne se réchauffe pas*, ou que ce corps est pesant, *lors même que l'observation nous le montre en train de léviter.* D'un point de vue strictement empiriste et inductif, de telles affirmations paraissent absurdes. La recherche d'une seconde cause (le vent glacé,

5 M. Caimi note ici que le jugement peut être faux (2007, p. 55-56). Mais que signifie la possibilité pour « les corps sont pesants » d'être empiriquement faux ? Il n'en dit rien. Or, cette question est décisive.

le champ magnétique) ne peut être engagée que si l'on pose l'apriorité du principe de causalité, et donc l'exigence que tout contre-exemple expérimental puisse être expliqué par une complexification du modèle expérimental initial, qui opère une idéalisation excessive de l'expérience en négligeant des facteurs qui, dans le contexte présent, ne sont plus négligeables. De tels exemples constituent des arguments puissants contre l'empirisme humien[6].

Revenons au texte de Kant. L'association subjective est ainsi fondée sur des règles *a priori* fournies par les fonctions logiques du jugement, lesquelles sont donc les *modes de l'unité synthétique objective de l'aperception*. La déduction objective est alors immédiate. Le divers, pour être saisi dans une intuition, présuppose l'unité synthétique de l'aperception. Or, les modes de rapport du divers à l'unité synthétique sont les fonctions logiques du jugement. Il n'y a plus qu'à se reporter à la déduction métaphysique des catégories pour voir que les catégories ne sont autres que ces fonctions logiques[7]. Le § 20 achève donc la déduction objective :

> Or, les catégories ne sont autre chose que ces mêmes fonctions du jugement, en tant que le divers d'une intuition donnée est déterminé par rapport à elles (§ 13). *Par conséquent, le divers dans une intuition donnée est nécessairement soumis aux catégories.* (B 143)

INSUFFISANCE DE CETTE DÉDUCTION OBJECTIVE

L'abstraction de la forme du temps effectuée en 1787 permet ainsi d'opérer la déduction des catégories sans faire mention de l'imagination, tout en évitant les deux difficultés liées à la théorie de l'imagination et de sa synthèse dans la déduction de 1781.

Toutefois, cette déduction n'a été effectuée que pour le divers donné d'une *intuition sensible en général*. Le prix payé par la mise entre parenthèses

6 J'en reste naturellement à l'échelle physique où le dialogue entre Kant et Hume a lieu, à savoir une échelle phénoménale, où la physique de Newton est globalement valide.

7 P. Guyer estime que le lien entre les formes de jugement et les catégories n'est pas assez solidement établi par Kant (1987, p. 94-102). La compréhension de l'entendement comme pouvoir de juger (*Vermögen zu urteilen*), comme le fait B. Longuenesse (1993), permet de lever cette objection.

de l'imagination est une généralité de l'argumentation qui dépasse le cadre simplement humain de la sensibilité spatio-temporelle. Nous avons fait abstraction du mode de donation de l'intuition empirique dans la sensibilité, sans pour autant avoir fait abstraction du rapport nécessaire de l'entendement à une sensibilité, sans quoi nous aurions eu affaire à un entendement qui intuitionne, pour lequel les catégories, en tant que modes d'unification du divers donné de l'intuition, n'ont aucun sens.

Mais n'avons-nous pas déduit les catégories en tant que fonctions logiques du jugement, pour un entendement en général se rapportant à une sensibilité en général ? Si tel était le cas, la déduction opérée serait problématique, car rien ne nous assure qu'un entendement en général, même fini, soit identique à l'entendement humain. De même qu'une sensibilité non humaine n'a pas nécessairement comme formes *a priori* l'espace et le temps, de même un entendement non humain n'a pas nécessairement pour formes *a priori* les mêmes catégories que celles dont nous avons dressé la liste dans la déduction métaphysique, sans compter que sa nature, dont nous ignorons tout, pourrait très bien ne pas être catégoriale :

> Mais quant à la propriété de notre entendement, de n'établir *a priori* l'unité de l'aperception *qu'au moyen des catégories*, et de catégories *justement de cette espèce et de ce nombre*, il est tout aussi impossible d'en donner une raison que du fait que nous ayons *précisément telles fonctions du jugement et pas d'autres*, ou du fait que le *temps et l'espace sont les seules formes de notre intuition possible.* (B 145-146)

Mais ce n'est pas le cas. L'abstraction n'a porté que sur la sensibilité que nous considérons en général indépendamment de la forme de la donation du divers, et non sur l'entendement. Nous considérons un entendement humain, et les catégories dont nous opérons la déduction transcendantale sont bien celles dont la déduction métaphysique a dressé la liste[8].

---

8 La critique que H. J. De Vleeschauwer adresse à Kant sur ce point (III-1937, p. 176) me semble porter à faux. Si effectivement la possession par tout être intuitif, quelle que soit son intuition, d'une discursivité catégoriale n'est pas évidente, il n'y a nulle gratuité de la part de Kant à prétendre travailler sur un entendement catégorial, dans la mesure où il n'a jamais prétendu travailler sur un être intuitif quelconque, mais bien sur l'être humain. Dans le cas contraire, la déduction serait invalidée. Simplement, la scission entre entendement et sensibilité l'autorise à considérer l'entendement humain indépendamment de la sensibilité humaine, et donc en rapport avec la simple forme de la sensibilité en général. Par là, il travaille sur l'essence même de l'entendement humain, c'est-à-dire à la fois sur son indépendance par rapport à la sensibilité et sur son caractère non intuitif.

La limitation de l'abstraction à la sensibilité est légitimée par la scission entre l'entendement et la sensibilité. C'est parce que les catégories et l'aperception ne sont pas essentiellement liées aux formes pures de la sensibilité (contrairement à l'interprétation de Heidegger) qu'il est possible à la déduction de 1787 de rester dans le cadre de l'étude de *l'entendement humain* envisagé dans son rapport à une intuition sensible en général et donc *non spécifiquement humaine*. La méthode même de cette déduction s'oppose ainsi à l'interprétation heideggerienne, qui ne peut que la rejeter.

Kant est du reste explicite sur son refus à la fois d'un entendement intuitif et d'un entendement fini non humain :

> Mais ce principe n'en est pourtant pas un pour tout entendement possible en général, mais seulement pour celui dont la pure aperception dans la représentation : *je suis*, ne fournit encore aucun divers. Cet entendement, dont la conscience de soi donnerait en même temps le divers de l'intuition, entendement dont la représentation ferait en même temps exister les objets de cette représentation, n'aurait pas besoin d'un acte particulier de la synthèse du divers pour l'unité de la conscience, dont a besoin l'*entendement humain, qui simplement pense et n'intuitionne pas*. Mais pour l'entendement humain, l'unité synthétique [et non analytique] de l'aperception est inévitablement le premier principe, si bien qu'il *ne peut même pas se faire le moindre concept d'un autre entendement possible, soit d'un entendement qui intuitionnerait lui-même, soit d'un entendement qui aurait bien pour fondement une intuition certes sensible, mais de toute autre sorte que celle qui se produit dans l'espace et dans le temps*. (B 138-139)

LE PASSAGE NÉCESSAIRE À LA 2de PARTIE DE LA DÉDUCTION OBJECTIVE

Le passage à la 2de partie de la déduction ne correspond pas à une simple application d'une déduction générale valant pour un esprit fini en général, *qui serait par elle-même complète*, au cas particulier humain. Une telle application serait immédiate si effectivement le début de la déduction s'était hissé à un tel niveau de généralité. Mais nous venons de voir que ce n'est pas le cas : la déduction des catégories s'est faite pour un entendement humain, par rapport à la sensibilité en général, abstraction faite de la forme du temps.

Le passage à la 2de partie s'explique par le *caractère incomplet* de la 1re partie de la déduction. En effet, le jugement a été défini comme la manière d'amener des connaissances données à l'unité objective de l'aperception. Or la simple considération de l'entendement humain et de la sensibilité en général non nécessairement humaine ne suffit pas à l'établissement d'une connaissance pour l'humain (et c'est de l'humain dont il est question)[9]. Pour qu'il y ait connaissance, il faut prendre en compte le divers sensible *en tant qu'il est donné dans les formes pures de la sensibilité.* Il est donc nécessaire de *quitter le plan de l'abstraction* et de revenir à l'intuition sensible humaine pour achever la déduction. Cet achèvement se fait en trois étapes :

1. Les § 22-23 posent la nécessité du rapport des catégories au donné de l'intuition sensible pour qu'une connaissance puisse avoir lieu. Ils réintroduisent les formes de la sensibilité dont nous avions fait abstraction. Nous comprenons alors que le détour effectué dans les § 16-21 a opéré une réduction *trop générale*, car nous avons travaillé sur les conditions de la possibilité de la pensée d'un objet et non de sa connaissance, comme l'exige la déduction. Il nous faut retourner au véritable point de départ de la déduction, qui est celui de la déduction subjective de 1781.
2. Les § 24-25 constituent dès lors le cœur de cette 2de partie de la déduction. Ils nous conduisent à redéfinir la synthèse de l'imagination et à *esquisser la théorie de la triple synthèse* conformément au début de la déduction de 1781. Le travail des § 16-21 représente-t-il alors un détour inutile qui nous ramènerait au point de départ de 1781 ? Non : nous pouvons conserver le gain majeur de ce détour, à savoir que l'unité synthétique, comme source de toute liaison, antérieurement à toute sensation, doit être rapportée à l'entendement. Nous revenons à la synthèse de l'appréhension dans l'intuition par l'imagination, seul point de départ authentique de la déduction. Mais nous nous sommes donné les moyens de ne plus passer par elle pour accéder au principe de la liaison des représentations, l'unité synthétique

9 La déduction du § 20 ne correspond pas à la volonté de s'élever à un niveau supra-humain pour redescendre ensuite au point de vue anthropologique, comme le pense H. J. De Vleeschauwer. Elle tire simplement les conséquences de l'indépendance de l'entendement humain par rapport à la sensibilité, ce qui l'autorise à penser la forme de la spontanéité de la synthèse antérieurement à tout rapport déterminé au sensible.

de l'aperception, et pour découvrir dans les catégories les formes premières de cette unité synthétique. Nous avons pu court-circuiter tout le mouvement démonstratif de la déduction de 1781.

3. Les § 26-27 achèvent la déduction, immédiate à partir de ce qui précède.

Il apparaît ainsi que les § 22-25 – loin de constituer une interpolation tardive ou une simple parenthèse, tandis que l'on pourrait passer immédiatement du § 21 au § 26 – sont *nécessaires* à la mise en place de la déduction objective du § 26. Notre commentaire de la 2de partie de la déduction s'attardera donc particulièrement sur les § 24-25 et sur le problème de la réinterprétation de la synthèse de l'imagination dans la déduction de 1787.

LA SECONDE PARTIE DE LA DÉDUCTION OBJECTIVE

§ 22-25

LE REPLIEMENT DE LA DÉDUCTION DE 1787 SUR CELLE DE 1781

Le § 22 a pour fonction d'opérer le retour nécessaire de la déduction de 1787 sur le point de départ de la déduction de 1781 qui seul est authentique. Pour cela, Kant réinterprète l'abstraction effectuée en 1787 et précise en quoi elle est trop générale. Cette réinterprétation s'appuie sur la distinction entre pensée et connaissance :

> *Penser à un objet et connaître un objet*, ce n'est donc pas une seule et même chose. À la *connaissance* appartiennent en effet deux éléments : premièrement *le concept, par lequel, en général, un objet est pensé (la catégorie)* et deuxièmement *l'intuition, par laquelle il est donné.* (B 146)

La connaissance vient de l'application de la pensée au donné. Or, pour un entendement humain, le donné apparaît dans une intuition sensible selon les formes pures de l'espace et du temps. Pour être une connaissance, la pensée catégoriale d'un objet en général doit donc être rapportée à un objet de l'intuition sensible selon la double mise en forme de l'espace et le temps.

Or, l'intuition sensible est pure ou empirique. L'application des concepts aux pures formes de la sensibilité indépendamment de toute intuition empirique suffit-elle pour constituer une connaissance ? La réponse de Kant est non :

> *Par conséquent, les concepts mathématiques dans leur ensemble ne sont pas des connaissances par eux-mêmes* ; sauf si l'on suppose qu'il y a des choses qui ne peuvent se présenter à nous que suivant la forme de cette intuition sensible pure. (B 147)

Les formes pures de la sensibilité ne constituent pas le donné en tant que tel mais ne sont que les modes formels sensibles *a priori* de donation du donné. Dès lors, les mathématiques, dans la mesure où elles ne portent pas sur l'intuition empirique, n'ont pas valeur de connaissance. Cette conclusion semble toutefois paradoxale dans la mesure où les mathématiques nous sont apparues comme le lieu même de la connaissance *a priori*. En fait, il faut distinguer trois niveaux du rapport des catégories à l'objet :

1. La simple pensée de l'objet en général qui ne se rapporte qu'au divers en général indépendamment du mode de sa donation.
2. La connaissance *a priori* de l'objet, par détermination des formes pures de la sensibilité.
3. La connaissance empirique, qui se rapporte aux objets donnés dans l'intuition empirique et constitue l'expérience.

Les mathématiques ont certes valeur de connaissance *a priori*, mais de façon médiate, car elles ne se rapportent pas proprement à l'expérience, mais à ses conditions de possibilité sensibles *a priori*. Pour qu'un concept mathématique ait effectivement valeur de connaissance, il faut présupposer l'existence d'objets empiriques dont la présentation correspond à un tel concept. Par exemple, le concept mathématique de cercle ne constitue une connaissance *a priori* que dans la mesure où des objets empiriques circulaires existent.

Pour saisir la profondeur de cette affirmation, prenons l'exemple des géométries non euclidiennes, en mettant de côté le fait que Kant ne pouvait en concevoir la possibilité. Si nous leur appliquons cette thèse kantienne, nous devons dire qu'elles n'avaient pas valeur de connaissance *a priori* au moment où elles furent inventées, car leur rapport à la physique semblait impossible. Ce serait seulement la théorie de la relativité, et l'usage qu'elle fait des espaces de Riemann, qui leur aurait conféré la valeur de connaissances *a priori*. Or, cela correspond à ce qui s'est passé historiquement : ces géométries n'ont de fait été définitivement acceptées par les scientifiques (mathématiciens et physiciens) qu'après la théorie de la relativité restreinte, c'est-à-dire après 1905.

Par conséquent, si Kant voit dans les mathématiques la science la plus pure, et pose son antériorité par rapport à la physique, il subordonne en fait sa validité épistémologique à son applicabilité à la physique. C'est bien la physique, c'est-à-dire la science de l'expérience qui a la nature pour objet, qui, pour lui, est véritablement la science suprême. Dès lors, il y a des limites nécessaires à l'usage des concepts purs de l'entendement :

> Par conséquent, les catégories n'ont d'autre usage pour la connaissance des choses que dans la mesure où ces dernières sont regardées comme des *objets d'expérience possible.* (B 147-148)

Ainsi, il en va de même des catégories que de l'espace et du temps dont l'usage est restreint aux objets des sens :

> Au-delà de ces limites, ils [l'espace et le temps] ne représentent plus rien du tout ; car *ils ne sont que dans les sens, et en dehors d'eux, ils n'ont aucune effectivité.* (B 148)

De fait, nous avons vu que l'espace et le temps, en tant qu'intuitions vides sans objets, appartiennent à la table des concepts du Rien sous le titre d'*ens imaginarium*. Considérés dans leur pureté, indépendamment de tout contenu sensible donné, ils sont dépourvus de toute réalité *effective.*

Certes les concepts purs de l'entendement ne sont pas *dans les sens*, de par la scission entre la sensibilité et l'entendement. Ils semblent donc pouvoir conserver une valeur représentative indépendamment de tout rapport au sensible. C'est tout le sens de l'abstraction opérée dans la 2de édition que d'avoir tiré les conséquences d'une telle scission et d'avoir rapporté les concepts de l'entendement humain à un objet d'une intuition sensible en général, non nécessairement humaine :

> Les concepts purs de l'entendement sont affranchis de cette restriction, et ils s'étendent aux *objets de l'intuition en général, qu'elle soit ou non semblable à la nôtre*, pourvu qu'elle soit *sensible et non intellectuelle.* (B 148)

S'il faut affirmer la possibilité d'un élargissement [*Ausdehnung*] des concepts de l'entendement humain au-delà de l'intuition sensible humaine, il n'en reste pas moins que des concepts se rapportant à un objet en général ne nous apportent *aucune connaissance.* Non seulement ils n'ont, comme les pures formes de la sensibilité, aucune effectivité, puisqu'ils ne sont pas en rapport avec le contenu réel de la sensation, mais en outre, les objets dont ils sont les concepts ne peuvent être définis comme possibles ou impossibles, la détermination de la possibilité supposant un rapport aux conditions formelles sensibles de l'expérience[1].

Dès lors, tout comme les formes pures de la sensibilité, les concepts purs de l'entendement, en tant qu'ils sont vides d'objets, doivent être inscrits dans la table du Rien, dans la rubrique des *ens rationis* :

> [...] l'objet d'un concept auquel ne correspond aucune intuition que l'on puisse indiquer est = rien, c'est-à-dire un concept sans objet, comme les noumènes, *qui ne peuvent être comptés parmi les possibilités, bien que l'on ne doive pas pour cela les tenir pour impossibles* (*ens rationis*) [...] (A 290)

Prenons garde toutefois au fait que l'expression *concept vide d'objets* [*leerer Begriff von Objekten*] n'est pas identique à *concept vide sans objet* (*leerer Begriff ohne Gegenstand*). Car un concept vide d'objets, comme les concepts purs de l'entendement considérés indépendamment du rapport à la sensibilité, ne sont pas absolument sans objet, puisqu'ils se rapportent à la pensée d'objets en général. Mais cette pensée d'objets est vide dans la mesure où elle reste sans contenu sensible, et n'a donc pas encore valeur de connaissance. Les catégories, contrairement aux noumènes, n'appartiennent donc pas nécessairement à la table du Rien.

Les concepts vides d'objets se rapportent bien à des objets, mais d'un point de vue simplement formel, ce sont « de simples formes de pensée, *sans réalité objective* » (B 148-149).

LA THÉORIE DE LA SIGNIFICATION

Il semble toutefois qu'il y ait là une difficulté. Car l'affirmation de l'absence de réalité objective des concepts purs rapportés à un objet en général ne remet-elle pas en cause la validité de la déduction opérée au § 20, et non simplement sa complétude ? Si ces concepts purs sont dépourvus de réalité objective, en quoi le § 20 a-t-il valeur de commencement (*Anfang*) de la déduction ?

---

1 B 265. Ce qui entre en conflit avec la lecture de M. Caimi (2007, p. 64-65), pour qui la déduction du § 20 ne vaut que pour l'application des catégories à des objets possibles, et celle du § 26, pour leur application à des objets réels (effectifs).

Il convient de distinguer ici *validité objective* (*objektive Gültigkeit*) et *réalité objective* (*objektive Realität*). Ces deux notions pouvaient être considérées comme équivalentes dans la déduction de 1781, mais ce n'est plus possible en 1787[2].

En effet, la *validité objective* d'un concept correspond à la validité universelle et nécessaire de la réunion de représentations sous ce concept dans l'unité de la conscience, tandis que la *réalité objective* d'un concept correspond à son rapport à une expérience possible. Dans la mesure où l'objet en général équivaut à l'objet d'une expérience en général (comme en 1781, à travers la théorie de l'objet transcendantal), les conditions de la pensée d'un objet, et donc de l'unité nécessaire de représentations dans la conscience, sont en même temps les conditions de la possibilité de l'expérience. La démonstration de la validité objective des catégories est alors équivalente en 1781 à la démonstration de leur réalité objective.

Mais en 1787, l'objet en général et l'objet de l'expérience sont distincts, puisque nous ne considérons d'abord qu'une intuition sensible en général, indépendamment du mode de donation selon les formes de l'espace et du temps. Dès lors, le concept d'un objet en général *n'est plus équivalent à l'objet transcendantal*. La déduction du § 20 s'est contentée de montrer la *validité objective* des catégories, mais en tant que concepts d'un objet en général indépendant de l'expérience. Cette validité objective réduite des catégories reste simplement formelle. Elle n'est pas équivalente à la validité objective pour tous les objets de l'expérience et n'implique donc nullement leur *réalité objective*.

Ainsi, si la déduction des catégories du § 20 a de fait démontré leur *validité objective*, elle reste cependant incomplète car elle n'a pas démontré leur *réalité objective*, qui est l'enjeu profond de la déduction transcendantale.

Or, indépendamment de ce rapport à l'intuition sensible, les catégories restent privées de sens (*Sinn*) ou de signification (*Bedeutung*), les deux termes étant équivalents chez Kant : il faut en effet « rendre sensible un concept abstrait, c'est-à-dire présenter dans l'intuition un objet qui lui corresponde, sans cela, le concept resterait comme l'on dit *privé de sens* (*ohne Sinn*), c'est-à-dire privé de signification (*ohne*

2 Ma position est donc différente à la fois de ceux qui comme P. Guyer (1987, p. 11-24) ou R. Howell (1992, p. 363) ne voient pas de réelle distinction sémantique entre ces deux notions, et de ceux qui les distinguent nettement, comme Heidegger [(1979, p. 145) et (1982, p. 135-140)], R. Meerbote (1972, p. 51-58) et G. Zöller (1984, p. 132-140). Tout dépend de la déduction dans laquelle on se situe.

Bedeutung) » (B 299)[3]. La signification réelle d'un concept correspond à sa réalité objective, et donc à son rapport à un objet donné dans l'expérience. Elle est par conséquent soit transcendantale, soit empirique. En dehors de tout rapport à un objet de l'expérience, il n'y a plus de signification réelle[4].

Cette théorie de la signification est au principe de la critique de la preuve cosmologique de l'existence de Dieu, notamment de celle fondée sur :

> [...] 1 – Le principe transcendantal qui fait conclure du contingent à une cause, lequel *n'a de signification que dans le monde sensible*, et n'a même plus de sens en dehors de ce monde. En effet, le concept simplement intellectuel du contingent ne peut produire aucune proposition synthétique telle que celle de la causalité, et le principe de celle-ci n'a aucune signification, ni aucun critère de son usage si ce n'est dans le seul monde sensible ; or il devrait ici servir précisément à sortir de ce monde. (B 637)

De la simple *possibilité logique* d'un concept (sa non-contradiction), on croit pouvoir tirer sa possibilité transcendantale (et donc réelle) et affirmer qu'il possède bien une signification. Mais l'absence de contradiction ne suffit pas à donner à un concept une *possibilité réelle* et une *signification réelle*. D'où la vanité de la théologie négative :

> Par conséquent, si l'on admet comme donné un objet d'une *intuition non sensible*, on peut certes le représenter par tous les prédicats déjà contenus dans la présupposition que rien de ce qui appartient à l'intuition sensible ne lui convient ; ainsi dira-t-on qu'il n'est pas étendu, ou dans l'espace, que sa durée n'est pas temporelle, qu'aucun changement (suite des déterminations dans le

3 Kant n'opère pas comme Frege (1971, p. 102-126) de distinction entre le *sens* (*Sinn*) et la *signification* (*Bedeutung*), et ici J. Benoist projette un peu trop vite l'opposition frégéenne sur le texte kantien (1996, p. 24-26). Toutefois, on peut considérer que Kant anticipe cette distinction à travers la distinction non entre *sens* et *signification*, mais entre *signification logique* (non liée à un objet) et *signification réelle* (liée à un objet) : hors de la présentation, « il reste aux concepts de l'entendement pur une signification, mais seulement logique, celle de la simple unité des représentations, auxquelles aucun objet n'est donné, donc aussi aucune signification pouvant fournir un concept d'objet » (B 186).

4 D'où le primat chez Kant de la question de la *présentation* (*Darstellung*), qui associe à un concept une intuition sensible lui correspondant, sur la question de l'*expression* (*Bezeichnung*), quiassocie le signe sensible (*Zeichen*), linguistique ou algébrique, et le concept (*Begriff*) déterminé qu'il désigne. La théorie du langage de Saussure – comme pur système de signes dont les relations s'étudient indépendamment de tout rapport aux objets et donc à l'intuition sensible – serait apparue à Kant platonicienne et incomplète (engageant une idéalisation excessive).

temps) ne se rencontre en lui, etc. Mais ce n'est pas une véritable connaissance que de montrer simplement ce que n'est pas l'intuition de l'objet, sans pouvoir dire ce qu'elle contient ; car alors *je n'ai pas du tout représenté la possibilité d'un objet pour mon concept pur de l'entendement, puisque je n'ai pu donner aucune intuition qui lui corresponde*, mais que je pouvais seulement dire que la nôtre ne valait pas pour lui. (B 149)

Pour achever la déduction transcendantale des catégories et démontrer leur réalité objective, il est donc nécessaire de prendre en compte le rapport de l'entendement à la sensibilité.

L'IMAGINATION

Nous sommes ainsi conduits à retravailler sur le pouvoir de l'esprit qui rend possible ce rapport : l'imagination. Le § 24 est sans doute le plus décisif de la déduction de 1787 dans la mesure où il opère ce retour sur la déduction de 1781 et sur la théorie de la synthèse de l'imagination.

Cette théorie est le véritable point de départ épistémologique de la déduction transcendantale des catégories. C'est sur elle que se construit le chapitre du Schématisme qui inaugure l'Analytique des principes. Mais tout le principe de la déduction de 1787 est de substituer à ce point de départ épistémologique, un point de départ logique, dans la mesure où la connaissance peut être comprise comme une spécification de la pensée. Le § 24 est ainsi le moment où le détour déductif portant sur les catégories comme simples fonctions logiques prend fin, et où le point de départ logique se replie sur le point de départ épistémologique.

Ce repliement de l'argumentation est nécessaire. Il ne s'agit pas ici d'une simple reprise de la théorie de l'imagination de 1781, auquel cas, tout le travail précédent eût été inutile, mais d'une réinscription de cette théorie dans le cadre plus large de la déduction opérée au § 20. Par là, les difficultés liées à la théorie de l'imagination vont pouvoir être écartées.

On conçoit que ce § 24 soit celui qui ait été le plus commenté, car pour les interprètes néokantiens[5], ou proches du néokantisme, il correspond à un retour problématique sur la déduction de 1781 qu'il convient de minimiser

5 Cohen lui-même (1885, p. 327), peut-être embarrassé, est ici très rapide.

ou de condamner[6]. Pour Heidegger, il représente au contraire le moment où Kant trahit son intuition de 1781. Pour ces deux voies interprétatives, il constitue un moment de moindre cohérence[7] de la déduction de 1787, tandis que selon moi, il en est au contraire le cœur démonstratif.

Soyons attentifs à sa logique. Les concepts de l'entendement ne se rapportant qu'à des objets d'une intuition sensible en général, ne sont que des formes de pensée sans réalité objective, qui ne nous permettent de connaître aucun objet déterminé. Le problème est alors de porter la déduction sur le plan de la réalité objective des catégories.

Or, nous avons vu que les catégories sont les formes logiques qui président à la synthèse ou liaison du divers d'une intuition sensible en général, en les rapportant à l'unité nécessaire et objective de l'aperception. Cette synthèse *transcendantale* (car au fondement de toute connaissance *a priori* du divers) est opérée par l'entendement pur indépendamment de la sensibilité ; elle doit alors être appelée *synthèse intellectuelle* (c'est-à-dire non sensible).

Mais les catégories ne peuvent recevoir de réalité objective que si elles sont appliquées à la sensibilité, selon les formes pures de la réceptivité. Il faut donc penser une synthèse du divers de l'intuition sensible spatio-temporelle conformément à l'unité synthétique de l'aperception, comme condition de possibilité de tous les objets de l'expérience. Une telle synthèse n'est qu'une spécification de la synthèse intellectuelle de l'entendement rapportée non plus à l'intuition sensible en général, mais à l'intuition sensible humaine. C'est une activité de la spontanéité qui ne peut relever de la sensibilité, laquelle est simplement réceptive. Dans la mesure où toutefois elle porte sur le donné de la réceptivité sensible humaine, elle n'est plus simplement intellectuelle, mais est appelée *synthèse figurée* :

> Cette synthèse du divers de l'intuition sensible, qui est possible et nécessaire *a priori*, peut être appelée *figurée* [*figürlich*] (*synthesis speciosa*), pour la distinguer de celle qui serait pensée dans la simple catégorie par rapport au divers d'une intuition en général, et qui s'appelle liaison intellectuelle (*synthesis intellectualis*) ; les deux *sont transcendantales*, non seulement parce qu'elles sont elles-mêmes *a priori* et premières, mais encore parce qu'elles fondent *a priori* la possibilité d'autres connaissances. (B 151)

6 Une solution a été de considérer que les § 24-25 déportent la recherche sur le *je* : voir notamment H. J. De Vleeschauwer (III-1937, p. 224).

7 Voir Heidegger (1979, p. 217-227).

Cette synthèse figurée, qui est transcendantale, correspond très précisément à la synthèse transcendantale de l'imagination dans la déduction de 1781. Cette synthèse est attribuée à l'imagination car elle engage à la fois la sensibilité qui donne le divers et la spontanéité de l'entendement qui unifie ce divers. Or, l'imagination est le pouvoir de l'esprit qui participe à la fois de la réceptivité et de la spontanéité et permet donc de mettre en rapport les deux principaux pouvoirs de la connaissance :

> *L'imagination est le pouvoir de se représenter un objet dans l'intuition même sans sa présence.* Or, vu que toute notre intuition est sensible, l'imagination, à cause de la condition subjective, sous laquelle seulement elle peut donner aux concepts de l'entendement une intuition correspondante, *appartient à la sensibilité*; mais dans la mesure où sa synthèse est un exercice de la spontanéité, qui est *déterminante* et non simplement, comme le sens, *déterminable*, et qu'elle *peut par suite déterminer a priori le sens quant à sa forme*, conformément à l'unité de l'aperception, l'imagination est, comme telle, un *pouvoir de déterminer la sensibilité a priori*, et sa synthèse des intuitions, conformément aux catégories, doit être la synthèse transcendantale de l'imagination, laquelle est un *effet* [*Wirkung*] *de l'entendement sur la sensibilité* et la première application de l'entendement (fondement en même temps de toutes les autres) à des objets de l'intuition possible pour nous. (B 151-152)

Le trajet complexe de la déduction de 1787 *ne fait donc pas l'impasse sur l'étude de la synthèse de l'imagination.* Il l'inscrit dans une étude *plus générale* qui *réduit l'imagination à n'être que l'opérativité de l'entendement*[8] *sur la sensibilité, dans un cadre déterminant*, terme sur lequel insiste notre texte. Dès lors, la synthèse de l'imagination *n'a plus à être étudiée pour elle-même*, et on peut lui appliquer les conclusions tirées de l'examen de la synthèse intellectuelle de l'entendement.

Doit-on pour autant considérer que la théorie kantienne de la synthèse de l'imagination a entièrement changé depuis 1781 ? Il semble que oui puisque la synthèse de l'imagination n'est plus qu'un simple « effet » de l'entendement sur la sensibilité. Mais cette affirmation n'est que la conséquence directe de la possibilité de penser la synthèse d'un point de vue intellectuel pur, par rapport à la sensibilité en général.

Notons que l'appartenance de l'imagination à la fois à la sensibilité et à l'entendement implique une scission de l'imagination en deux :

---

8 M. Caimi, opposé à l'interprétation de Heidegger, estime, à la suite des néokantiens, qu'en 1787, l'imagination est effectivement réduite à l'entendement (2007, p. 85-88).

> Or, dans la mesure où l'imagination est spontanéité, je la nomme parfois aussi *l'imagination productrice* et la distingue par là de l'imagination *reproductrice*, dont la synthèse est soumise uniquement à des lois *empiriques*, à savoir celles de l'*association*, et qui par conséquent ne concourt en rien à l'explication de la possibilité de la connaissance *a priori*, et pour cette raison n'appartient pas à la philosophie transcendantale, mais à la psychologie. (B 152)

Mais cette distinction intervenait déjà à la fin de la déduction subjective de 1781[9]. L'imagination reproductrice, qualifiée de simplement empirique, correspond à l'imagination à l'œuvre, non dans la reproduction pure au sens mathématique (comme fondement de la détermination d'une grandeur), mais dans la reproduction au sens dynamique, telle qu'elle a lieu dans la simple association subjective des phénomènes.

La question de l'auto-affection et de la détermination du sens interne par l'entendement repose sur cette activité que l'entendement exerce sur la sensibilité dans la synthèse figurée. Dans la mesure où la synthèse figurée n'est qu'une spécification de la synthèse intellectuelle de l'entendement rapportée à une intuition sensible non plus générale mais spatio-temporelle, Kant peut affirmer, sans contradiction par rapport aux énoncés de 1781, que la synthèse de l'imagination n'a qu'une valeur de prête-nom :

> Par conséquent, *sous le nom de synthèse transcendantale de l'imagination*, il [l'entendement] exerce sur le sujet passif, dont il est le pouvoir, un acte tel que nous avons raison de dire que le sens interne est affecté par lui [...] le sens interne contient la simple forme de l'intuition, mais sans liaison en elle du divers, et il ne contient encore par suite aucune intuition déterminée ; celle-ci n'est possible que par la conscience de la détermination du sens interne par *l'acte transcendantal de l'imagination* (l'*influence synthétique de l'entendement sur le sens interne*), que j'ai appelé *synthèse figurée*. (B 153-154)

Le caractère transcendantal de la synthèse de l'imagination n'est pas remis en cause, bien au contraire : il est fondé dans l'acte transcendantal pur de détermination de l'entendement. Kant se retrouve en droit d'appuyer sa démonstration sur le même exemple clé de la triple synthèse, à savoir celui de la ligne que l'on tire[10] :

> Nous ne pouvons penser une ligne, sans la tirer dans la pensée, un cercle sans le décrire, nous représenter les trois dimensions de l'espace sans poser, à partir

9 A 118.
10 Déjà repris au § 17, en B 137-138, mais sans référence au temps. Ce qui n'est plus le cas au § 24.

> du même point, trois lignes perpendiculaires entre elles, *et le temps lui-même sans prêter attention*, en tirant une ligne droite (qui doit être la représentation figurée extérieurement du temps), seulement *à l'acte de la synthèse du divers, par lequel nous déterminons successivement le sens interne*, et par là à la succession de cette détermination qui a lieu en lui. (B 154)

Alors que la déduction de 1781 travaillait à comprendre cette représentation du temps, qui était le résultat de la triple synthèse de l'imagination, la déduction de 1787 s'autorise ici à économiser tout ce trajet réflexif pour rapporter directement la représentation du temps à l'acte de détermination du divers qu'elle présuppose, et dont le fondement ne peut résider que dans la spontanéité de l'entendement.

LE PROBLÈME DE L'IMAGINATION EN GÉNÉRAL

Une objection semble toutefois pouvoir s'élever contre cette résorption de la synthèse de l'imagination dans la synthèse de l'entendement. En effet, si la synthèse intellectuelle porte sur le divers d'une intuition sensible en général, et si l'entendement n'est en rapport avec la sensibilité que par l'imagination, en quoi le fait que la sensibilité soit simplement générale nous a-t-il autorisés à prétendre nous passer de l'imagination ? Certes l'imagination en tant que telle, dépendant de la forme du temps, est liée indissociablement à la sensibilité humaine. Mais ne devrait-on pas penser une *imagination en général* (dont la nature nous est inconnue tout comme celle de la sensibilité en général), comme condition de possibilité de l'application de l'entendement à une sensibilité en général[11] ?

---

11 Cette objection se pose inévitablement à l'interprétation de la déduction de 1787 par H. J. De Vleeschauwer. Car si la déduction du § 26 a pour fonction d'opérer la déduction selon un point de vue anthropologique, tandis que celle du § 20 avait une valeur plus générale (III-1937, 233), on se heurte à trois problèmes : 1) L'entendement au § 20 étant considéré comme non humain, sa construction catégoriale devient alors injustifiable ; 2) La déduction du § 26 n'est plus qu'un cas particulier de celle du § 20, et l'on ne saisit pas pourquoi Kant ne passe pas directement du § 21 au § 26, par simple subsomption du particulier sous le général : les § 22-25 n'ont plus de raison d'être ; 3) Si la déduction du § 20 concerne le rapport de l'entendement à une intuition en général, il faut penser une imagination en général. Ces trois problèmes peuvent être levés si la déduction du § 20 concerne simplement l'entendement humain dans son rapport à la forme de la

L'objection est importante. Car s'il nous fallait penser une telle imagination générale, la prétention de Kant à penser la synthèse d'entendement sous une forme purement intellectuelle deviendrait problématique. Le trajet de la déduction de 1787 serait alors remis en question. En effet, si la synthèse d'entendement ne pouvait avoir lieu indépendamment d'une mise en œuvre de l'imagination, fût-elle générale, la déduction devrait partir de la synthèse de l'imagination. Or, nous ne pouvons commencer à étudier la synthèse de l'imagination en général, car nous ignorons tout d'une telle imagination. Il ne nous resterait plus dès lors qu'à partir de la synthèse de l'imagination humaine, ce qui nous conduirait à abandonner le trajet déductif de 1787 pour revenir à celui de 1781...

Pourquoi Kant ne pose-t-il pas le problème d'une imagination en général ? Vraisemblablement parce que l'entendement étudié n'est pas un entendement en général mais bien l'entendement humain. Son rapport à une sensibilité en général n'est pas le rapport à une sensibilité effective qui serait plus générale que la sensibilité humaine. Cette expression de « sensibilité en général » signifie simplement l'abstraction que nous avons opérée sur la sensibilité, non seulement sur son contenu mais *sur sa forme même.* L'activité de l'entendement est saisie indépendamment de toute relation à la sensibilité, ce qui est rendu possible par la scission des deux pouvoirs de l'esprit.

Certes, mais pourquoi évoquer une intuition sensible *en général* ? Pour affirmer le caractère non intuitif de l'entendement. La réduction de la sensibilité nous donne certes l'entendement indépendamment de la sensibilité, mais un entendement humain, donc fini. Il y a *mise entre parenthèses mais non élimination* de la sensibilité. L'étude du pouvoir d'unification de l'entendement ne prend sens que sur le fond d'un accord avec un pouvoir de réceptivité qui lui fournit le divers à unifier, bien que ce pouvoir ne soit pas évoqué dans sa spécificité sensible. La déduction de 1787 considère l'entendement indépendamment certes de la sensibilité, mais *dans son accord avec la simple forme de la réceptivité en général de la*

sensibilité en général, antérieurement à toute relation effective à la sensibilité humaine. Cette déduction ne correspond pas à la volonté de s'élever à un niveau supra-humain pour redescendre ensuite au point de vue anthropologique, mais elle tire simplement les conséquences de l'indépendance de l'entendement humain par rapport à la sensibilité et de son caractère non intuitif, ce qui l'autorise à penser la forme de la spontanéité de la synthèse antérieurement à tout rapport déterminé au sensible.

sensibilité. Dès lors, la synthèse intellectuelle de l'entendement n'est pas une détermination effective d'un divers en général, mais :

> [...] *sa synthèse, considérée en elle-même, n'est autre chose que l'unité de l'acte dont il est conscient, comme tel, même sans l'aide de la sensibilité,* mais par lequel il est capable de déterminer intérieurement la sensibilité par rapport au divers que celle-ci peut lui donner selon la forme de son intuition. (B 153)

Saisie dans sa profondeur, la synthèse intellectuelle de l'entendement n'est rien d'autre que l'unité synthétique de l'aperception :

> Au contraire, *dans la synthèse transcendantale du divers des représentations en général, par suite dans l'unité synthétique originaire de l'aperception*, j'ai conscience de moi-même, non comme je m'apparais, ni comme je suis en moi-même, mais *seulement que je suis.* Cette représentation est une *pensée, non* une *intuition.* (B 157)

Cette simple conscience de soi dans son existence, antérieurement à toute détermination du donné de l'expérience interne, *ne peut avoir valeur de connaissance*, comme l'a cru Descartes[12]. La connaissance de soi ne peut porter que sur le moi phénoménal dans le temps. La conscience de soi comme intelligence porte sur la représentation pure de la spontanéité de ma pensée dans sa fonction de détermination. C'est la pure saisie intellectuelle de l'acte d'unification de la pensée, qui ne doit pas être comprise comme une intuition, sans quoi il faudrait penser une intuition intellectuelle et remettre en cause la distinction entre l'entendement et la sensibilité, qui est le fondement même de la déduction.

Il ne reste plus qu'à achever la déduction transcendantale des catégories, ce qui a lieu au § 26 de la déduction.

12 Voir M. Caimi (2007, p. 94-95) et H. E. Allison (2015, p. 397-398).

L'ACHÈVEMENT DE LA DÉDUCTION OBJECTIVE

§ 26-27

Résumons le trajet démonstratif déjà accompli dans cette déduction de 1787. Nous avons opéré la déduction sur le plan de la synthèse intellectuelle. Puis nous avons saisi la nécessité de prendre en compte la synthèse figurée, sans laquelle *il n'y a pas de connaissance possible des objets.* Mais cette synthèse figurée nous est apparue n'être que l'application de la synthèse intellectuelle de l'entendement à la sensibilité spatio-temporelle. Nous avons donc acquis le droit d'appliquer au cas de la synthèse figurée les conclusions de notre étude sur la synthèse intellectuelle. La déduction de la réalité objective des catégories, comme conditions de possibilité de la connaissance des objets de l'expérience possible (et donc de la nature comme l'ensemble des objets de l'expérience soumis à des lois *a priori*), semble alors en découler tout naturellement.

LA PRÉSUPPOSITION DE LA SYNTHÈSE PAR L'INTUITION

En effet, il suffit de revenir au point de départ de la déduction de 1781, à savoir à la synthèse de l'appréhension du divers de l'intuition dans *une* représentation :

> […] par la *synthèse de l'appréhension*, j'entends la composition (*Zusammensetzung*) du divers dans une intuition empirique, par quoi la perception, c'est-à-dire une conscience empirique de cette intuition (comme phénomène) devient possible. (B 160)

La mise au jour de la réalité objective des catégories va pouvoir être effectuée immédiatement sans passer par tout le trajet analytique de la déduction de 1781. Il suffit de montrer que la synthèse de l'appréhension correspond à une synthèse figurée, laquelle présuppose la synthèse intellectuelle de l'entendement. Or, nous avons *déjà* montré une telle présupposition. L'opérativité de la déduction se trouve donc réduite à la mise au jour, dans la synthèse de l'appréhension, d'une synthèse figurée comme synthèse transcendantale, sur un plan *a priori* et non empirique.

Toute la difficulté de la déduction se résume ainsi à cela : mettre au jour dans la synthèse de l'appréhension, qui est empirique, une synthèse figurée *a priori*, qui soit transcendantale. Or, ceci correspond au trajet de la synthèse de l'appréhension dans l'édition de 1781, qui remonte jusqu'à une synthèse de l'appréhension pure, à l'œuvre dans les représentations *a priori* de l'espace et du temps :

> Cette synthèse de l'appréhension doit aussi être pratiquée *a priori*, c'est-à-dire par rapport aux représentations qui ne sont pas empiriques. *Car sans elle, nous ne pourrions avoir* a priori *ni les représentations de l'espace, ni celles du temps*, puisque celles-ci ne peuvent être produites que par la synthèse du divers que fournit la sensibilité dans sa réceptivité originaire. Par conséquent, nous avons une synthèse pure de l'appréhension. (A 99-100)

En effet, l'espace et le temps ne sont pas seulement *des formes de l'intuition*, ce sont également des *intuitions formelles*, qui peuvent devenir des objets pour la géométrie. La détermination des grandeurs spatio-temporelles exige une telle synthèse *a priori*, qui est donc présupposée par toute synthèse empirique :

> L'espace représenté comme objet (ainsi qu'il en est effectivement besoin dans la géométrie), contient *plus que la simple forme de l'intuition*, à savoir la compréhension [*Zusammenfassung*] du divers, donné selon la forme de la sensibilité, en une représentation intuitive, de sorte que la *forme de l'intuition donne simplement du divers, mais l'intuition formelle donne l'unité de la représentation.* Cette *unité*, dans l'« Esthétique », je l'avais attribuée simplement à la sensibilité, pour faire remarquer seulement qu'elle est *antérieure* [*vor*] *à tout concept*, bien qu'elle *présuppose* certes *une synthèse, qui n'appartient pas aux sens, mais par laquelle tous les concepts d'espace et de temps deviennent d'abord possibles.* En effet, puisque par cette synthèse (alors que l'entendement détermine la sensibilité) l'espace et le temps sont d'abord *donnés comme intuitions*, l'unité de cette intuition *a priori* appartient à l'espace et au temps, et non au concept de l'entendement. (B 160, note)

Toutefois, ce texte pose problème[1]. Kant semble en effet y rectifier le texte de l'Esthétique transcendantale, conformément à l'interprétation qu'en donne Paul Natorp[2] à la suite de Cohen. Car si l'intuition ne se constitue dans son unité que par la synthèse de l'entendement, l'entendement semble construire l'intuition. Comment alors sauvegarder l'indépendance de l'intuition sensible par rapport à l'entendement et au concept, nécessaire à la constitution de la connaissance empirique ?

L'antériorité de l'intuition sur le concept, clé de la distinction entre sensibilité et entendement, paraît remise en question si l'intuition *présuppose une synthèse* qui ne peut s'opérer que suivant les catégories, comme expressions de l'unité synthétique de l'aperception. L'antériorité et l'indépendance de l'Esthétique par rapport à la Logique semblent correspondre à une illusion, qui serait levée dans la Déduction transcendantale des catégories de 1787. La prétention ultérieure de Cohen à résorber la distinction entre concept et intuition dans le calcul infinitésimal et à construire un idéalisme scientifique, semble trouver ici sa justification dans le texte kantien.

L'INTERPRÉTATION DE HEIDEGGER

Heidegger, dans son opposition à l'interprétation néokantienne, se doit d'affronter ce texte[3]. Contre la lecture de Natorp, il réinterprète l'idée formulée par Kant d'une unité qui précède tout concept, en rapportant cette unité à l'imagination transcendantale. Il y voit :

---

1 L. Falkenstein (1995, p. 91) estime même que ce texte est contradictoire. Les lecteurs s'accordent actuellement sur le fait que ce texte est susceptible de deux interprétations opposées : conceptualiste et non conceptualiste. Sur ce conflit, voir notamment R. Hanna (2008, 2011), S. Grüne (2011), C. Onof et D. Schulting (2015), C. McLear (2015), cités par H. E. Allison (2015, p. 410-413). Tout comme dans la déduction de 1781 avec le débat entre W. Sellars et M. Young (voir plus haut, p. 169), on retrouve ainsi dans la déduction de 1787 un analogue (au sein de la littérature anglo-saxonne) du débat fondamental entre les néokantiens et Heidegger, qui a bien le sens d'une bifurcation interprétative fondamentale pour la compréhension de la déduction transcendantale.

2 Voir P. Natorp (1910, p. 276).

3 Voir Heidegger (1982, p. 135-140).

> [...] une *con-donation préalable et unissante* de la pure multiplicité de l'espace et du temps. En elle, il y a un *« cum » originaire*, dont l'unité ne consiste nullement dans la liaison d'un donné dispersé et n'est donc pas synthèse. (1982, p. 137)

Nous avons vu que cette « con-donation » constitue selon Heidegger le terme premier et originaire par rapport à l'opposition entre la synthèse et l'unité de la synthèse. Pour comprendre cette unité originaire et la différencier de l'unité synthétique originaire de l'aperception, il propose de l'appeler « unité syndotique originaire intuitive » :

> C'est grâce à cette *syndosis* appartenant à l'unité comme totalité que l'espace et le temps comme intuitions pures – comme intuitionné pur – sont pour la première fois *donnés*, et l'unité qui appartient au *sun* de cette *syndosis* (donc en même temps cette syndosis ou synopsis elle-même) appartient bien à l'espace et au temps et non au concept de l'entendement – bref cette unité de la syndosis ne se confond nullement avec l'unité qui appartient à la synthèse de l'entendement par concepts, aux catégories. Bien plutôt *cette unité synthétique des concepts, des catégories, présuppose cette unité syndotique originairement intuitive.* (*Ibid.*)

Cette présupposition renforce le primat véritable de l'imagination transcendantale sur l'aperception transcendantale :

> Cette unité que donne l'intuition formelle, c'est-à-dire déterminée par la pensée, n'est cependant pas une unité qui s'ajouterait après coup à un divers sans unité, mais elle est l'unité synthétique qui n'est possible que sur la base de l'unité syndotique déjà donnée comme telle dans l'intuition. (1982, p. 138)

La distinction entre *intuition formelle* et *forme de l'intuition* devient dès lors claire :

> La *représentation géométrique de l'espace* est *une intuition formelle*, c'est-à-dire une *forme de l'intuition déterminée par* les formes de l'entendement, par *les catégories.* Déterminée ainsi de façon catégoriale par l'entendement, elle *n'est donc plus l'intuition originaire de l'espace, la forme de l'intuition*, mais une représentation *dérivée.* (1982, p. 139)

Le mérite essentiel de l'interprétation de Heidegger est de montrer ainsi que dans cette note de Kant :

> [...] l'Esthétique transcendantale est si peu corrigée ou même détrônée qu'elle se trouve au contraire *établie* plus explicitement qu'auparavant *dans son droit originaire.* (*Ibid.*)

Toutefois, cette interprétation se heurte à deux difficultés. D'une part, la synthèse originaire présupposée est dite, dans le texte de la note en B 160, *ne pas appartenir aux sens*. Heidegger tourne la difficulté en attribuant cette synthèse (au sens de syndose) à l'imagination et non à la sensibilité[4]. Toutefois, dans la mesure où Heidegger distingue la synthèse de l'imagination de l'exercice de la spontanéité déterminante, il doit considérer qu'elle appartient en fait à la sensibilité, ce qui fait réapparaître la difficulté.

D'autre part, si le texte de Kant avait réellement pour fonction de mettre au jour une nouvelle unité syndotique, produite par l'imagination et présupposée par l'unité synthétique, on comprend mal son insertion dans la 2de édition, qui renonce à toute présupposition de la synthèse de l'imagination par rapport à l'unité synthétique de l'aperception, et dans laquelle Heidegger dénonce un « recul » de Kant. L'interprétation de Heidegger le conduit à découvrir ici une nouvelle confusion de Kant :

> [...] Kant, ici, c'est-à-dire dans la seconde édition, incline à identifier l'unité originaire du divers de l'intuition pure avec l'unité – évidemment originaire, elle aussi – de l'aperception synthétique, non pas toutefois parce que celle-ci est une unité de l'entendement, mais parce qu'elle est également originaire et ainsi rend possible l'entendement et sa synthèse. (1982, p. 139-140)

Une telle confusion est loin d'être évidente. Car loin de penser une unité donnée originairement dans l'intuition formelle, Kant affirme au contraire que seule l'intuition formelle donne une unité du divers. Or, l'intuition formelle présuppose la synthèse catégoriale. La seule unité dont il soit ici question semble bien être l'unité originaire de l'aperception.

CRITIQUE DE L'INTERPRÉTATION NÉOKANTIENNE

Sommes-nous alors reconduits à l'interprétation néokantienne de Natorp ? Pas nécessairement. Relisons le texte de la note en B 160. Il explique que l'espace représenté, objet de la géométrie, est une représentation unifiée. Or, la triple synthèse a étudié les conditions de possibilité

4 1982, p. 136.

d'une telle unité du divers de la représentation pure d'un espace déterminé. Elle a montré qu'il faut présupposer une synthèse *mathématique* de la reproduction, appelée *compréhension* (*Zusammenfassung*), qui doit être distinguée de la synthèse de l'*association.*

Cette unité est dite « antérieure » à tout concept. En effet, nous avons une représentation une de l'espace autour de nous, antérieurement à la conscience de tous les concepts d'espace (de cercle, de carré, etc.) : nous n'avons pas besoin d'avoir fait de la géométrie pour saisir l'espace de façon unifiée. Mais cette unité présuppose une synthèse qui n'appartient pas aux sens, puisque c'est une synthèse de l'imagination en tant qu'elle exprime la spontanéité unifiante et déterminante de l'entendement. C'est une telle synthèse qui rend possible « tous les concepts d'espace et de temps » que nous allons pouvoir mettre au jour par réflexion à partir des représentations multiples d'espace[5].

Cette réflexion ne s'opère pas sur la sensation dans sa matérialité, comme le croit la pensée empiriste, car cette matérialité est étrangère à l'unité. Cette réflexion ne peut donc s'opérer que sur l'action déterminante du sujet. Loin d'être une découverte de la 2de édition, la théorie de l'intuition formelle est implicitement déjà à l'œuvre dans la *Dissertation de 1770*, où elle permet de penser à la fois l'innéité de l'espace et du temps, et le caractère acquis de leurs concepts[6].

Cette synthèse est donc une synthèse figurée de l'imagination, qui correspond à la détermination de la sensibilité par l'entendement, laquelle nous donne les représentations de l'espace et du temps. Ce donné ne correspond pas à la donation des *formes de l'intuition*, mais à celle des *intuitions formelles de l'espace du temps* : « l'espace et le temps sont d'abord donnés comme intuitions [formelles] » (B 160, note). Une telle synthèse présuppose la synthèse intellectuelle de l'entendement dont elle est simplement l'application à la sensibilité, par conséquent l'unité synthétique de l'aperception qui est la seule unité originaire. Comme les formes de l'intuition ne sont pas soumises à une telle synthèse, mais seulement les intuitions formelles, *l'Esthétique n'a pas à être résorbée dans la Logique*[7].

5 Loin de remplacer la triple synthèse de l'imagination, comme le pense H. J. De Vleeschauwer (III-1937, p. 235), la théorie de l'intuition formelle la présuppose. Mais il n'est plus nécessaire d'entrer dans l'analyse du détail de cette synthèse.

6 Section III, § 15, corollaire.

7 En pensant une production non seulement des formes de la sensibilité mais aussi de la matière par l'entendement, en tant qu'il affecte la sensibilité, B. Longuenesse est conduite,

L'ACHÈVEMENT DE LA DÉDUCTION

Or, toute synthèse de l'appréhension dans l'intuition, dans la mesure où elle s'opère dans un espace et un temps déterminés, présuppose une unité *a priori* de la synthèse du divers de l'intuition externe ou interne, et donc une forme de liaison à laquelle tout objet déterminé de l'intuition, appartenant à l'espace et au temps, doit être conforme. Cela signifie notamment que tout objet sensible apparaît selon une forme spatiale déterminée, géométriquement analysable.

De plus, cette unité de la synthèse est donnée *a priori* non *dans* l'intuition – ce qui signifierait ou bien qu'elle relèverait des sens et que la matière posséderait une forme d'unité synthétique (selon l'interprétation de Heidegger)[8], ou bien que l'intuition serait réductible au concept (selon l'interprétation néokantienne) – mais *avec* l'intuition, ce qui signifie qu'elle relève de l'acte déterminant de l'entendement opérant sur l'intuition.

Dès lors, cette unité synthétique doit être attribuée à l'entendement et correspond bien à une application de la synthèse intellectuelle de l'entendement (qui porte sur le divers d'une intuition sensible, c'est-à-dire donnée et non produite, en général), conformément aux catégories, à notre intuition sensible humaine, selon les formes pures de l'espace et du temps. Ce qui achève la déduction :

> Par conséquent, toute synthèse par laquelle la perception elle-même devient possible est soumise aux catégories et, vu que l'expérience est une connaissance au moyen de perceptions connectées entre elles, *les catégories sont les conditions de possibilité de l'expérience et elles valent donc aussi a priori pour tous les objets de l'expérience.* (B 161)

---

sur un mode original par rapport à Cohen, à penser également une forme de résorption de l'Esthétique dans la Logique, qu'elle entend toutefois dans un sens non total, pour échapper à l'accusation d'idéalisme (1993, p. 343-344).

8 Le primat de la forme sur la matière n'engage pas une synthèse : Kant distingue la *synopsis* (fonction coordinatrice) de la *synthèse* (fonction unificatrice). Voir plus haut, p. 37.

LE PROBLÈME DE LA FONDATION DE LA REPRODUCTION DYNAMIQUE

Avant d'en conclure que les catégories sont les concepts qui prescrivent *a priori* des lois à la nature, Kant donne deux exemples. Il s'agit de bien saisir leur fonction.

Nous avons vu que la synthèse catégoriale est condition de possibilité de la synthèse de l'appréhension dans l'intuition. En effet, l'intuition formelle de l'espace contient la compréhension nécessaire du divers de l'intuition dans une représentation et donc une liaison *a priori*, dont l'origine est l'unité synthétique de l'aperception.

Cette démonstration est-elle satisfaisante ? À première lecture, oui. Mais souvenons-nous du trajet démonstratif de la déduction de 1781 que le § 26 entend remplacer. Nous avons vu que la synthèse de la compréhension, qui constitue la représentation d'un espace déterminé, correspond en fait à la synthèse de la reproduction pure, c'est-à-dire à la *composition* (*Zusammensetzung*) subjective des appréhensions successives permettant le rassemblement (*Zusammennehmung*) des impressions et des représentations partielles dans une synthèse de l'appréhension.

Or, une telle synthèse *ne permet pas de rendre compte de l'objectivité de la succession des représentations* et donc de l'affinité des phénomènes. En rester au plan de la *composition* de l'homogène dans la constitution de l'intuition formelle de l'espace est par conséquent *insuffisant* pour comprendre en quoi les catégories sont au fondement des objets de l'expérience, en tant qu'ils sont soumis à des lois *a priori*. Nous n'avons encore affaire qu'à une succession *subjective* des phénomènes dans le temps.

Pour saisir cette distinction entre *succession subjective* et *succession objective*, nous nous étions appuyés sur le texte de la 2de Analogie de l'expérience qui oppose deux exemples : l'intuition empirique d'une maison et celle d'un bateau en train de descendre un courant.

L'erreur serait de dire que la 1re intuition (celle de la maison) n'est pas dans le temps, contrairement à la 2de. *Les deux intuitions sont dans le temps*, car la composition ou l'association des représentations successives (le toit, les murs, etc.) nécessite une durée. La différence réside en ce que, dans le cas de la maison, l'intuition empirique ne nécessite nullement la représentation d'un temps déterminé, mais simplement d'un espace déterminé, de sorte que je ne fais appel qu'à l'intuition formelle *de l'espace et non à celle du temps*. Il ne s'agit pas de la perception d'un événement mais d'une figure spatiale : que je commence mon appréhension par la base ou le toit de la maison, mon image restera identique.

Tout au contraire, dans le cas du bateau, je me représente un événement et donc une succession *objective*. L'ordre dans la série des positions du bateau n'est pas indifférent, sans quoi son mouvement prendrait un tout autre sens (il s'agirait au contraire d'un bateau *remontant* le courant, ce qui est possible mais exige de faire intervenir une force motrice de sens contraire au courant). Ceci exige une détermination objective du temps *comme intuition formelle*.

Or, la synthèse dynamique des représentations est le lieu où s'effectue la constitution de l'intuition formelle du temps. En effet, si cette dernière était atteinte dès la synthèse de la compréhension, par la simple composition des parties homogènes du temps, la représentation de la maison, qui exige une telle composition, mettrait en œuvre une telle intuition. Mais ce n'est pas le cas : la représentation de la maison a besoin de la *forme du temps*, et *non de son intuition formelle*. C'est donc bien dans la synthèse dynamique que s'achève véritablement cette constitution de l'intuition formelle du temps, car celle-ci ne se caractérise pas simplement par la *continuité*, qui est le propre également de l'intuition formelle de l'espace, mais également par l'*irréversibilité*. Tels étaient, brièvement rappelés, les résultats auxquels nous étions parvenus.

On pourrait toutefois leur objecter le texte du § 24, où Kant rend compte de la représentation du temps à l'aide simplement d'une ligne[9] et donc en restant apparemment au point de vue mathématique de la composition. Mais ce serait oublier que la représentation du temps est moins la ligne que son *tracé*, qui est un mouvement dynamique irréversible « [...] *et le temps lui-même sans prêter attention*, en tirant une ligne droite [...] » (B 154).

Si la ligne a valeur de schéma du temps, c'est dans la mesure où on y voit la dynamique de son tracé orienté qui autorise la considération des moments antérieurs, mais interdit de penser une progression dans le sens des grandeurs décroissantes.

Par conséquent, l'affinité du divers selon la synthèse catégoriale ne peut être fondée qu'une fois la représentation déterminée du temps atteinte

9 B 154.

dans la synthèse *dynamique de l'association.* Dès lors, on peut saisir la signification des deux exemples qui s'intercalent entre la déduction des catégories et l'explication de la soumission des objets ainsi constitués à des lois *a priori*. Ils ont deux fonctions :

1. Ils confirment que les synthèses à l'œuvre dans la constitution des intuitions formelles de l'espace et du temps, reposent sur les catégories de l'entendement conformément à ce qui a été dit. Mais ceci correspond à un simple éclaircissement presque superflu.
2. Plus profondément, ils montrent que la déduction effectuée permet de fonder la succession *subjective et objective* des représentations. La raison en est que nous avons pris en compte à la fois la constitution de l'intuition formelle de l'espace et de celle du temps, dont les catégories sont les conditions de possibilité. Ce n'est donc que par l'étude de ces deux exemples que l'achèvement de la déduction déjà opérée apparaît pleinement.

L'EXEMPLE DE LA MAISON

Considérons le 1er exemple. Il porte sur la constitution de l'intuition formelle de l'espace, qui ne prend donc en compte que la succession *subjective*. Tout naturellement, Kant reprend l'exemple de la maison :

> Par conséquent, quand par exemple je transforme l'intuition empirique d'une maison en perception, par l'appréhension de son divers, l'unité nécessaire de l'espace et de l'intuition sensible externe en général me sert de fondement, et je dessine en quelque sorte sa figure [*Gestalt*] conformément à cette unité synthétique du divers dans l'espace. Mais cette même unité synthétique, *si je fais abstraction de la forme de l'espace*, a son siège dans l'entendement, et elle est la catégorie de la synthèse de l'homogène dans une intuition en général, c'est-à-dire la catégorie de la grandeur [*Größe*], à laquelle cette synthèse de l'appréhension, c'est-à-dire la perception, doit donc être entièrement conforme. (B 162)

Rappelons en effet le sens du concept de grandeur énoncé dans le texte des Axiomes de l'intuition :

> La conscience du divers homogène dans l'intuition en général, dans la mesure où par là la représentation d'un objet devient d'abord possible, est le *concept de grandeur* (d'un *quantum*). (B 203)

Tout le sens des Axiomes de l'intuition est ainsi contenu dans cet exemple de la représentation de la maison. Une 1re abstraction nous fait remonter de l'image empirique de la maison à la détermination de l'espace qui la fonde, puis une 2de abstraction de cette unité synthétique *a priori* de l'espace à la synthèse pure de l'homogène dans une intuition en général, dont l'unité synthétique est la catégorie de la grandeur[10]. Il y a bien fondement de la synthèse figurée de l'imagination transcendantale sur la synthèse intellectuelle de l'entendement :

> De cette manière, on prouve que la synthèse de l'appréhension, qui est empirique, doit être nécessairement conforme à la synthèse de l'aperception qui est intellectuelle et contenue tout à fait *a priori* dans la catégorie. *C'est une seule et même spontanéité, qui là sous le nom d'imagination, ici sous le nom d'entendement, introduit la liaison dans le divers de l'intuition.* (B 162, note)

L'EXEMPLE DE L'EAU CONGELÉE

Le 2[d] exemple porte sur la constitution de l'intuition formelle du temps. Kant ici innove et préfère à l'exemple du navire descendant un courant celui de la congélation de l'eau – sans doute en raison de sa plus grande simplicité, puisqu'il n'est constitué que par la succession objective de deux appréhensions : celle de l'eau à l'état liquide, puis à l'état solide :

> Lorsque (pour prendre un autre exemple) je perçois la congélation de l'eau, j'appréhende deux états (de fluidité et de solidité), comme se trouvant l'un par rapport à l'autre dans une relation de temps. Mais *dans le temps, que je donne pour fondement au phénomène en tant qu'intuition interne, je me représente nécessairement une unité synthétique du divers*, sans laquelle cette relation ne pourrait être donnée dans une intuition de manière déterminée (selon la succession). Or, cette unité synthétique, comme condition *a priori*, sous laquelle je lie le divers d'une intuition en général, si je fais abstraction de la forme constante

10 Ces deux abstractions sont directement liées au texte de la déduction de 1787 et correspondent à un ajout de la 2de édition au texte des Axiomes de l'intuition.

> de mon intuition interne, le temps, est la *catégorie de causalité*, par laquelle je détermine, en l'appliquant à ma sensibilité, tout ce qui arrive, dans le temps en général, selon ses relations. (B 162-163)

Une première lecture de ce texte nous confirme, que dans le cas du temps également, la représentation d'un événement présuppose une détermination du temps, laquelle à son tour présuppose, à un degré d'abstraction supérieur, une catégorie de l'entendement comme pour la détermination d'une grandeur spatiale. La synthèse de l'appréhension présuppose donc bien une synthèse intellectuelle de l'entendement appliquée à notre intuition sensible. Ce nouvel exemple est donc une confirmation de plus de la thèse fondatrice de la déduction.

Un lecteur plus attentif serait pourtant en droit de s'étonner. En effet le texte des Axiomes de l'intuition assimile la représentation du temps à celle de l'espace, puisque le temps est constitué de parties homogènes et que sa représentation correspond à la ligne :

> *Je ne peux me représenter une ligne, si petite soit-elle, sans la tirer par la pensée*, c'est-à-dire sans en produire successivement toutes les parties, à partir d'un point, et tracer d'abord cette intuition. Il en est de même pour tout temps, même le plus petit. Je pense en lui seulement la progression successive d'un instant à l'autre, dans laquelle, par toutes les parties du temps et leur addition, une grandeur déterminée du temps est finalement produite. Comme la simple intuition, pour tous les phénomènes, est soit l'espace, soit le temps, *tout phénomène, en tant qu'intuition, est une grandeur extensive, puisqu'il ne peut être connu dans l'appréhension que par synthèse successive* (de partie à partie). (B 203-204)

Pourquoi dès lors Kant ne rattache-t-il pas la détermination du temps au concept de *grandeur* comme dans l'exemple précédent de la maison ? Si l'on croit que la production de la représentation du temps est atteinte dès la 2de synthèse dans l'édition de 1781 (à savoir dans la reproduction simplement mathématique des parties homogènes du temps, comme le texte de A 102 l'indique), le propos de ce texte ne semble pas légitime.

Sa légitimité apparaît en revanche si l'on y voit une confirmation de notre interprétation du temps chez Kant : la constitution de l'*intuition formelle du temps* repose non simplement sur la catégorie mathématique de la grandeur, mais principalement sur la *catégorie dynamique de la causalité*, qui fonde la synthèse de la reproduction dynamique, donc l'*orientation objective* des événements et l'*objectivité de leur succession*. Prétendre penser la nature du temps en prenant en compte uniquement sa continuité est insuffisant.

Or, du point de vue de sa démonstration, Kant aurait pu se contenter de mettre au jour dans la représentation du temps le concept de grandeur. S'il ne l'a pas fait, c'est parce que l'introduction de la catégorie de la causalité est essentielle à la clarté de son raisonnement, pour la raison indiquée au début de l'analyse de ce texte : il doit montrer que la déduction opérée *fonde également la succession objective*, donc l'affinité des phénomènes et leur soumission à des lois nécessaires.

LA FIN DE L'ANALYTIQUE DES CONCEPTS

Kant peut alors affirmer en continuité avec ce qui précède :

> Les catégories sont des concepts qui prescrivent *a priori* des lois aux phénomènes et par conséquent à la *nature*, comme l'ensemble de tous les phénomènes (*natura materialiter spectata*) [...] (B 163)

Suivant un plan identique à celui de la déduction de 1781, Kant entreprend à la fin du § 26 de justifier cette affirmation, dans une intention polémique par rapport à la pensée empiriste. Son argumentation ne fait que résumer le trajet démonstratif que nous avons suivi et ne présente donc pas pour nous d'intérêt majeur.

Elle rappelle qu'il n'y a pas d'intuition possible des phénomènes sans une synthèse empirique de l'appréhension, qui présuppose une synthèse intellectuelle de l'entendement. Tous les phénomènes naturels doivent donc être soumis dans leur liaison aux catégories, qui sont les expressions de l'unité synthétique de l'aperception et qui fondent les lois *a priori* de l'expérience. Comme en 1781, Kant prévient tout contresens en distinguant les lois de la nature en général, fondées sur les catégories, des lois particulières contingentes, qui ne peuvent être tirées des catégories et ne peuvent être connues que dans l'expérience.

Kant peut conclure la déduction au § 27, en insistant sur le fait qu'il n'y a de connaissance *a priori* possible pour nous que celle des objets d'expérience possible, en tant qu'ils sont donnés par l'intuition et pensés par les catégories. Le problème de l'accord de l'expérience aux concepts de l'entendement n'a que trois solutions possibles :

1. La solution empiriste affirme que l'expérience rend possible les concepts, ce qui entre en contradiction avec l'apriorité des catégories[11].
2. La solution rationaliste pense une harmonie préétablie entre notre esprit et les lois de la nature, ce qui entre en contradiction avec la nécessité et l'objectivité des catégories, qui seraient réduites à de simples dispositions subjectives de notre esprit[12].
3. La seule solution valide est de considérer les catégories comme les principes de la possibilité de toute expérience en général.

Insistons encore une fois sur cette généralité qui constitue le sens même de la déduction de 1787. Les catégories ne permettent pas de déduire les lois particulières de l'expérience. Elles ne sont les principes de possibilité que de l'expérience en général[13], à savoir :

> [...] de l'expérience considérée comme détermination des phénomènes dans l'espace et le temps en général, – finalement de cette expérience tirée du principe de l'unité synthétique originaire de l'aperception, comme la *forme de l'entendement dans son rapport au temps et à l'espace*, comme formes originaires de la sensibilité. (B 168-169)

Dès lors, la suite du travail de la *Critique de la raison pure* apparaît dans toute sa clarté et sa nécessité :

> Mais comment elles [les catégories] rendent possible l'expérience et quels principes de la possibilité de celle-ci fournissent-elles dans leur application aux phénomènes, c'est ce qu'enseignera plus largement le chapitre suivant sur l'usage transcendantal de la force de jugement. (B 167)

Cette tâche occupera plus généralement l'ensemble de l'Analytique des principes avec laquelle se conclut l'Analytique transcendantale.

11 Voir B 167.
12 Voir B 168.
13 C'est pourquoi, utilisant une métaphore biologique, Kant assimile son système à une « épigenèse de la raison pure » (B 167), à savoir non la simple croissance d'une totalité préformée, mais un développement progressif par complexification. Sur le conflit entre tenants de la préformation et tenants de l'épigenèse à la fin du XVIIIe siècle, voir J. Mensch (2013).

L'INACHÈVEMENT DE LA DÉDUCTION TRANSCENDANTALE DE 1787

Nous avons suivi la déduction de 1787 jusqu'à son terme sans rencontrer d'obstacle fondamental. Le gain théorique en jeu dans cette reformulation de la déduction paraît acquis : les deux problèmes principaux liés à l'imagination transcendantale mis au jour dans la déduction de 1781 (à savoir 1 – la présupposition réciproque entre unité synthétique et synthèse, et 2 – la nécessité de penser une forme d'unité dans le divers antérieurement à tout concept pour penser la possibilité de la synthèse de l'imagination) semblent avoir été levés par la mise entre parenthèses de la fonction propre de l'imagination transcendantale.

Désormais, on a établi que la synthèse relève de l'entendement, ce qui fonde à la fois la présupposition réciproque entre la synthèse et l'unité synthétique dans leur identité profonde, et la nécessaire unité du divers en général antérieurement à toute synthèse de l'imagination dans la présupposition de la synthèse intellectuelle par la synthèse figurée. Il semble donc que la déduction de 1787 doive être préférée à celle de 1781, contre les lectures de Schopenhauer[1] et de Heidegger. Toutefois, le texte de la déduction de 1787 présente certaines ambiguïtés qui justifient une mise en perspective de ses acquis théoriques.

DEUX SENS DE L'ENTENDEMENT

Considérons à nouveau l'un des textes clés de la déduction de 1787, à savoir la fin de la déduction subjective opérée au § 17 avec la démonstration

1 Pour Schopenhauer, en effet, « la déduction des catégories, dans la 1re édition, est plus simple, moins embarrassée que dans la 2de » (1984, p. 560).

de la possibilité de l'entendement. La démonstration que nous avons alors donnée de cette possibilité est *plus rapide* que celle qui figure dans le texte de Kant.

Pour fonder la possibilité de l'entendement, il suffit de montrer que tout objet donné dans la sensibilité en général a un rapport nécessaire à l'entendement. Or, nous avons vu que la représentation d'un objet présuppose nécessairement l'unité synthétique de la conscience. Comme cette unité synthétique a été identifiée au § 16 avec l'entendement lui-même, nous en avons déduit immédiatement le rapport nécessaire de l'objet à l'entendement[2].

Mais tel n'est pas exactement le raisonnement de Kant dans ce texte. Au lieu de rappeler l'identification entre l'unité synthétique et l'entendement pour conclure directement, il définit *de façon générale* (*allgemein zu reden*) l'entendement comme le pouvoir des connaissances. Or, il n'y a de connaissance que dans le rapport d'une représentation déterminée à un objet. Comme ce dernier présuppose l'unité de la conscience, Kant en conclut que :

> [...] c'est elle qui fait des connaissances, et *c'est donc sur elle que repose la possibilité même de l'entendement.* (B 137)

En rétablissant ici une *différence* entre l'*unité de la conscience* et l'*entendement* (qui pose problème avec l'identification du § 16), Kant opère une complexification difficilement compréhensible de la démonstration. Pourquoi poser cette différence entre l'entendement et l'unité synthétique[3] ?

L'entendement dont il est question est l'entendement *en général* (*überhaupt*), défini comme *pouvoir des connaissances*[4]. Or, cette définition ne correspond pas tout à fait à la définition précédente de l'entendement comme pouvoir de lier *a priori* le divers[5], ou pouvoir des règles. Il y a en effet *deux sens* de l'entendement, un sens général et un sens particulier, comme l'explique le texte inaugural de l'Analytique des principes :

---

2 Voir plus haut, p. 187-190.

3 Contre la lecture de l'École de Marbourg, pour qui l'évolution de Kant entre la 1re et la 2de édition engage une identification de l'entendement à l'aperception, H. J. De Vleeschauwer insiste à juste titre sur ce texte, où la possibilité de l'entendement est référée à l'aperception (III-1937, p. 124).

4 B 137.

5 B 135.

> La logique générale est bâtie sur un plan qui concorde tout à fait exactement avec la division des *pouvoirs supérieurs de connaissance*. Ce sont *l'entendement, la force de jugement* et *la raison*. Cette doctrine traite donc, dans son analytique, des *concepts*, des *jugements* et des *raisonnements*, de façon directement conforme aux fonctions et à l'ordre de ces forces de l'esprit, que l'on comprend sous la *dénomination large d'entendement en général*. (B 169)

La question du rapport de l'entendement à l'unité synthétique de l'aperception s'éclaircit. C'est l'entendement *au sens strict* (comme pouvoir des concepts ou pouvoir des règles) qui est identifié à l'unité synthétique. Mais l'entendement en général, comme pouvoir des connaissances, dépend quant à sa possibilité de l'unité synthétique de l'aperception et *ne lui est donc pas identique*.

Or, la déduction subjective ne doit pas simplement démontrer la possibilité de l'entendement au sens strict (qui est évidente et immédiate comme nous l'avons vu), puisque c'est la théorie du jugement (qui met en œuvre la force de jugement et non l'entendement au sens strict) qui va nous permettre d'opérer la déduction objective. La simplification du raisonnement que nous avons opérée était donc *trop rapide*. Il faut bien, *comme le fait Kant*, élargir la définition de l'entendement, et fonder sa possibilité indépendamment de l'identité de l'entendement au sens strict avec l'unité synthétique de l'aperception.

Insistons sur cet éclaircissement. Sa signification n'est pas simplement logique et anecdotique dans le cours de l'argumentation kantienne. Il est crucial de voir que le § 17 a opéré un élargissement du concept de l'entendement, qui rend possible l'intervention de la théorie du jugement au § 19, grâce à laquelle la déduction objective va pouvoir être opérée au § 20.

En effet, c'est parce que les catégories sont les fonctions logiques du jugement, lequel amène les connaissances données à l'unité objective de l'aperception, qu'elles ont une validité objective. La première partie de la déduction objective présuppose ainsi une mise en œuvre de la force de jugement transcendantale, et ce, dans la théorie du jugement qui a pour fonction de remplacer fonctionnellement la synthèse de l'imagination transcendantale considérée en 1781. Par là est évitée la mise en place d'une présupposition de la synthèse de l'imagination transcendantale par l'unité synthétique de l'aperception. En effet, cette mise en œuvre de la force de jugement pour opérer la 1re partie de la déduction transcendantale objective – qui porte uniquement sur l'objet d'une intuition sensible en général, sans faire appel à la synthèse figurée de l'imagination et donc à l'imagination elle-même – ne fait pas problème, puisque la force de jugement est dite appartenir à l'entendement en général comme pouvoir de connaissance.

Toutefois, ici se présente une difficulté : la force de jugement *n'appartient pas à l'entendement seul*. Dans la mesure où elle prend en compte le divers donné dont elle pense la subsomption sous un concept de l'entendement, elle ne met pas en œuvre seulement le pouvoir des concepts mais aussi un pouvoir en rapport direct avec le donné : l'*imagination*[6].

Dès lors, on saisit la difficulté de la déduction de 1787 : tout en prétendant opérer dans l'entendement seul, indépendamment de l'imagination et donc du sensible, elle présuppose en fait un usage de la force de jugement transcendantale, *qui présuppose à son tour la mise en œuvre de l'imagination transcendantale.*

La prétention de Kant d'effectuer la déduction dans un cadre strictement intellectuel repose ainsi sur une *ambiguïté* de la définition de l'entendement pris *tantôt au sens strict* (il est alors identifié à l'unité synthétique de l'aperception, donc indépendamment de tout rapport au sensible et de toute mise en œuvre de l'imagination), *tantôt au sens large* (il inclut alors la force de jugement transcendantale qui met en œuvre l'entendement en lien avec l'imagination transcendantale).

6 Deleuze insiste avec raison sur ce point : « On aurait tort de croire que l'entendement juge par lui-même [...] Chaque fois que Kant parle du jugement comme d'une faculté, c'est pour marquer l'originalité de son acte, la spécificité de son produit. Mais *le jugement implique toujours plusieurs facultés, et exprime l'accord de ces facultés entre elles*. Le jugement est dit déterminant, lorsqu'il exprime l'accord des facultés sous une faculté posée d'abord comme législatrice. Ainsi le jugement théorique exprime l'accord des facultés qui déterminent un objet conformément à l'entendement législateur [...] Dans le jugement théorique, l'imagination fournit un schème conformément au concept de l'entendement [...] » (1963, p. 85).

L'OCCULTATION DE L'IMAGINATION

Or, nous retrouvons cette même ambiguïté dans la définition du *je pense*. Rappelons le propos de Kant en B 157 :

> Dans la synthèse transcendantale du divers des représentations en général, par conséquent dans l'unité synthétique originaire de l'aperception, j'ai conscience de moi-même, non comme je m'apparais, ni comme je suis en moi-même, mais j'ai seulement conscience que *je suis. Cette représentation est une pensée, non une intuition.*

Ce n'est certes pas une intuition, car la conscience du *je pense* intervient *antérieurement* à toute intuition de moi-même et donc à toute détermination de mon existence.

Toutefois, bien qu'appartenant à la pensée en général, la représentation intellectuelle du *je pense* peut être dite empirique, au sens d'une intuition empirique indéterminée, dans la mesure où elle présuppose une donation empirique sans laquelle elle ne pourrait avoir lieu. C'est ce qu'explique le texte difficile des Paralogismes de la raison pure que nous avons déjà cité, et dont le sens s'éclaircit quand on le rapporte au texte de la déduction de 1787 :

> Cette proposition exprime une *intuition empirique indéterminée*, c'est-à-dire une perception [...] ; mais elle précède l'expérience qui doit déterminer l'objet de la perception par la catégorie relativement au temps. L'existence n'est donc *pas encore ici une catégorie*, l'existence en tant que catégorie se rapportant toujours non à un objet donné d'une manière indéterminée, mais à un objet dont on a un concept et dont on veut savoir s'il est posé aussi en dehors de ce concept ou non. *Une perception indéterminée signifie ici seulement quelque chose de réel qui a été donné, mais seulement pour la pensée en général*, et non par conséquent comme phénomène ou comme chose en soi (noumène), mais comme quelque chose qui existe de fait et qui est désigné comme tel dans la proposition *je pense*. Car il est à remarquer que si j'ai appelé la proposition *je pense* une proposition empirique, je n'ai pas voulu dire par là que le *je*, dans cette proposition, est une représentation empirique : bien plutôt, c'est une *représentation purement intellectuelle, car elle appartient à la pensée en général.* Mais sans quelque représentation empirique qui fournit la matière à la pensée, l'acte *je pense* n'aurait pas lieu, et *l'élément empirique n'est que la condition de l'application ou de l'usage du pouvoir intellectuel pur.* (B 422, note)

L'incomplétude de la 1re partie de la déduction de 1787 devient manifeste : elle porte sur les concepts purs de l'entendement en tant qu'ils se rapportent à des objets indéterminés de la pensée en général et qui n'ont donc *pas encore valeur de catégorie*. L'analyse du pouvoir intellectuel pur est insuffisante dans la mesure où elle est opérée *indépendamment de la condition de sa mise en œuvre*, à savoir le rapport à la sensibilité qui fonde toute connaissance.

Il faut donc bien présupposer quelque représentation empirique qui donne une matière pour comprendre la possibilité d'un tel acte intellectuel pur. C'est en ce sens que le *je pense* est une intuition empirique indéterminée. Refuser une telle présupposition ne pourrait que conduire à donner au *je pense* le sens d'une intuition intellectuelle, ce qui serait contraire au principe même de la déduction transcendantale.

Par conséquent, on ne peut restreindre la définition de l'entendement à son sens strict, dans son identité à l'unité synthétique de l'aperception. Si l'on doit présupposer une donation du divers comme *condition de l'usage même de l'entendement*, il faut élargir le concept d'entendement et se poser le problème de la soumission du divers aux concepts de l'entendement, ce qui signifie passer à l'étude de la force de jugement, qui engage *la mise en œuvre de l'imagination transcendantale*.

Ainsi, le texte de la 2de édition *ne parvient pas à éliminer la présupposition de l'opérativité de l'imagination transcendantale*. Celle-ci continue à être présente, non plus au grand jour dans la triple synthèse, mais *de façon occulte*, dans la force de jugement qui est intégrée à la définition de l'entendement en général.

Or, une telle occultation de l'imagination pose problème. Elle est le fruit d'une limitation de l'usage de la force de jugement, dans un sens *simplement déterminant*[7] au sein de la constitution de la connaissance objective. Dans un tel usage, l'activité propre de l'imagination n'est certes pas apparente dans la mesure où elle est soumise à l'entendement qui légifère. Mais quelle est la validité d'une telle limitation ?

7 Voir plus haut, p. 209.

JUGEMENT DE PERCEPTION ET JUGEMENT D'EXPÉRIENCE

Reconsidérons la définition du jugement donnée au § 19, qui est fondatrice par rapport à la déduction objective de 1787 :

> Mais si je recherche plus exactement la relation des connaissances données dans chaque jugement, et si je la distingue, comme appartenant à l'entendement, du rapport établi selon les lois de l'imagination reproductrice (lequel n'a qu'une validité subjective), je trouve qu'*un jugement n'est rien d'autre que la manière d'amener des connaissances données à l'unité objective de l'aperception.* (B 141)

Cette redéfinition consiste en fait à limiter la théorie du jugement à la théorie des jugements d'expérience (*Erfahrungsurteile*), définis par opposition aux jugements de perception (*Wahrnehmungsurteile*) dans les *Prolégomènes* :

> *Des jugements empiriques, dans la mesure où ils ont une validité objective, sont des jugements d'expérience* ; mais ceux qui ne sont *valables que subjectivement*, je les appelle de simples *jugements de perception.* Ces derniers n'ont besoin d'aucun concept pur de l'entendement, mais seulement de la *connexion* logique des perceptions dans un sujet pensant. Tandis que les premiers exigent toujours, en plus de la représentation de l'intuition sensible, des concepts produits originairement dans l'entendement, qui font que le jugement d'expérience est objectivement valide. (*Prolégomènes*, IV, 298)

Les jugements de perception ne valent donc pas universellement[8] ou nécessairement :

> [...] que la chambre soit chaude, le sucre doux, l'absinthe désagréable, ce sont des jugements d'une valeur simplement subjective. Je ne prétends pas que toujours, moi-même ou tout autre doive sentir ainsi ; ces jugements n'expriment qu'une relation de deux sensations au même sujet, à savoir moi-même [...] (*Prolégomènes*, IV, 299)

8 Il s'agit ici d'une universalité subjective au sens où un jugement de ce type vaut *pour tous les sujets* et pas seulement pour celui qui l'énonce. L'universalité subjective est, avec la nécessité subjective, une des deux conditions de l'objectivité. Un jugement subjectif, comme un jugement de perception, est subjectif non pas universellement mais singulièrement. Il n'y a ici nul paradoxe puisque l'objectivité chez Kant se fonde dans la subjectivité.

Or, les jugements de perception correspondent à la forme la plus générale des jugements :

> Tous nos jugements sont *d'abord* de simples jugements de perception : ils ne valent que pour nous, c'est-à-dire pour notre subjectivité, et ce n'est que plus tard que nous leur donnons un rapport nouveau, à savoir à un objet, et voulons qu'il soit valable toujours pour nous et aussi pour chacun. (IV, 298)

Le passage du jugement de perception au jugement d'expérience se fait par adjonction d'un concept déterminé de l'entendement. Mais ceci n'est pas toujours possible, comme dans le cas de la chambre chaude ou du sucre doux :

> J'avoue volontiers que ces exemples ne représentent pas des jugements de perception qui puissent *jamais devenir des jugements d'expérience*, même si on y ajoutait un concept de l'entendement, car *ils ne se rapportent qu'au sentiment* [*Gefühl*] *que chacun reconnaît comme simplement subjectif* et qui, par suite, ne doit jamais être attribué à l'objet – ils ne peuvent donc jamais non plus devenir objectifs [...] (IV, 299, note)

La définition du jugement comme manière d'amener des connaissances données à l'unité objective de l'aperception ne concerne *qu'une partie des jugements*, les jugements d'expérience qui seuls ont une validité objective – c'est-à-dire dans lequel on a un concept déterminé de l'entendement et qui ne se rapportent pas au sentiment – et donc *où l'imagination est soumise à l'entendement.*

Le premier problème de la déduction de 1781 – celui de la présupposition réciproque entre l'aperception transcendantale et l'imagination transcendantale – n'est donc réglé qu'*en apparence* en 1787, puisque la déduction de 1787 *présuppose la mise en œuvre de l'imagination transcendantale* au sein de la force de jugement transcendantale. Certes, cette présupposition *n'apparaît plus*, car dans l'exercice de la connaissance, qui *seul est en cause* dans la *Critique de la raison pure*, l'imagination transcendantale *est soumise à l'entendement* et donc à l'aperception transcendantale. Toutefois, bien qu'occultée, cette présupposition de l'imagination transcendantale par rapport à l'aperception transcendantale subsiste. Elle reste nécessaire au système car sinon, nous serions obligés d'admettre une intuition intellectuelle.

Son étude devra être portée au grand jour. Mais ce ne peut être dans le cadre de la détermination du divers, c'est-à-dire des jugements d'expérience, puisque l'opérativité de l'imagination transcendantale n'y est pas apparente. Elle doit donc être *repoussée* dans le cadre des jugements simplement subjectifs, où l'imagination *n'est pas soumise* à l'entendement – c'est-à-dire *en dehors d'un usage déterminant* de la force de jugement, dans un usage *non déterminant* où le jugement se rapporte au *sentiment*, *sans concept déterminé*, comme dans le jugement de perception. Et de même que le jugement de perception est premier par rapport au jugement d'expérience, de même l'opérativité de l'imagination transcendantale dans sa liberté doit être pensée comme *première* par rapport à sa soumission à l'entendement.

Or, avec une telle *désoccultation* de la présupposition nécessaire de l'imagination transcendantale, le second problème de la déduction de 1781 refait surface. Car si l'on doit présupposer une activité de l'imagination dans un usage *non déterminant* de la force de jugement (donc antérieurement à tout concept de l'entendement), il faut penser une forme de liaison du divers, qui intervient dans le jugement *antérieurement à tout concept*. Le problème d'une unité du divers produite par l'imagination antérieurement à tout concept doit être posé à nouveau, avec d'autant plus de force que ce problème, comme nous l'avons vu[9], se pose également en théorie de la grandeur, dans le cadre du schématisme transcendantal, qui fait toujours suite à la déduction de 1787. Mais là encore, ce problème n'a plus à être traité dans le cadre de la théorie d'un usage *déterminant* de la force de jugement transcendantale, qui correspond au point de vue de la *Critique de la raison pure*.

DEUX TÂCHES D'UNE THÉORIE DE LA FORCE DE JUGEMENT RÉFLÉCHISSANTE

La déduction de 1787 paraît plus simple que celle de 1781, mais ce n'est précisément qu'une apparence. Elle est en fait le fruit d'une complexification épigénétique qui conduit Kant à séparer des tâches qu'il ne distinguait pas en 1781[10], d'où le caractère parfois confus de

9 Voir plus haut, p. 170-172.

10 De même, lorsqu'il y a division du travail dans un groupe social, cela entraîne à la fois une simplification des tâches pour les individus, et une complexification de la structure du groupe. Ne repérer que la simplification, comme les interprètes qui privilégient la déduction de 1787, c'est en rester à un point de vue partiel.

son texte (renforcé par des anticipations et le caractère très concis de certaines analyses) :

1. Dans un 1er temps, plutôt que de travailler d'emblée sur la sensibilité spatio-temporelle, il opère la déduction à partir d'une abstraction à la fois matérielle et formelle de la sensibilité pour travailler sur la sensibilité en général et faire l'économie de l'imagination.
2. Dans un 2e temps, il opère la déduction en prenant en compte la sensibilité spatio-temporelle, mais dans un cadre simplement déterminant, ce qui lui permet de continuer à occulter l'opérativité propre de l'imagination dans sa différence avec l'entendement.
3. Mais dès lors, *il manque un 3e temps démonstratif*, qui doit porter sur cette opérativité propre de l'imagination, dans un cadre *non déterminant* et en rapport au *sentiment*, *sans concept déterminé de l'entendement.*

Ce 3e temps est d'autant plus nécessaire que la déduction transcendantale de 1787, loin de résoudre les deux problèmes de la déduction de 1781, en a en fait rejeté le traitement *hors du cadre* de la théorie de la connaissance et donc de la *Critique de la raison pure*. La déduction transcendantale des catégories peut certes être considérée comme valide *au sein* de la *Critique de la raison pure*, mais *sous la condition* que le problème de la présupposition de l'opérativité de l'imagination transcendantale par l'aperception transcendantale et celui d'une unité du divers antérieurement à tout concept, soient résolus dans ce travail ultérieur. Les problèmes ne sont pas résolus, ils ne sont que repoussés.

Quel sens peut avoir un jugement non déterminant ? La force de jugement est la mise en œuvre du pouvoir de subsumer le particulier sous l'universel. Si la force de jugement opère antérieurement à tout concept, l'universel est absent : le problème de la possibilité de la subsomption se pose. Pour qu'un tel usage soit possible, il faut partir du particulier et trouver le concept sous lequel il pourra être subsumé. Or, une telle opération correspond à l'activité de *réflexion* telle qu'elle a été définie par Kant dans sa *Logique* :

> Les actes logiques de l'entendement, par lesquels les concepts sont produits selon leur forme sont :
> 1) la *comparaison* c'est-à-dire la confrontation des représentations entre elles en rapport à l'unité de la conscience ;

> 2) la *réflexion* c'est-à-dire la prise en considération de la façon dont différentes représentations peuvent être saisies dans *une* conscience ;
> 3) et enfin l'*abstraction* ou la séparation de tout ce en quoi pour le reste les représentations données se différencient. (IX, 94)

La comparaison nous donne les différences, la réflexion les points communs et l'abstraction élimine les particularités sensibles[11]. Cette dernière opération n'est que négative. Le concept est produit véritablement dans la réflexion[12]. Mais lorsque la réflexion n'atteint pas un concept déterminé, elle est *simplement réfléchissante*[13]. L'activité non déterminante de la force de jugement doit donc être pensée comme *simplement réfléchissante*[14] :

> La force de jugement est en général le pouvoir de penser le particulier comme contenu sous l'universel. Si *l'universel* (la règle, le principe, la loi) est *donné*, alors la force de jugement, qui subsume le particulier sous l'universel, est *déterminante* (il en va de même quand, comme force de jugement transcendantale, elle indique *a priori* les conditions de conformité auxquelles on peut subsumer sous cet universel). Mais *si seul le particulier est donné, pour lequel la force de jugement doit trouver l'universel*, alors la force de jugement est simplement *réfléchissante* [*bloss reflektierend*]. (*KU*[15], Introduction, V, 179)

Contrairement à la force de jugement déterminante qui possède l'universel et l'applique au particulier, la force de jugement réfléchissante n'a pas le concept, l'universel. Elle doit réfléchir sur le particulier afin de produire l'universel. Il semble par conséquent que ce n'est que dans l'étude de la force de jugement simplement réfléchissante, en lien avec le sentiment et sans concept, que pourront être levées les difficultés – *si toutefois elles peuvent l'être dans le cadre strict du criticisme* – que nous avons mises au jour dans la déduction transcendantale.

De fait, le problème de l'unité des représentations sensibles antérieurement à tout concept renvoie à une activité simplement réfléchissante

---

11 Pour une étude précise de ces opérations, voir B. Longuenesse (1993, p. 134-157).

12 Sur la réflexion, voir J.-F. Lyotard (1991, p. 13-68).

13 Comme le remarque judicieusement B. Longuenesse (1993, p. 209). Dans la 1re *Critique*, la réflexion aboutit au contraire à un concept déterminé. L'un des objets principaux de l'ouvrage de B. Longuenesse est d'étudier la réflexion dans le cadre *déterminant* de la 1re *Critique*. En cela, il est complémentaire de mon étude de la 3e *Critique* (Séguy-Duclot, 2018), qui porte sur la réflexion dans un cadre *non déterminant*.

14 Sur le problème historique de la constitution de la théorie du jugement réfléchissant, voir M. Souriau (1926).

15 Pour *Kritik der Urteilskraft*, *Critique de la force de jugement*.

de la force de jugement. Quant au problème de l'indépendance de l'imagination par rapport à l'aperception et à l'entendement, il correspond au statut de l'imagination dans la force de jugement réfléchissante, dans la mesure où elle opère en accord avec l'entendement (puisqu'elle contribue à produire un concept de l'entendement) sans lui être pour autant soumise (puisque la réflexion est antérieure à tout concept). Bien plus, c'est dans l'usage simplement réfléchissant de la force de jugement, et donc dans l'accord indéterminé de l'imagination avec l'entendement, que semble devoir être trouvée la condition de possibilité de la soumission de l'imagination à l'entendement au sein de l'usage déterminant.

Notre commentaire parvient ainsi au résultat suivant : si en 1787, la déduction transcendantale est *complète* dans le cadre *déterminant* de la *Critique de la raison pure*, elle n'est pas *achevée* pour autant. Elle doit se poursuivre dans le cadre *non déterminant* d'une théorie de la force de jugement *réfléchissante*. Cette théorie doit être construite à un niveau non empirique mais transcendantal et accomplir deux tâches principales :

1. Élucider l'indépendance de l'imagination *transcendantale* par rapport à l'entendement, à savoir sa *liberté*, afin d'éclairer le sens du cercle sur lequel repose la théorie kantienne de la connaissance, à savoir la présupposition réciproque l'unité et la synthèse, ou entre l'aperception transcendantale et l'imagination transcendantale. Tant que cet éclaircissement n'aura pas été opéré, l'accusation de diallèle ne peut être écartée.
2. Résoudre le problème de la triple synthèse de 1781, ainsi que du schématisme transcendantal, qui porte sur l'unité du divers antérieurement à tout concept, c'est-à-dire penser la possibilité d'une synthèse de l'appréhension *sans concept*.

LE PASSAGE À LA CRITIQUE DE LA FORCE DE JUGEMENT ESTHÉTIQUE

Kant a-t-il entrepris un tel travail ? La 2de édition de la *Critique de la raison pure* paraît en 1787. Une lettre de Kant à K. L. Reinhold du 28 décembre 1787 nous apprend que Kant, qui vient de finir la 2de *Critique*, met en œuvre une *Critique du goût*, c'est-à-dire une Critique de la force de jugement esthétique, dans lequel la force de jugement va être considérée dans son usage simplement réfléchissant en lien avec le sentiment.

Il nous reste donc à chercher dans cette *Critique du goût* l'achèvement de la déduction transcendantale de la *Critique de la raison pure*[16]. Un commentaire de la déduction transcendantale ne peut donc faire l'économie d'une étude de cette *Critique du goût*, qui va connaître elle aussi une complexification épigénétique et devenir la 1re partie de la 3e *Critique*[17]. Ce travail engage un nouvel approfondissement de la théorie de l'imagination transcendantale[18].

16 Nous retrouvons ici l'intuition profonde de Deleuze : « Tout accord déterminé suppose en effet que les facultés, plus profondément, soient capables d'un accord libre et indéterminé. C'est seulement au niveau de cet accord libre et indéterminé (*sensus communis aestheticus*) que pourra être posé le problème du fondement de l'accord ou de la genèse du sens commun. Voilà pourquoi nous n'avons pas à attendre de la *Critique de la raison pure*, ni de la *Critique de la raison pratique*, la réponse à une question qui ne prendra son vrai sens que dans la *Critique du jugement*. En ce qui concerne un fondement pour l'harmonie des facultés, les deux premières *Critiques* ne trouvent leur achèvement que dans la dernière » (1963, p. 36).

17 Si H. E. Allison (2015, p. 441) note que la déduction du principe du goût, dans la 3e *Critique*, est modelée sur la déduction transcendantale des catégories dans la 1re *Critique*, il ne développe pas ce parallèle, et ne voit pas le lien profond entre la déduction transcendantale de 1787 et le projet de la *Critique du goût*.

18 Si B. Longuenesse voit le lien profond entre la 1re *Critique* et la 3e, en dégageant le rôle fondamental de la réflexion dans la 1re *Critique*, son interprétation psychologique de la déduction de 1781 et le primat qu'elle accorde à la déduction de 1787 (à la suite de Cohen), la conduit à en rester dans le cadre déterminant de la 1re *Critique*. Lorsqu'elle affirme que « Kant ne s'intéresse que marginalement à cet exercice purement sensible/associatif/fantaisiste de l'imagination » (1993, p. 229-230), son propos ne peut s'appliquer qu'à la 1re *Critique*. Car la 3e *Critique* engage au contraire l'exploration précise de cet exercice, qui ne relève pas du tout de la *fantaisie* (*Phantasie*) mais bien de l'imagination productrice *transcendantale*, dans sa liberté par rapport à l'entendement.

L'ACHÈVEMENT DE LA DÉDUCTION TRANSCENDANTALE DANS LA CRITIQUE DE LA FORCE DE JUGEMENT ESTHÉTIQUE[1]

LE PROBLÈME D'UNE SYNTHÈSE DE L'APPRÉHENSION SANS CONCEPT

Le jugement esthétique porte sur la beauté de la nature, comme découverte de sa *finalité interne*[2], au sens où un concept a précédé son effectivité, comme dans toute production de l'*art*, pris au sens large de technique. Un tel jugement est déjà au cœur de la preuve physico-théologique de l'existence de Dieu par l'ordre et la beauté du monde. Mais la validité de cette preuve a été remise en cause par Kant dans la Dialectique transcendantale[3]. Dès lors, l'expérience esthétique n'est plus comprise par Kant comme la découverte d'une finalité interne *objective* (la nature comme production d'un art divin), mais d'une finalité interne simplement *subjective* : on perçoit la nature *comme si* c'était une production de l'art (comme si un concept était au fondement de la possibilité de l'objet naturel jugé beau). Si la découverte d'une telle finalité interne subjective ne permet pas de démontrer l'existence de Dieu, elle permet du moins de penser un accord entre la nature et l'esprit, donc de jeter un pont entre le domaine de la nature (dont la connaissance est fondée dans la 1re *Critique*) et celui de la liberté (objet de la 2e *Critique*), pont qui permet à Kant de penser la possibilité d'un agir libre dans la nature et d'unifier le système critique.

1 J'ai développé l'analyse de la Critique de la force de jugement esthétique dans *Leçons sur l'esthétique de Kant* (2018). Dans le présent chapitre, je n'en retiens que ce qui concerne l'achèvement de la déduction transcendantale de 1787.

2 Et non *externe* : il n'est pas ici question de l'*utilité* de la nature.

3 B 648-658.

L'interprétation du jugement esthétique en termes de finalité interne est développée par Kant dans la 3e définition du beau, *selon la relation*[4]. Comment pouvons-nous, dans l'expérience esthétique, avoir l'impression *subjective* que la nature est finale, à savoir qu'il y a un concept au fondement de sa possibilité (comme si elle était un produit de l'art), alors qu'il n'y a pas de concept déterminé, c'est-à-dire qu'il n'y a pas de finalité *objective* ? Il s'agit de penser une finalité (interne, subjective) sans fin (interne, objective).

Or, une telle définition n'est pas sans poser problème. Car elle revient à admettre que l'imagination puisse opérer une synthèse du divers (naturel) *sans concept*, ou encore penser la possibilité d'une *synthèse de l'appréhension sans concept* ;

> Si la joie[5] est liée à la *simple appréhension* [*Auffassung*] (*apprehensio*) *de la forme d'un objet de l'intuition, sans relation de celle-ci à un concept* en vue d'une connaissance déterminée, alors la représentation est par là rapportée non à l'objet mais uniquement au *sujet* ; et la joie ne peut exprimer rien d'autre que l'*adéquation* [*Angemessenheit*] *de cet objet aux pouvoirs de connaître* qui sont en jeu dans la force de jugement réfléchissante et en tant qu'ils s'y trouvent, donc simplement *une finalité subjective formelle de l'objet.* (V, 189)

L'expérience esthétique de la saisie du beau doit être considérée comme une synthèse de l'appréhension. Il est essentiel de noter que cette appréhension est une synthèse *a priori* : l'imagination est définie ici comme le « pouvoir des intuitions *a priori*[6] » ; elle appréhende réflexivement des formes pures de l'intuition sensible indépendamment de tout contenu matériel et antérieurement à tout concept. Ces formes correspondent à l'accord réflexif d'une pluralité intuitive pure dans une unité, sans concept. Ainsi, une synthèse *a priori* objective de l'appréhension est possible, sans supposer pour autant un concept déterminé.

C'est dans la mesure où une telle appréhension de la forme pure de l'intuition est possible, par la seule imagination, indépendamment de tout concept, que l'imagination doit être pensée comme libre et exerçant une spontanéité propre, en droit indépendante de celle de l'aperception transcendantale. La synthèse opérée par l'imagination n'est pas réductible

---

4 V, 219-236.

5 Sur la traduction de *Lust* par *joie* et non par *plaisir*, voir plus bas, p. 252.

6 V, 190.

à une synthèse d'entendement, puisqu'une telle synthèse est possible antérieurement à tout concept dans un usage simplement réfléchissant de la faculté de juger.

L'APPRÉHENSION ESTHÉTIQUE DES GRANDEURS

Revenons à la théorie de la synthèse de l'appréhension sans concept : elle permet de résoudre le problème des unités premières non seulement dans la déduction de 1781, mais aussi dans la théorie des grandeurs au sein du schématisme[7]. Kant retravaille cette question au § 26 de la 3e *Critique* en considérant le cercle vicieux auquel elle semble conduire :

> Seulement, puisque la grandeur de la mesure doit être admise comme connue, si celle-ci devait être à son tour évaluée seulement par des nombres, dont l'unité devrait être une autre mesure, à savoir être évaluée mathématiquement, nous ne pourrions jamais disposer d'une mesure première ou fondamentale, ni non plus, par conséquent, d'aucun concept déterminé d'une grandeur donnée. (V, 251, § 26)

Ce problème est crucial en théorie de la connaissance, puisqu'il concerne la possibilité même de *toute mesure*. Sa solution engage une appréhension sans concept. L'évaluation de la grandeur de la mesure fondamentale, explique Kant, est *esthétique* :

> L'évaluation de la grandeur de la mesure fondamentale doit donc consister simplement en ce qu'on peut l'*appréhender* [*fassen*] *immédiatement* dans une intuition et, par l'imagination, l'utiliser pour la présentation des concepts de nombre [*Zahlbegriff*] : à savoir, toute évaluation de la grandeur des objets de la nature est en définitive *esthétique* (c'est-à-dire déterminée subjectivement et non objectivement). (*ibid.*)

La *quantitas* est simple détermination du *quantum* par rapport à l'unité qui représente une mesure-étalon. Cette détermination est mathématique et objective. Elle opère par la saisie de l'unité fondamentale et son addition successive dans le temps. Mais l'unité fondamentale n'est

---

7 Voir plus haut, p. 170-172.

déterminée qu'*esthétiquement et subjectivement.* La détermination objective de la grandeur repose ainsi en dernier lieu sur la *réflexion esthétique.*

Notons que la possibilité de l'appréhension d'une unité synthétique antérieurement à toute détermination par un nombre, comme condition de possibilité de la numération mathématique, est posée dans une note de la 2de édition de la *Critique de la raison pure* :

> Nous pouvons intuitionner comme un tout un *quantum* indéterminé quand il est contenu dans des limites, sans devoir construire sa totalité en le mesurant, c'est-à-dire par la synthèse successive de ses parties. Car les limites déterminent déjà l'intégralité dans la mesure où elles excluent toute autre quantité. (B 455-456, note)

Mais cette possibilité reste alors énigmatique. La possibilité de la saisie totale d'un *quantum* indéterminé suppose une analyse complémentaire qui n'est opérée que dans la 3e *Critique.* Celle-ci montre la possibilité d'une synthèse sans détermination conceptuelle et donc sans mesure objective : une telle saisie correspond au concept de *magnitude.*

UN PROBLÈME

Ici, un nouveau problème surgit. Pourquoi toute unité ne viendrait-elle pas en droit d'une appréhension esthétique ? En quoi, dans la théorie de la connaissance, le concept est-il malgré tout nécessaire à la synthèse de l'appréhension comme condition de possibilité de l'expérience en général ? Car si la réflexion esthétique suffit à produire une telle unité de la représentation, la démonstration de la déduction des catégories de 1781 semble détruite : la présupposition de la synthèse de la recognition dans le concept ne paraît plus nécessaire à l'effectuation de la synthèse de l'appréhension.

En cherchant à éviter l'interprétation néokantienne et ses conséquences idéalistes, sommes-nous conduits à une remise en cause du primat de la Logique, caractéristique de l'interprétation heideggerienne ? Non, car la saisie immédiate de l'unité dans la réflexion esthétique de la grandeur ne peut suffire pour fonder la possibilité de l'expérience en général.

L'unification conceptuelle reste indispensable dans le cadre de la fondation de la possibilité de la science en général, c'est-à-dire dans la *Critique de la raison pure*. En effet, si la saisie esthétique d'une grandeur est possible, Kant insiste sur le fait qu'elle reste *limitée*. Elle reste insuffisante pour l'évaluation mathématique, qui exige le concept de nombre :

> Or, pour l'évaluation mathématique des grandeurs, il n'y a pas de maximum (car la puissance [*Macht*] des nombres va à l'infini) ; mais, pour l'évaluation esthétique des grandeurs, il y a bien un maximum [...] (V, 251, § 26)

La science a besoin du concept qui seul a la puissance de l'infini (au sens potentiel). Dans un cadre déterminant, la déduction des catégories est bien pertinente, mais *seulement dans ce cadre, d'où la réduction de la déduction de 1781 à celle de 1787.*

LA SYNTHÈSE DE LA REPRODUCTION SANS CONCEPT

Reste à comprendre le pourquoi d'une telle limite maximum de la saisie esthétique d'un *quantum* dans l'imagination :

> Saisir [*aufnehmen*] intuitivement un *quantum* dans l'imagination, afin de pouvoir l'utiliser comme mesure ou comme unité pour l'évaluation numérique des grandeurs, cela exige deux opérations de ce pouvoir : l'appréhension [*Auffassung*] (*apprehensio*) et la compréhension [*Zusammenfassung*] (*comprehensio aesthetica*). L'appréhension ne fait pas difficulté, car elle peut aller jusqu'à l'infini ; mais la compréhension devient toujours plus difficile à mesure que l'appréhension progresse et elle arrive vite à son maximum : la mesure fondamentale, la plus grande esthétiquement, de l'évaluation de la grandeur. Car, lorsque l'appréhension en est arrivée au point où les représentations partielles de l'intuition des sens qui avaient été appréhendées les premières commencent déjà à s'évanouir dans l'imagination, tandis que celle-ci progresse dans l'appréhension d'autres représentations, elle perd d'un côté autant qu'elle gagne de l'autre, et la compréhension atteint un maximum que l'imagination ne peut dépasser. (V, 251-252, § 26)

Dans notre commentaire de la 2e synthèse de l'imagination dans la déduction de 1781, nous avons vu que la synthèse de la *compréhension* avait le sens d'une synthèse de la *reproduction mathématique*[8]. La compréhension (*Zusammenfassung*] est équivalente au rassemblement (*Zusammennehmung*) de la pluralité appréhendée dans une représentation unique. La compréhension peut être logique, si elle s'effectue suivant un concept, sinon elle est esthétique. Comme nous étudions le cas d'une évaluation esthétique de la grandeur, sans concept, la compréhension est ici qualifiée d'esthétique.

Or, nous venons de voir que pour penser une mesure fondamentale, source de toute numération et donc de la science, une évaluation esthétique de la grandeur est nécessaire. Celle-ci s'effectue sans concept dans une pleine liberté de l'imagination. Une telle évaluation peut s'opérer dans une appréhension immédiate, réflexive et sans concept. En cas d'unité de mesure trop grande pour une telle appréhension, il faut deux opérations distinctes : une *appréhension* successive d'unités partielles et une *compréhension* qui reproduit ces mêmes unités appréhendées dans l'unité complète d'une représentation une, *toujours de façon indéterminée.*

La théorie de la compréhension esthétique, propre à l'imagination dans l'évaluation de la grandeur, constitue ainsi une *synthèse de la reproduction sans concept*, mise au jour dans l'Analytique du beau. Remarquons toutefois que, contrairement à l'Analytique du beau – où la synthèse de l'appréhension sans concept correspondait à l'appréhension d'une forme finale de l'objet dans la réflexion esthétique, et donc au beau lui-même –, la synthèse de la reproduction sans concept ne correspond pas au sublime en tant que tel.

Où intervient le sublime ? Comme la synthèse de la reproduction s'effectue sans concept dans la pure liberté de l'imagination, on doit penser – en l'absence d'un concept déterminé de l'entendement, qui fournit l'unité à la synthèse et permet une compréhension logique indéfinie –, que la compréhension esthétique dans l'imagination finit par échouer à mesure que s'accroissent les termes à reproduire. À partir d'un certain moment, qui intervient assez vite, l'imagination oublie les termes précédents et ne peut plus les reproduire. Cet échec rend compte de la limitation de la saisie esthétique d'une grandeur dont nous cherchions précédemment à comprendre la raison.

En effet la reproduction, qui ramène à la présence toutes les appréhensions partielles antérieures, opère une négation de la succession

8 Voir plus haut, p. 52-53.

temporelle qui correspond à une violence faite au sens interne[9]. Dès lors, si une synthèse de la reproduction purement subjective et sans concept pouvait avoir lieu à l'infini, une négation totale du sens interne serait possible. Ce qui est inacceptable, car une telle négation serait opérée par l'imagination qui appartient à la sensibilité et est proprement temporelle : cela reviendrait à se nier elle-même. Par conséquent, on doit admettre l'existence d'une limite de la synthèse de la reproduction sans concept. Une compréhension infinie n'est possible que si la synthèse est soumise à un pouvoir non sensible de l'esprit, l'entendement, conformément à ce qui est dit dans la déduction transcendantale de la *Critique de la raison pure.*

Il y a donc un moment où l'imagination, dans son indépendance par rapport à l'entendement, ne peut plus reproduire l'ensemble des appréhensions partielles antérieures et les laisse s'évanouir. Ce moment correspond à un maximum de la compréhension, subjectif car propre à l'imagination libre, qui est le maximum de l'appréciation esthétique de la grandeur. Il représente l'étalon le plus grand esthétiquement de l'appréciation de la grandeur. Ce maximum correspond au moment où l'imagination échoue dans sa synthèse de la reproduction mathématique et ne peut saisir une appréhension complète du *quantum.* Il produit une émotion de l'esprit :

> Car il [le spectateur] éprouve ici un sentiment de l'inadéquation[10] [*Unangemessenheit*] de son imagination à présenter l'idée d'un tout – en cela l'imagination atteint son maximum et, dans son effort pour le dépasser, sombre en elle-même, tandis qu'elle se trouve plongée dans une satisfaction émouvante. (*KU*, V, 252, § 26)

L'atteinte du maximum est comprise négativement, comme l'expérience d'un échec et d'une *inadéquation* de l'imagination. Ainsi le sublime ne correspond pas à la synthèse de la reproduction sans concept, à savoir la compréhension esthétique : il n'intervient qu'à partir du moment où, ayant atteint son maximum (inévitable puisqu'elle n'est pas logique), cette synthèse échoue.

---

9 Comme le rappellera le § 27.

10 Il est insatisfaisant de traduire *Unangemessenheit* par *impuissance* comme le fait A. Renaut. Cela revient à introduire un point de vue dynamique dans l'étude mathématique du sublime. L'*Unangemessenheit* traduit une inconvenance mathématique, en termes de mesure, donc une *inadéquation.*

UNE CONTRADICTION

Nous avons donc compris la possibilité d'une synthèse de l'appréhension sans concept et d'une synthèse de la reproduction sans concept. Si l'on suit le fil conducteur de la triple synthèse de 1781, il nous reste à comprendre la possibilité d'une *synthèse de la recognition sans concept.*

Cela paraît toutefois difficile. Car une synthèse de la recognition opère *dans le concept* : c'est le concept qui fournit l'unité qui rend possible la reproduction du divers de l'intuition dans l'appréhension. Comment dès lors une synthèse de la recognition *sans concept* pourrait-elle s'opérer *dans le concept* ? Une telle synthèse serait contradictoire.

Une telle contradiction ne choquera toutefois qu'un lecteur non familier de la troisième *Critique*. Car la série des définitions du beau, selon la table des catégories, n'est qu'une suite de contradictions. Sans respecter l'ordre de cette série, le beau est défini par Kant en termes de *satisfaction désintéressée* (déf. 1) alors que toute satisfaction est évidemment intéressée ; d'*universalité sans concept* (déf. 2) et de *nécessité sans concept* (déf. 4), alors que l'universalité et la nécessité supposent un concept ; et enfin, pour couronner le tout, de *finalité sans fin* (déf. 3)...

Comment donner du sens à ces définitions ? En se souvenant que nous sommes dans un cadre transcendantal, qui ne repose pas sur des oppositions binaires comme la logique formelle. Notamment les catégories de la qualité ne se composent pas de l'opposition binaire de l'affirmation et de la négation, mais comportent également la *limitation*, qui est une affirmation négative. Les définitions du beau relèvent de la catégorie de limitation : ce sont des *affirmations négatives*. Ce qui correspond à leur sens *synthétique*. En l'occurrence il s'agit d'une synthèse entre une thèse *rationaliste* (pour qui le beau est désintéressé, universel et nécessaire donc avec concept, et final) et une antithèse *empiriste* (pour qui le beau est une satisfaction, sans concept donc non universel et non nécessaire, et sans fin). Donner sens à ces affirmations-négations que sont les définitions du beau, c'est construire une synthèse opératoire entre rationalisme et empirisme.

À regarder attentivement les définitions 2 et 4, on voit qu'elles conduisent à penser, du point de vue de la qualité et de la modalité, la présence d'un concept alors qu'il n'y a pas de concept. Quant à la définition 3, du point de vue de la relation, rappelons que la finalité en jeu est la finalité *interne* et non *externe* : il s'agit donc de penser la *présence d'un concept* au fondement de la possibilité de l'objet naturel que l'on trouve beau. Mais en fait, comme cet objet est naturel et non le produit de l'art (il n'est pas valide de passer de la beauté du monde à l'existence de son créateur divin), *un tel concept est absent*. Parler de *finalité sans fin*, revient donc à penser *un concept sans concept*, du point de vue de la relation. À l'exception de la définition 1 qui est fondatrice de la seconde (s'il y a universalité du jugement esthétique, c'est parce qu'il est désintéressé, sans désir, et que les conflits naissent des désirs), on voit donc que les trois autres traitent d'un problème analogue à notre problème d'une synthèse de la recognition *sans concept dans le concept*.

Ajoutons que ce problème se retrouve dans la Dialectique de la force de jugement esthétique, qui oppose une thèse (empiriste) affirmant que les jugements esthétiques *ne se fondent pas sur des concepts* et une antithèse (rationaliste) affirmant que les jugements esthétiques *se fondent sur des concepts*[11]. La solution proposée par Kant est de penser la compatibilité de ces deux thèses opposées, à savoir que les jugements esthétiques *se fondent et ne se fondent pas* sur des concepts. Ils sont donc à la fois *avec concept et sans concept*.

Ainsi la forme contradictoire (du point de vue analytique de la logique formelle) que nous avons atteinte en suivant du fil directeur de la théorie de la triple synthèse de 1781 – penser une synthèse de la recognition *sans concept dans le concept* – loin d'être absurde ou marginale, correspond au *sens même du projet synthétique* de Kant dans sa théorie esthétique. Reste toutefois à comprendre ce sens, à savoir dégager la solution apportée par Kant à ce problème.

11 V, 338-339.

SYNTHÈSE DE LA RECOGNITION SANS CONCEPT

Dans la 3e définition du beau, qui, à travers la finalité sans fin, affronte directement la question de la présence d'un concept dans son absence, la solution de Kant est de comprendre que l'imagination opère librement sa synthèse mais toujours en lien avec l'entendement, qui lui fournit un concept *indéterminé*, à savoir la simple forme générale d'un concept, ou encore la légalité de l'entendement en général. Dans sa synthèse elle se guide sur une impression de sens, l'impression qu'il y a un concept, alors qu'il n'y en a pas. Le jugement de beauté est *simplement réfléchissant* et non déterminant. C'est l'unité d'un concept indéterminé qui permet à l'imagination libre, simplement réfléchissante, d'opérer sa synthèse[12]. Pour adopter une formulation non kantienne et plus intuitive : une expérience esthétique peut être comprise comme une expérience indéterminée de sens. On peut songer ici à Johann Georg Hamann (1730-1788), pour qui la nature est le langage de Dieu que les humains ont pour tâche de déchiffrer. Avec cette différence que pour Kant, il ne s'agit pas d'un langage confus et intraduisible, mais d'une simple apparence de langage.

Dans un jugement esthétique, comme il n'y a pas de concept, on ne subsume pas une intuition *sous un concept*, mais le pouvoir des intuitions ou des présentations (l'imagination) *sous le pouvoir des concepts* (l'entendement). À travers une représentation, le sujet sent son imagination (dans sa liberté) s'accorder avec l'entendement en général (dans sa légalité). La représentation favorise ainsi le libre jeu de l'imagination et de l'entendement, ce qui procure au sujet une augmentation de son sentiment vital[13] : il déclare alors *beau* l'objet de cette représentation. Le

---

12 C'est cette même solution que déploie Kant dans sa résolution de la Dialectique de la force de jugement esthétique, pour lever le conflit entre la thèse (empiriste) et l'antithèse (rationaliste). La solution est de voir que les jugements esthétiques se fondent bien sur des concepts, mais des concepts *indéterminés*, de sorte que la thèse et l'antithèse sont en fait compatibles.

13 V, 204, § 1. Cette augmentation correspond à un *Lust* distinct du *plaisir* (*Vergnügen*), simplement empirique. Pour restituer la distinction cruciale entre *Lust* et *Vergnügen* – que les traducteurs rendent indifféremment par *plaisir*, ce qui obscurcit le sens du texte –, et en raison de la parenté entre le *Lust* kantien et la *laetitia* spinoziste (que les traducteurs allemands de Spinoza rendent par *Lust*), je traduis *Lust* par *joie*. Sur cette question, voir Séguy-Duclot (2018, p. 45-48).

jugement de goût repose simplement sur la sensation de cette animation réciproque entre les deux pouvoirs, qui est purement subjective et de l'ordre du sentiment.

Or, dans la déduction des jugements esthétiques purs, Kant précise en quoi la force de jugement opère par accord de l'imagination et de l'entendement :

> Celle-ci [la force de jugement], utilisée vis-à-vis d'une représentation par laquelle un objet est donné, exige l'accord de deux forces de représentation : l'accord de l'imagination (pour l'*intuition* et la *composition* [*Zusammensetzung*] du divers de cette intuition) et de l'entendement (pour le concept comme représentation de l'unité de cette *compréhension* [*Zusammenfassung*]). (V, 287, § 35)

La première parenthèse de ce texte désigne d'abord la synthèse de l'appréhension qui parcourt le divers sensible et le rassemble dans une représentation, puis la synthèse de la reproduction qui rend possible ce rassemblement en opérant par composition la compréhension du divers. La deuxième parenthèse désigne la synthèse de la recognition dans le concept qui rend possible cette compréhension en lui fournissant son unité. Ce texte fait donc référence à la triple synthèse de l'imagination, mais dans un cadre simplement réfléchissant (sans concept déterminé) et articule la synthèse de l'appréhension sans concept (déterminé) non seulement à une synthèse de la reproduction sans concept (déterminé) mais à une synthèse de la recognition sans concept (déterminé).

Que se passe-t-il dans le libre jeu de l'imagination et de l'entendement ? La forme de la représentation appréhendée est bien une. Il y a une compréhension du divers intuitionné par l'imagination dans sa liberté. Mais ceci ne peut avoir lieu sans une unité. Or, il n'y a pas de concept de l'entendement pour donner à l'imagination cette unité. C'est donc l'entendement en général, qui donne de façon indéterminée cette unité à la synthèse de l'imagination. Il y a donc bien une synthèse de la recognition qui opère certes *dans le concept* mais uniquement dans sa forme générale indéterminée. Du point de vue de la détermination, elle est *sans concept*. La recognition s'effectue donc suivant non l'unité d'un concept déterminé, mais la pure forme de la légalité conceptuelle en général, en tant que fonction d'unification. Ainsi s'éclaire également la possibilité de la saisie immédiate d'une unité première, antérieurement à tout concept de nombre.

UN SCHÉMATISME SANS CONCEPT

Or, dans son travail de synthèse sans concept déterminé, l'imagination fait correspondre à la légalité de l'entendement en général une intuition. La théorie de la *triple synthèse sans concept* s'accompagne donc d'un *schématisme sans concept*, qui vient compléter le *schématisme des catégories* dans l'Analytique des principes et le *schématisme de la raison* dans l'Appendice de la Dialectique transcendantale de la première *Critique* :

> [...] la liberté de l'imagination consiste précisément en ce qu'elle schématise sans concepts [...] (V, 287)

Un *schéma* engage une double détermination : par l'entendement et par le sens interne (le temps). Si le schéma est la réalisation du concept, il en est aussi la limitation par les conditions de la sensibilité. Mais une telle opérativité synthétique entre entendement et sensibilité de l'imagination reste mystérieuse dans le cadre de la 1re *Critique* : Kant la définit alors comme un « art caché [*eine verborgene Kunst*] dans les profondeurs de l'âme humaine » (B 180). Or, le schéma est l'expression d'un *accord* :

> [...] le schéma proprement n'est que le phénomène ou le concept sensible d'un objet, en accord [*Übereinstimmung*] avec la catégorie [...] (B 186)

La 3e *Critique* nous permet de comprendre que si le schéma exprime un *accord*, il doit être produit par l'imagination dans sa liberté, et donc par une activité de réflexion. Le schématisme est alors à comprendre comme une activité de *réflexion* de l'imagination libre, qui doit toutefois être considérée comme *déterminante* dans le cadre de la première *Critique*, à savoir dans le schématisme transcendantal, comme l'indique le texte de la Première Introduction de la *Critique de la force de jugement* :

> Pour ce qui est des concepts universels de la nature, sous la condition desquels en général un concept d'expérience (sans détermination empirique particulière) est possible, la réflexion trouve déjà ce qui la guide dans le concept d'une nature en général, c'est-à-dire dans l'entendement, et la force de jugement n'exige aucun principe particulier de la réflexion ; mais c'est elle qui *schématise a priori* et applique à toute synthèse empirique ces schémas sans lesquels aucun jugement d'expérience ne serait possible. La force de jugement est ici, *dans*

> *sa réflexion*, en même temps *déterminante* [*in ihrer Reflexion zugleich bestimmend*] et le schématisme transcendantal de celle-ci lui sert en même temps de règle sous laquelle sont subsumées des intuitions empiriques données. (XX, 212, Première Introduction)

L'activité de l'imagination transcendantale dans la force de jugement est la mise en œuvre d'une *réflexion déterminante*, expression qui désigne la soumission de la spontanéité propre de l'imagination à l'activité déterminante de l'entendement, et qui s'oppose à l'activité *simplement réfléchissante* de l'imagination dans le jugement esthétique.

Le schématisme est une activité de l'imagination transcendantale, dans l'usage réfléchissant de la force de jugement, qui constitue un *art* (*Kunst*) au sens large de technique. Cet art est *caché* dans le cadre de la 1re *Critique*, dans la mesure où l'imagination est soumise à l'entendement dans sa détermination. Son éclairage ne peut intervenir que dans une *Critique de la force de jugement* qui explore la liberté de l'imagination dans la réflexion et n'étudie que des jugements *simplement réfléchissants.*

Si donc le schématisme transcendantal est compris comme une réflexion déterminante, la condition de possibilité du schématisme réside dans une réflexion libre, que la *Critique de la force de jugement* a pour fonction de révéler. Il y a ainsi fondation théorique du schématisme transcendantal de la 1re *Critique* dans le schématisme sans concept de la 3e *et non l'inverse.* Ce schématisme originaire est *sans concept* et correspond à un produit sensible de l'imagination libre œuvrant dans la force de jugement réfléchissante, dans un simple accord avec l'entendement en général.

C'est donc non seulement la déduction transcendantale des catégories de 1787 qui s'achève dans la théorie des jugements simplement réfléchissants développée par la 3e *Critique*, mais la théorie du schématisme transcendantal, base de l'Analytique des principes, bref, le cœur de la théorie de la connaissance dans la *Critique de la raison pure* dans sa 2de édition.

LE SENS TRANSCENDANTAL DE 3e *CRITIQUE*

Bien que les jugements esthétiques, étant non déterminants, ne relèvent pas de la connaissance, leur théorie apparaît donc comme fondamentale pour la philosophie transcendantale.

Kant révèle ce point crucial lorsqu'il cherche à fonder dans la 4e définition du beau la nécessité subjective du jugement de goût, complémentaire de son universalité subjective étudiée dans la 2e définition. Un tel fondement ne peut qu'être subjectif et indéterminé : c'est le *sens commun*, à savoir l'identité du libre jeu de l'entendement et l'imagination, qui permet de penser en tout être humain un même usage de la réflexion dans le cadre du jugement esthétique. Un tel principe est *a priori*. Le sens commun est le présupposé de toute l'Analytique du beau. La démarche de Kant est bien une *analytique*, c'est-à-dire une remontée au fondement.

Or, c'est ici que se justifie le fait que les jugements de goût sont l'objet d'une *critique*, comme l'indique Kant, par anticipation, au § VII de son Introduction :

> C'est la raison pour laquelle les jugements de goût, quant à leur possibilité, parce que celle-ci présuppose un principe *a priori*, sont eux aussi *soumis à une critique*, bien que ce principe ne soit ni un principe de connaissance pour l'entendement, ni un principe pratique pour la volonté, et ne soit donc pas déterminant *a priori*. (V, 191-192)

Le sens transcendantal de la 3e *Critique* peut être approfondi. La 1re *Critique* construit la théorie de la connaissance à partir de l'unité de la subjectivité transcendantale. Mais elle en reste au strict point de vue de la subjectivité *sans prendre en compte la question de l'intersubjectivité*. Or, une théorie de la connaissance doit se fonder sur une théorie de la communication. Antérieurement à la fondation de la possibilité de la connaissance, il faut s'interroger sur les fondements *a priori* de la possibilité de sa transmission, et donc de la communication entre les individus.

La vérité réside dans l'accord du jugement non à l'être en soi – inaccessible à l'humain selon Kant – mais à l'objet construit par la subjectivité. Les jugements des sujets individuels doivent pouvoir s'accorder entre eux et se communiquer universellement. Sans cet accord, il n'y aurait pas de connaissance objective (universelle et nécessaire) possible et le scepticisme pourrait triompher[14]. La communication de la connaissance suppose une identité de fonctionnement de l'esprit dans un rapport indéterminé à l'objectivité, antérieurement à toute connaissance objective. Ce qui correspond au sens commun qui est donc :

> [...] la condition nécessaire de la communicabilité universelle de notre connaissance, qui doit être présupposée en toute logique et en tout principe de connaissance qui ne soit pas sceptique. (V, 239)

La 3e *Critique* a ainsi une valeur transcendantale fondatrice par rapport à la *Critique de la raison pure*. La Déduction des jugements esthétiques purs s'inscrit dans la continuité de cette analyse. Le concept de *déduction* a le sens de *légitimation d'une exigence*. L'exigence des jugements esthétiques purs est de posséder une valeur universelle et nécessaire, et donc de reposer sur des principes *a priori*, alors qu'ils sont subjectifs et non objectifs. Cette exigence est légitime car sans une identité *a priori* du libre jeu de l'imagination en général et de l'entendement en général, en dehors de toute sensation et de toute détermination par un concept, la communication serait impossible entre les êtres humains, et donc la connaissance elle-même[15].

UN NOUVEAU PROBLÈME

Reste toutefois un problème. Nous avons vu que l'achèvement de la déduction transcendantale exigeait de penser une synthèse de l'appréhension sans concept, une synthèse de la reproduction sans concept et une synthèse de la recognition sans concept. Et de fait nous avons découvert la 1re dans l'Analytique du beau, la 2de dans la théorie du sublime et la troisième dans la déduction des jugements esthétiques purs.

Mais la synthèse de la reproduction sans concept que nous avons trouvée dans l'Analytique du sublime n'est qu'une synthèse de la compréhension, c'est-à-dire de la reproduction *mathématique*. À aucun

14 V, 238.
15 V, 290.

moment nous n'avons découvert une synthèse de la reproduction *dynamique* (association) sans concept. Or, la mise au jour d'une telle synthèse est exigible au même titre que celle d'une synthèse de la compréhension pour l'achèvement de la déduction de 1787.

Notons que dans la déduction subjective de 1781, la fondation de la synthèse de l'association n'intervient qu'*après* l'étude de la synthèse de la recognition et la mise au jour de l'unité de l'aperception transcendantale. C'est cette fondation qui nous permet d'accéder au concept de nature comme totalité dynamique des phénomènes sous des lois nécessaires. On comprend ainsi que Kant puisse travailler sur la synthèse de la recognition sans concept sans avoir considéré une *synthèse de l'association sans concept*. Mais la question de la possibilité d'une telle synthèse doit être posée une fois la déduction des jugements esthétiques purs opérée.

Si Kant a suivi jusqu'au bout le fil conducteur de la déduction de 1781, nous sommes donc en droit d'attendre du texte de la Critique de la force de jugement esthétique, une théorie non seulement de la synthèse de l'appréhension sans concept, de la synthèse de la reproduction mathématique (composition) sans concept et de la synthèse de la recognition sans concept – à laquelle se joint une théorie du schématisme sans concept –, mais aussi une théorie de la synthèse de l'association sans concept.

LE PROBLÈME DE LA BEAUTÉ ARTISTIQUE

La résolution de ce problème suppose d'affronter la difficulté principale de la théorie esthétique de Kant, qui échappe à tous les commentateurs qui y cherchent spontanément la « philosophie de l'art » de Kant. Non seulement Kant n'avait pas prévu d'écrire une « philosophie de l'art », mais l'introduction de l'art dans sa théorie esthétique est éminemment problématique.

En effet, pour Kant, la question esthétique porte sur la beauté de la *nature* et non de l'*art*, puisqu'il s'agit de découvrir dans l'expérience esthétique un accord entre la *nature* et l'*esprit*. Partir de la beauté de l'art pour penser un tel accord, alors que l'art est évidemment une production de l'esprit, serait aussi vain que de prétendre prouver l'existence de Dieu à partir de la beauté de l'art humain : comme la production de l'art suppose déjà un créateur humain, il n'y a pas à remonter à un créateur divin. Les lecteurs de l'esthétique kantienne se plaignent souvent, à la suite de Schopenhauer, de la pauvreté des exemples artistiques de Kant. Mais normalement, il n'aurait même pas dû en prendre.

Bien plus, non seulement l'esthétique kantienne ne vise que la beauté naturelle, mais elle semble incapable de penser la beauté artistique. La nature est belle dans la mesure où le spectateur a l'impression que *c'est de l'art* alors que *ce n'en est pas*. Mais dans ces conditions, comment penser la *beauté de l'art*, qui est bien de l'art ? La seule solution serait de penser que le bel art n'est pas de l'art, ce qui paraît contradictoire et donc absurde.

Absurde... pour la logique formelle, mais pas pour la logique transcendantale, qui est synthétique et non analytique. Kant, dès qu'il se rend compte du problème, l'affronte en s'efforçant de penser un *art sans art*, tout comme il a pensé une *finalité sans fin* ou une recognition *dans le concept sans concept*. Sa solution correspond à la théorie du *génie* (§ 43-54) : seul est beau l'art *génial*, qui est à comprendre comme une production *naturelle* (sans finalité interne objective), du fait de la perte de contrôle conscient[16] sur sa création par le génie :

> [...] le bel art ne *peut pas lui-même concevoir* la règle d'après laquelle il doit réaliser son produit. (V, 307)

La création obéit bien à une règle, mais elle est donnée par « la nature » du génie, à savoir une disposition innée de son esprit correspondant à un accord exceptionnel de l'imagination et de l'entendement au sens large. Le génie peut être redéfini comme la faculté des *idées esthétiques*, à savoir d'intuitions sensibles auxquelles *aucun concept d'entendement ne*

16 H. E. Allison, à la fin de son étude de la déduction transcendantale de 1781 (2015, p. 283), évoque les objections de Kenneth Westphal, qui, dans la continuité de la question de la possibilité d'une synthèse sans concept, s'efforce de penser un rôle cognitif positif de la sensation en leur accordant une « intentionnalité insuffisante pour être intentionnelle » (Westphal, 2004, p. 45). Allison juge profondément problématique cette idée de sensations dotées d'une « intentionnalité non intentionnelle » (*ibid.*). Pourtant, cela correspond très précisément à la théorie du génie. Ce qui montre à nouveau que la Critique de la force du jugement esthétique doit être lue dans la continuité de la déduction transcendantale de 1781 (complémentairement à celle de 1787).

correspond, et qui sont ainsi le symétrique exact des idées de la raison (avec lesquelles elles peuvent entrer dans une relation de symbolisation).

Trouver belle une œuvre géniale, c'est avoir l'impression qu'elle résulte d'un concept déterminé, alors que ce n'est pas le cas. On a une impression de sens mais indéterminée, donc – *comme dans la beauté naturelle* bien que ce soit une production artificielle – une finalité interne *subjective* sans finalité interne *objective.* On pense ainsi un *art sans art* sans contradiction, car l'art exceptionnel du génie s'oppose à l'art au sens large de technique.

La théorie kantienne de l'art apparaît ainsi comme une complexification (épigénétique) de sa théorie de la beauté de la nature. Son influence fut telle qu'elle masqua aux yeux de ses lecteurs l'intention théorique initiale de Kant : la Critique de la force de jugement esthétique fut désormais interprétée comme une philosophie de l'art, ce qui reste actuellement le cas.

UNE SECONDE NATURE

Or, la théorie de l'art qui succède à la déduction des jugements esthétiques purs, nous apprend que le génie crée une *autre nature* :

> L'imagination (comme pouvoir de connaître producteur) se montre très puissante [*mächtig*] dans la *création* [*Schaffung*] pour ainsi dire d'une autre nature à partir de la matière [*Stoff*] que lui donne la nature effective [...] en ceci, *nous sentons notre liberté par rapport à la loi de l'association* [*Assoziation*] [...] (V, 314)

Le génie ne se contente pas de recréer la matière *donnée* par la nature *effective*, il l'organise selon des règles subjectives d'*association* dans une seconde nature (une seconde totalité dynamique). Or, le génie n'obéit à aucun concept déterminé de l'entendement. Par conséquent, il faut admettre que le génie opère une synthèse de la *reproduction dynamique sans concept* (ou *synthèse d'association sans concept*), au sens de *sans concept déterminé.*

La théorie kantienne du génie apparaît ainsi comme le pendant esthétique du numéro 4 de la 2e section de la déduction transcendantale de 1781, puisque Kant y travaille sur une affinité esthétique des phénomènes et sur la création d'une *seconde nature*. On peut alors établir un parallèle strict[17] entre les quatre numéros de la 2e section de la déduction transcendantale de 1781 et le plan de l'Analytique de la faculté de juger esthétique :

- Le numéro 1 a pour corrélat esthétique l'Analytique du beau (§ 1-22).
- Le numéro 2 a pour corrélat esthétique la théorie du sublime (§ 23-29).
- Le numéro 3 a pour corrélat esthétique la déduction des jugements esthétiques purs (§ 30-42).
- Le numéro 4 a pour corrélat esthétique la théorie de l'art dont l'étude du génie est le centre (§ 43-54).

Ce parallélisme est signifiant : car il pose en regard deux concepts de nature dont le fondement est, dans la *Critique de la raison pure*, l'aperception transcendantale, et dans la *Critique de la faculté de juger*, le génie.

OPPOSITION À LA LECTURE DE COHEN

Nous avons ainsi pu découvrir une théorie complète de l'imagination transcendantale dans sa liberté par rapport à l'entendement au sein de la 3e *Critique*. Certes, Kant ne la thématise pas explicitement, car son projet – ses deux Introductions insistent sur ce point – est d'abord systématique : construire un pont entre la 1re et la 2e *Critique*. Mais sa théorie esthétique se construit en suivant le fil conducteur de la triple synthèse de l'imagination dans la déduction subjective de 1781, et en la considérant en dehors d'un cadre déterminant, celui adopté dans la déduction de 1787.

17 Il ne s'agit pas de dire que Kant avait dès le départ le détail de ce projet en tête lorsqu'il entreprend la *Critique du goût*, puisque l'étude du sublime et celle de l'art n'étaient pas initialement prévues. Simplement, Kant est doté d'une faculté remarquable : plus il complexifie sa théorie, plus il en renforce la systématicité. La 3e *Critique* dans son ensemble en est une illustration : elle n'était pas prévue en 1781, pas plus que la deuxième, et pourtant elle confère une pleine systématicité au criticisme. C'est tout le sens de sa démarche épigénétique : le kantisme est une *épigenèse philosophique*. C'est pourquoi une approche simplement structurelle est condamnée à le manquer.

Une telle interprétation de la liberté de l'imagination transcendantale dans la 3e *Critique* entre en conflit direct avec l'interprétation de Cohen dans sa *Kants Begründung der Aesthetik* [*Fondation kantienne de l'esthétique*] (1889).

Afin de penser une subordination de l'esthétique à l'éthique, Cohen opère en effet une scission dans la liberté de l'imagination. S'il reconnaît dans un premier temps que « le *sens immédiat de la liberté* eu égard à l'*imagination* signifie un "accord subjectif de l'imagination avec l'entendement" » (1889, p. 256), il rectifie peu après ce sens « immédiat » :

> La liberté de l'imagination est ainsi en dernier lieu *non indépendance par rapport à l'entendement* mais *aptitude* [*Fähigkeit*] *pour la raison.* (1889, p. 258)

Selon Cohen, il y a chez Kant un double usage de la liberté. L'un immédiat, simplement psychologique, répond à la question : « de quoi [*Wovon*] ? ». Il concerne le libre jeu arbitraire des facultés psychologiques. L'autre, proprement transcendantal, répond à la question : « pourquoi [*Wozu*] ? ». Il engage le rapport à la moralité :

> Cette *liberté psychologique originelle*, qui éclaire le chapitre des attributs [esthétiques], est cependant *compliquée avec la liberté morale.* (1889, p. 261)

Selon Cohen, Kant a pensé la liberté « tantôt uniquement psychologiquement, pour ainsi dire comme arbitre [*Willkür*], comme "libre jeu", mais tantôt à nouveau tout à fait du point de vue moral » (1889, p. 258). Cohen montre ainsi que dans les textes où l'entendement est affirmé être « au service » de l'imagination, cette souveraineté de l'imagination naît en fait du concours de la moralité en elle.

Or, la scission qu'il théorise entre deux libertés de l'imagination est clairement le pendant de la distinction déjà opérée par Cohen dans son commentaire de la déduction transcendantale de 1781, entre une déduction simplement psychologique (la déduction subjective) et une déduction transcendantale (la déduction objective). Cette distinction repose sur la différence entre l'imagination productrice (que Cohen fait appartenir exclusivement à l'entendement et non à la sensibilité) et l'imagination reproductrice (relevant, elle, de la sensibilité).

Toutefois, et là-dessus le texte de Kant est explicite, c'est bien l'imagination *productrice* qui intervient dans le jugement esthétique dans sa liberté par rapport à l'entendement. L'indépendance de l'imagination productrice par rapport à l'entendement devient donc incompréhensible dans l'interprétation de Cohen. Une solution pour Cohen serait de distinguer entre une imagination productrice empirique simplement psychologique et une imagination productrice pure transcendantale, ce qui permettrait effectivement une distinction entre deux types de liberté de l'imagination. Mais cela entrerait directement en contradiction avec le texte de la *Théorie kantienne de l'expérience*, qui interdit la possibilité d'une telle distinction. Même si Cohen a raison d'insister sur le lien entre la beauté et la moralité – puisque tel est l'enjeu systématique de la *Critique du goût* –, son interprétation de la liberté de l'imagination dans la 3e *Critique* ne semble pas tenable.

OPPOSITION À LA LECTURE DE HEIDEGGER

Rejeter l'interprétation de Cohen, est-ce retrouver celle de Heidegger, qui lui est directement opposée ? Ici, notons tout d'abord que Heidegger, dans son commentaire de la 1re *Critique*, renonce à l'étude de la 3e, qu'il n'entreprendra jamais :

> Nous ne pouvons examiner ici en quel sens l'imagination pure reparaît dans la *Critique du jugement*, ni, surtout, si elle y reparaît dans sa relation explicite à l'instauration du fondement de la métaphysique, telle que nous l'avons indiquée plus haut. (1979, p. 217-218)[18]

Un tel silence est d'autant plus étonnant, et problématique, que l'interprétation de Heidegger, qui pense un primat de l'imagination et qui découvre le centre de la 1re *Critique* dans le Schématisme transcendantal, aurait dû se poursuivre dans l'étude de l'imagination dans sa liberté et aurait dû reconnaître dans le schématisme sans concept de la 3e *Critique* un fondement plus originaire du système critique.

---

18 Dans sa lecture phénoménologique de la *Critique de la raison pure*, J. Benoist présente un projet analogue : « je me prenais à rêver d'une lecture "phénoménologique" de la première *Critique* [...] lecture qui aurait aussi bien scruté la première *Critique* à la lumière de la troisième » (1996, p. 7) et il évoque, avec raison, la troisième *Critique* comme « le grand impensé de la lecture heideggerienne » (*ibid.*, p. 8). Sa compréhension du sujet comme sujet sensible conduit de fait J. Benoist à aborder en fin d'ouvrage la théorie du sentiment dans la troisième *Critique* (*ibid.*, p. 292-298), mais sans entrer dans l'étude de ce livre.

Le silence de Heidegger n'est toutefois pas total. On trouve quelques analyses éparses portant sur des points de la 3e *Critique*. Notamment, dans le tome I de son *Nietzsche*[19], au paragraphe intitulé « La théorie kantienne du beau. Son interprétation erronée par Schopenhauer et Nietzsche » (1989, p. 126-135), Heidegger explique que la critique par Nietzsche de la théorie kantienne du désintérêt esthétique (définition du beau selon la qualité) repose sur une erreur dont le responsable est Schopenhauer. C'est ce dernier, en effet, qui interprète la contemplation esthétique chez Kant comme une satisfaction liée à la pure représentation formelle, où l'individu pourrait enfin se délivrer des illusions liées au désir sexuel. Ce désir, qui veut la perpétuation de l'espèce, instrumentalise l'individu et le piège dans les représentations illusoires de l'amour. La mise entre parenthèses du désir sexuel dans la contemplation esthétique apparaît alors à Schopenhauer comme une délivrance pour l'individu. Ce que Nietzsche rejette violemment dans sa *Généalogie de la morale*[20] en défendant le lien profond du beau au désir, compris non comme *eros* au sens platonicien, ni comme désir sensible au sens large, comme chez les empiristes, mais comme désir *sexuel.*

Une telle compréhension de la théorie kantienne du désintérêt esthétique par Schopenhauer et Nietzsche paraît fautive à Heidegger :

> Mais qu'est-ce que Kant entend par cette détermination du beau comme l'objet d'une satisfaction désintéressée ? Que signifie « sans aucun intérêt » ? L'intérêt est le *mihi interest* du latin, quelque chose m'importe ; prendre intérêt à quelque chose veut dire : vouloir avoir quelque chose pour soi, pour le posséder, l'utiliser et en disposer. Quand nous prenons de l'intérêt à quelque chose, nous le plaçons dans la prévision de ce que nous projetons et voulons en faire. Ce à quoi nous prenons de l'intérêt, est toujours déjà pris, c'est-à-dire représenté, en vue d'autre chose. (Heidegger, 1989, p. 128)

Le beau au sens de Kant ne peut donc pas être intéressé :

> Pour trouver beau quelque chose, nous *devons laisser venir devant nous le rencontré même, purement en tant que soi-même, dans son rang et sa dignité propres.* Nous ne devons pas le mettre en ligne de compte par avance, en regard de quelque chose d'autre, de nos fins et prévisions, d'une jouissance et d'un avantage possibles. Le comportement envers le beau en tant que tel, dit Kant, est la *libre faveur* ; nous devons affranchir le rencontré en tant que tel, *dans ce qu'il*

19 Ce tome rassemble des textes écrits entre 1936 et 1939.

20 1974, p. 225-226.

> *est*, nous devons lui laisser et lui accorder ce qui lui appartient en propre, et ce qui nous l'apporte. (Heidegger, 1989, p. 129)

Le désintérêt kantien a ainsi le sens d'une neutralisation objective : la chose n'est plus soumise à un sujet qui l'utilise, elle est délivrée de sa gangue objective et se trouve saisie dans sa dignité propre, celle du « rencontré (*das Begegnende*)[21] ». L'expérience esthétique est une expérience de délivrance et de rencontre, dont le sens est ontologique, puisque le rencontré est saisi proprement « dans ce qu'il est ». C'est aussi, comme l'a vu Nietzsche, une expérience dionysiaque d'ivresse, l'ivresse étant comprise par Heidegger comme cet état affectif « qui fait éclater la subjectivité du sujet », car « la beauté cesse d'être objective et objet. L'état esthétique n'est ni quelque chose de subjectif, ni quelque chose d'objectif. » (1989, p. 116). Ainsi se révèle, grâce à la lecture de Heidegger, un accord profond entre Nietzsche et Kant, par-delà les incompréhensions de Schopenhauer.

Toutefois, pas une seule fois, dans les huit pages que Heidegger consacre à la théorie kantienne du désintérêt esthétique, il ne fait mention du terme d'*existence* (*Existenz*). Cette absence prend un sens paradoxal si l'on remarque que le sens même du désintérêt esthétique chez Kant est, nous l'avons vu, un désintérêt pour *l'existence* de l'objet. Or, l'*existence* (*Existenz*) ou *effectivité* (*Wirklichkeit*) est la 2e catégorie de la modalité, la 1re étant la *possibilité* et la 3e, la *nécessité.*

Le désintérêt, en tant que désintérêt pour l'*existence* de l'objet, ne peut être interprété, à la suite de Heidegger, comme un simple désintérêt pour la *réalité objective* de l'objet, sa *Realität*, qui ouvrirait sur un rapport ontologique plus profond à la chose en deçà de sa mise en forme objective. La *Realität* ou *réalité* est la 2e catégorie de la qualité et ne doit pas être confondue avec l'*existence* : la réfutation par Kant de la preuve de l'existence de Dieu à partir de son essence repose précisément sur cette distinction conceptuelle. Le désintérêt kantien n'a pas à être compris comme une expérience ontologique : il engage au contraire une neutralisation existentielle liée au caractère simplement formel du beau[22], qui accentue encore la réduction phénoménale[23], puisque

---

21 Dans sa traduction française de *Nietzsche* I, Pierre Klossowski traduit de façon erronée ce terme par « *objet* fortuitement rencontré » (1971, p. 103).

22 Pour une critique plus précise de l'interprétation de Heidegger, voir Séguy-Duclot (2018, p. 70-78).

23 Sur cette réduction ainsi que sur la réduction esthétique, voir plus haut, p. 16-17.

dans la philosophie transcendantale de Kant, l'être se trouve réduit à la catégorie d'existence.

Il semble ainsi que le silence de Heidegger s'explique par le fait qu'une étude attentive de la 3e *Critique* aurait confronté son interprétation du kantisme à d'importantes difficultés. J'en indiquerai brièvement trois autres :

1. En interprétant l'imagination comme source de l'entendement, Heidegger aurait eu du mal à rendre compte de la distinction entre les jugements réfléchissants et les jugements déterminants, qui repose précisément sur la distinction entre entendement et imagination.
2. Heidegger aurait également eu du mal à comprendre le maintien du cadre catégorial dans l'Analytique de la Critique de la force de jugement esthétique et l'aurait sans doute interprétée comme une importation indue, et la manifestation même du « recul » de Kant dénoncé dans la 2de édition de la Déduction transcendantale[24].
3. En identifiant non seulement entendement et imagination mais raison et imagination[25], Heidegger peut difficilement penser la relation simplement analogique que Kant établit entre le pouvoir des idées esthétiques et celui des idées rationnelles, et entre la liberté de l'imagination et celle de la raison[26].

À travers cette double opposition à la lecture de Cohen et à celle de Heidegger, il apparaît que notre travail interprétatif a pu se maintenir jusqu'à son interprétation de la 3e *Critique*, dans une 3e voie interprétative.

---

24 Telle est précisément la lecture de J. Derrida dans *La vérité en peinture*. Pour une critique de cette lecture, voir Séguy-Duclot (2018, p. 31-40).

25 Ainsi Heidegger peut-il affirmer : « L'entendement et la raison ne sont pas libres parce qu'ils ont un caractère de spontanéité, mais parce que cette spontanéité est une spontanéité réceptive pure, c'est-à-dire est imagination transcendantale. » (1979, p. 212).

26 En revanche, J.-F. Lyotard discerne cette analogie (1991, p. 255).

CONCLUSION

IRRÉDUCTIBILITÉ ET MULTIPLICITÉ DES CERCLES

Nous avons reconnu la parenté entre la déduction transcendantale chez Kant et la démonstration de l'existence de Dieu chez Descartes : les deux argumentations permettent de résoudre, dans chaque système, le problème fondamental qui se pose à toute théorie prenant le sujet (et non Dieu) pour principe premier : qu'est-ce qui garantit la réalité objective de nos connaissances ? En quoi ne sommes-nous pas condamnés à un relativisme subjectif, conforme au relativisme sophistique d'un Protagoras, qui lui aussi faisait de l'humain le principe de toutes choses – opérant avant l'heure, par opposition à l'ontologie parménidienne, une révolution « copernicienne » –, ou au scepticisme subjectiviste d'un Montaigne ?

Cette parenté permet de donner sens au cercle fondamental de la théorie de la connaissance chez Kant entre unité et synthèse. De même que Descartes doit poser un cercle fondateur entre le sujet et Dieu, le second n'étant atteint qu'à partir du premier et venant en retour garantir ses évidences ; de même, Kant doit poser un cercle entre l'unité première de l'aperception transcendantale et la synthèse de l'imagination : elle est présupposée par cette synthèse, puisqu'il n'y a pas de synthèse sans unité, et elle la présuppose puisqu'elle n'est unité que de cette synthèse.

L'exploration de cercle interdit de comprendre le système kantien de la connaissance sur un mode linéaire et hiérarchique avec à son sommet l'aperception transcendantale. Il inscrit au contraire son texte dans un processus circulaire irréductible où les premiers termes rendent possible la découverte des seconds, lesquels viennent en retour fonder les premiers. De sorte que, tout comme chez Descartes[1], les cercles ne

1 Voir Séguy-Duclot (2017c, p. 263-301).

cessent de se multiplier dans le système kantien, définissant sa perfection structurale mais aussi la relativité irréductible de sa théorisation. Outre le cercle que nous avons repéré entre l'unité analytique et l'unité synthétique de l'aperception, qui correspond aussi à un cercle entre l'unité de l'aperception et la synthèse de l'imagination, on peut également trouver d'autres cercles, par exemple :

- entre la matière qui vient remplir la forme et la forme qui est première par rapport à la matière et la pré-structure.
- entre la table des fonctions logiques (qui sert de fil conducteur à la découverte de la table des catégories) et la table des catégories (qui fonde en retour, comme nous l'avons vu, la table des fonctions logiques) ;
- entre la déduction transcendantale des catégories, qui fonde l'Analytique des principes, et cette même Analytique, dont il faut avoir lu certains textes, comme nous l'avons vu, pour comprendre cette déduction ;
- entre l'Analytique des concepts et la Dialectique transcendantale puisque la possibilité de l'entendement et la possibilité de l'expérience sont fondées ultimement dans l'Appendice à la Dialectique ;
- entre la 1re *Critique* et la 3e, la 1re apportant à la 3e sa table des jugements sur laquelle la 3e se construit, et la 3e venant, dans sa théorie de la communication, et donc l'intersubjectivité, fonder en retour la théorie de la connaissance développée dans la 1re *Critique* ;
- entre la 1re définition du beau, qui est présupposée par les suivantes, et la 4e, qui vient fonder en retour, à travers le principe du sens commun, le jugement esthétique et donc la 1re définition.

La découverte de tels cercles[2] pourrait être multipliée dans le système critique.

2 Sans parler de celui entre liberté et loi morale dans la 2e *Critique*, qui est thématisé explicitement par Kant et résolu par la distinction entre *ratio essendi* et *ratio cognoscendi*, laquelle ne peut être reprise pour les autres cercles. Voir plus haut, p. 97.

SCISSION DE L'ACTIVITÉ DE L'ESPRIT

Si la Dialectique dénonce les mauvais cercles, les cercles vicieux ou antinomies, ne pourrait-on interpréter ces autres cercles de la philosophie transcendantale comme des cercles vertueux, impliqués par la recherche des conditions de possibilité qui exige – selon le double mouvement de la dialectique ascendante et descendante chez Platon ou la distinction entre l'analytique et le synthétique[3] chez Pappus d'Alexandrie (IVe siècle ap. J.-C.) – de remonter d'un terme à son fondement tout en élucidant comment il en provient.

Mais ce n'est pas aussi simple. Car d'une part, nous avons vu que chez Kant la distinction entre les démarches analytique et synthétique n'est pas dépourvue d'ambiguïté[4] (du fait précisément du cercle entre l'unité et la synthèse) et d'autre part, ces cercles n'engagent pas une simple distinction entre une origine heuristique et un principe fondateur. Ils engagent un processus de *fondation réciproque*. De plus, le premier cercle sur lequel repose la philosophie transcendantale s'inscrit entre deux opérativités complémentaires de l'esprit : l'unité de l'aperception et l'activité synthétique de l'imagination que Kant ne cesse d'explorer depuis 1775[5]. Or, ce travail d'exploration le conduit en 1790 à penser non seulement une synthèse libre de l'imagination, sans concept (déterminé), mais aussi, une opérativité de l'esprit échappant *de droit* au contrôle de la conscience et productrice d'intuitions auxquelles aucun concept de l'entendement ne correspond (le génie).

Certes, le génie ne doit pas être opposé à l'entendement. En tant qu'il est défini comme la nature donnant des règles à l'art[6], il correspond

---

3 Il s'agit d'une distinction entre deux méthodes de résolution d'un problème mathématique : la résolution analytique part de ce qu'il faut démontrer, en le supposant connu, et remonte aux données initiales, alors que la résolution synthétique part des données initiales pour arriver à ce qu'il faut démontrer. La première est ascendante, de l'inconnu au connu ; la seconde est descendante, du connu à l'inconnu.

4 Voir plus haut, p. 156.

5 On peut supposer que si Kant a étudié avec soin en 1777-1778 la théorie de l'imagination de Tetens, c'est parce que la question de l'imagination était *déjà* au centre de son attention théorique.

6 V, 307.

à une disposition harmonieuse de l'esprit. La liberté de l'imagination transcendantale dans le génie est en libre accord avec l'entendement, sans quoi le génie serait une forme de folie. Toutefois, cet accord ne peut avoir la forme d'une subsomption de l'imagination sous la légalité de l'entendement en général, comme dans le schématisme sans concept où l'imagination, pour unifier sa synthèse, avait besoin de la pure forme de la légalité que lui donnait l'entendement. En effet, dans la production géniale, l'imagination opère une synthèse qui dépasse les capacités de l'entendement lui-même. L'accord entre l'imagination géniale et l'entendement a le sens d'un élargissement de l'entendement par l'imagination, comparable à l'élargissement de l'imagination par la raison dans le sublime (mais du point de vue cette fois du créateur et non plus du spectateur). C'est un accord libre fondé non sur une adéquation originaire des pouvoirs de connaître dans le sujet, mais sur une inadéquation première de l'entendement à l'imagination géniale.

Ainsi, le principe de la *nature* dans le sujet en tant que pouvoir producteur de l'artiste génial est le principe d'une liberté de l'imagination transcendantale face à laquelle l'entendement éprouve son inadéquation. Cette liberté engage une scission de la spontanéité du sujet transcendantal en deux sources indépendantes : l'aperception transcendantale et l'imagination transcendantale.

Notre analyse nous permet ainsi de rejeter à la fois l'interprétation de Heidegger qui remet en cause le primat de l'aperception transcendantale et de la logique au profit de l'imagination transcendantale, et l'interprétation de Cohen qui réduit l'imagination transcendantale à l'entendement. Ce qui achève notre projet de construire une troisième voie interprétative entre Cohen et Heidegger.

UNE THÉORIE REPOUSSÉE

Dans ce nouveau modèle interprétatif, le kantisme n'est pas réductible à la figure géométrique du cercle dont il n'aurait fait que redéfinir le centre – conformément à la révolution copernicienne : non plus l'objet au centre, mais le sujet[7]. Il s'inscrit plutôt dans un mouvement de complexification épigénétique, où la forme circulaire se trouve soumise à une force centrifuge, laquelle induit une tendance de la théorisation à s'éloigner de son centre de rotation (l'unité de l'aperception), pour explorer de plus en plus l'opérativité de l'imagination.

Or, Kant recule ultimement devant une telle opérativité inconsciente de l'esprit, qui n'est plus réductible à la pensée infraconsciente – inférieure au seuil de conscience – théorisée par Leibniz, et reprise par Kant dans son *Anthropologie*[8]. Il recule d'une part, en affirmant l'*exceptionnalité* du génie – là où on aurait pu s'attendre à son *universalité*, du fait de la symétrie structurelle entre idées esthétiques et idées de la raison[9] –, et d'autre part, en le soumettant ultimement au goût, et donc en restaurant son lien à l'entendement[10].

Cette restauration permet certes de préserver le primat de l'aperception transcendantale et de rétablir le lien entre les trois premières synthèses sans concept, qui relèvent de l'esthétique, et la dernière, la synthèse de l'association sans concept, qui relève de la création géniale. Mais dans cette *soumission du génie au goût*[11], la liberté de l'imagination, qui paraissait dans le génie capable de recréer une seconde nature, se trouve bridée et n'est plus considérée *que dans son accord avec la légalité de l'entendement en général.*

Dans la *Critique de la raison pure* de 1787, Kant repousse l'étude de l'imagination dans sa liberté hors du domaine de la connaissance. De même en 1790, dans la 3e *Critique*, le traitement du fondement de la liberté de l'imagination transcendantale *en elle-même*, de façon totalement indépendante donc de l'entendement – fondement qui doit permettre de comprendre la possibilité de son accord avec l'entendement dans

---

7 Ce que l'on peut déjà dire de Descartes, même s'il n'est pas allé au bout de cette intuition dans ses *Méditations* en démontrant l'existence de Dieu, et donc en revenant, par-delà *l'humain mesure de toutes choses*, au *Dieu mesure de toutes choses* de Platon.

8 Voir plus haut, p. 124.

9 Cette universalité sera très vite théorisée, notamment par Novalis (1772-1801) dans le fragment 283 publié dans la revue *Athanaeum*. Tout le monde a un génie. Le génie créateur dans son exceptionnalité (à savoir la capacité de produire une œuvre à partir de ses idées esthétiques) est alors à penser selon Novalis comme le « génie du génie » : « Sans génialité, nous n'existons même pas, tous autant que nous sommes. Le génie est indispensable à tout. Mais ce qu'on a coutume d'appeler *génie* est le génie du génie. » (P. Lacoue-Labarthe & J.-L. Nancy, 1978, p. 140).

10 V, 319-320.

11 Sur le sens de cette soumission du génie au goût et ses difficultés théoriques, voir Séguy-Duclot (2018, p. 419-437).

l'expérience esthétique et la possibilité de sa soumission à l'entendement dans la connaissance –, se voit repoussé hors de la théorie du jugement esthétique. Cette dernière est maintenue dans les limites des productions belles, où le génie doit se soumettre au goût[12].

UN SUCCÈS APPARENT

Cette étude à nouveau repoussée de l'imagination dans son opérativité libre, Kant ne l'engagera jamais. Car son exploration aurait conduit à une remise en cause majeure du système critique, que la 3e *Critique* a au contraire pour fonction de clore. Elle l'aurait en effet conduit à considérer que la présupposition réciproque entre l'unité et la synthèse implique bel et bien deux sources distinctes engagées dans une relation de circularité fondatrice, ce qui l'aurait conduit à remettre en cause son projet fondationnel à partir d'un principe unique, l'aperception transcendantale, déjà mis à mal par le sens fondateur de la théorie de la communication, et donc de *l'intersubjectivité*, pour la théorie de la connaissance.

En fin de compte, nous pouvons revenir à notre question initiale : *diallèle* ou non *diallèle* ? D'un strict point de vue formel, la réponse est : *non diallèle.* Cette réponse peut être interprétée de trois façons différentes, qui ne sont pas incompatibles entre elles :

1. On peut y découvrir un succès systématique de la philosophie transcendantale, qui parvient ultimement à éviter le diallèle.
2. On peut tout aussi bien estimer que ce succès n'est qu'apparent. *Car si Kant parvient à éviter le diallèle, c'est par recul théorique*, devant une étude plus poussée à la fois du sens fondateur de l'intersubjectivité (ce qui l'aurait conduit à explorer plus avant la théorie de la

12 Une voie ici aurait pu consister dans l'exploration d'un *art sublime*, où le génie n'aurait plus eu pour contrainte de devoir se soumettre au goût. Mais cette voie, dont on entrevoit aisément la fécondité pour penser l'art du XXe siècle, Kant se refuse à l'envisager en rejetant toute validité au fait de nommer *sublime* un ouvrage de l'art, contrairement au Pseudo-Longin et à Burke. Cette voie a notamment été explorée dans le recueil *Du sublime* (1988) où sont réunis des textes de J.-F. Courtine, M. Deguy, E. Escoubas, P. Lacoue-Labarthe, J.-F. Lyotard, L. Marin, J.-L. Nancy et J. Rogozinski.

communication) et du sens fondateur d'une opérativité libre de l'esprit, indépendante de la conscience transcendantale, interprétable donc en termes d'inconscient. Le succès systématique traduit alors un échec philosophique.

3. On peut enfin considérer – et telle est l'interprétation que personnellement je privilégie – que toute entreprise fondationnelle en philosophie étant illusoire, Kant est grand moins dans sa capacité de refermer son système et de le rendre inatteignable à la critique, que dans sa capacité d'ouvrir, par-delà la systématicité de sa pensée, de nouvelles voies de réflexion, lesquelles vont féconder la philosophie contemporaine.

Selon Wilhelm Windelband (1848-1915), l'un des membres les plus importants du néokantisme de Bade, « comprendre Kant signifie dépasser Kant[13] ». Au terme de ce travail interprétatif – qui nous a vus tenter de rester à l'intérieur du kantisme pour construire une troisième voie entre la lecture de Cohen et celle de Heidegger –, telle est la conclusion à laquelle nous sommes ultimement reconduits.

13 1919, p. IV.

BIBLIOGRAPHIE

TRADUCTIONS DES ŒUVRES DE KANT

Kant Emmanuel, *Œuvres philosophiques de Kant*, trad. coll. sous la direction de Ferdinand Alquié, 3 vol., Paris, Gallimard, Bibliothèque de la Pléiade, 1980-1985-1986.

Kant Emmanuel, *Quelques opuscules précritiques*, trad. Sylvain Zac, Paris, Vrin, 1970.

Kant Emmanuel, *Histoire générale de la nature et théorie du ciel (1755)*, trad. Pierre Kerszberg, Anne-Marie Roviello et Jean Seidengart, Paris, Vrin, 1984.

Kant Emmanuel, *Manuscrit de Duisbourg (1774-1775)* et *Choix de réflexions des années 1772-1777*, trad. François-Xavier Chenet, Paris, Vrin, 1989.

Kant Emmanuel, *Critique de la raison pure*, trad. André Tremesaygues et Bernard Pacaud, Paris, PUF, 1968.

Kant Emmanuel, *Critique de la raison pure*, trad. Jules Barni revue par Paul Archambault, Paris, GF, 1976.

Kant Emmanuel, *Critique de la raison pure*, trad. François Marty et Alexandre Delamarre, Paris, Gallimard, dans les *Œuvres philosophiques de Kant*, I, 707-1470, 1980.

Kant Emmanuel, *Critique de la raison pure*, trad. Alain Renaut, Paris, GF, 2006.

Kant Emmanuel, *Critique de la raison pratique*, trad. Jean-Pierre Fussler, Paris, GF, 2003.

Kant Emmanuel, *Critique de la faculté de juger*, trad. Alain Renaut, Paris, GF, 2015.

Kant Emmanuel, *Anthropologie du point de vue pragmatique*, trad. Michel Foucault, Paris, Vrin, 1964.

Kant Emmanuel, *Les progrès de la métaphysique en Allemagne, depuis le temps de Leibniz et de Wolff*, trad. Louis Guillermit, Paris, Vrin, 1968.

Kant Emmanuel, *Leçons de métaphysique*, trad. Monique Castillo, Paris, Le livre de poche, 1993.

Kant Emmanuel, *Logique*, trad. Louis Guillermit, Paris, Paris, Vrin, 1982.

Kant Emmanuel, *Opus postumum*, trad. François Marty, Paris, PUF, 1986.
Kant Emmanuel, *I. Kant, Correspondance*, 1749-1802, trad. coll., Paris, Gallimard, 1991.

LITTÉRATURE SECONDAIRE

Adickes Erich, 1889, *Immanuel Kants Kritik der reinen Vernunft, mit einer Einleitung und Anmerkungen*, Berlin, Myer & Müller.
Adickes Erich, 1895, *Kantstudien*, Kiel und Leipzig, Lipsius & Tischer.
Adickes Erich, 1924, *Kant und das Ding an sich*, Berlin, R. Heise.
Adickes Erich, I-1924 et II-1925, *Kant als Naturforscher*, 2 vol., Berlin, W de Gruyter.
Adickes Erich, 1929, *Kants Lehre von der doppelten Affektion unseres Ich als Schlüssel zu seiner Erkenntnistheorie*, Tübingen, J. C. B. Mohr.
Allais Lucy, 2011. « Transcendental Idealism and the Transcendental Deduction », dans *Kant's Idealism*, Dennis Schulting & Jacco Verburgt, (éd.), Dordrecht, Springer, p. 91-107.
Allison Henry Edward, 1968 « Kant's Concept of the Transcendental Object », *Kant-Studien*, 59, p. 165-186.
Allison Henry Edward, 1970, « Transcendantal Affinity, Kant's Answer to Hume », in *Proceedings of the third international Kant Congress*, p. 203-211.
Allison Henry Edward, [1983] 2004, *Kant's Transcendental Idealism*, New Haven, Yale University Press.
Allison Henry Edward, 2015, *Kant's Transcendental Deduction*, Oxford, Oxford University Press.
Alquié Ferdinand, 1968, *La critique kantienne de la métaphysique*, Paris, PUF.
Alquié Ferdinand, 1975, « Une lecture cartésienne de la *Critique de la raison pure* est-elle possible ? », *Revue de Métaphysique et de Morale*, 80 (2), p. 145-155.
Alquié Ferdinand, 1980, « La Position du problème critique », *Œuvres philosophiques de Kant*, t. I, Paris, Gallimard, Bibliothèque de la Pléiade, p. 607-621.
Ameriks Karl, 1978. « Kant's Transcendental Deduction as a Regressive Argument », *Kant-Studien*, 69, p. 273-287.
Aquila Richard, 1975, « Kant's Phenomenalism », *Idealistic Studies*, p. 108-126.
Aquila Richard, 1977, « The Relationship between Pure and Empirical Intuition in Kant », *Kantstudien*, 68, p. 275-289.
Arnoldt Emil, 1892, *Zur Beurtheilung von Kant's* Kritik der reinen Vernunft *und Kant's* Prolegomena, Thomas & Oppermann.

Arnoldt Emil, 1907, *Die Transzendentale Deduktion der Kategorien in der Ersten Auflage der* Kritik Der Reinen Vernunft, *in Gesammelte Schriften*, hg von O. Schöndörffer, Nachlass-Bd. 2, Berlin, p. 22-72.

Baeumler Alfred, 1923, *Kants Kritik der Urteilskraft. Ihre Geschichte und Systematik*, Bd. I, Halle, Niemeyer.

Barot Emmanuel & Servois Julien (dir.), 2009, *Kant face aux mathématiques modernes*, Paris, Vrin.

Bartuschat Wolfgang, 1972, *Zum systematischen Ort von Kants Kritik der Urteilskraft*, Krankfurt/Main, V. Klostermann.

Baum Manfred, 1986. *Deduktion und Beweis in Kants Transzendentalphilosophie*, Konigstein, Athenaeum.

Baumanns Peter, 1979, « Transzendentale Deduktion der Kategorien bei Kant und Fichte », in *Erneuerung der Transzendentalphilosophie im Anschluß an Kant und Fichte*, Stuttgart, p. 42-83.

Baumanns Peter, 1991, « Kants Transzendentale Deduktion der reinen Vestandesbegriffe (B) : Ein kritischer Forschungsbericht », *Kant-Studien*, 82, p. 328-348.

Baumanns Peter, 1997, *Kants Philosophie der Erkenntnis. Durchgehender Kommentar zu den Hauptkapiteln der « Kritik der reinen Vernunft »*, Würzburg, Königshausen & Neumann.

Baumgarten Alexander Gottlieb, [1750] 1970, *Aesthetica*, Frankfurt/O, repr. Darmstadt, Olms.

Baumgarten Alexander Gottlieb, 1988, *Esthétique*, précédée de *Métaphysica* § 501-623, trad. Jean-Yves Pranchère, Paris, L'Herne.

Beaufret Jean, 1973, « Kant et la notion de *Darstellung* », dans *Dialogue avec Heidegger*, t. II, Paris, Minuit, p. 77-109.

Beck Lewis White, 1978, *Essays on Kant and Hume*, New Haven, Yale University Press.

Belaval Yvon, 1982, « Libres remarques sur le schématisme transcendantal », dans *L'héritage de Kant*, Paris, Beauchesne, p. 27-42.

Bennett Jonathan, 1966, *Kant's Analytic*, Cambridge, Cambridge University Press.

Bennett Jonathan, 1979. « Analytic Transcendental Arguments », in *Transcendental Arguments and Science*, Peter Bieri, Rolf-P. Horstmann & Lorenz Krüger (éd.), Dordrecht, Reidel, p. 45-64.

Benoist Jocelyn, 1996, *Kant et les limites de la synthèse. Le sujet sensible*, Paris, PUF.

Benoist Jocelyn, 1998, « L'impensé de la représentation : De Leibniz à Kant », *Kant-Studien*, 89, p. 300-317.

Benoist Jocelyn, 2004, « "Le mythe du donné et les avatars du kantisme analytique », *Revue de Métaphysique et de Morale*, 4, p. 513-529.

Biemel Walter, 1959, *Die Bedeutung von Kants Begründung der Aesthetik für die Philosophie der Kunst, Kantstudien, Ergänzungshefte* 77, Köln, Kölner Universitäts-Verlag.

Bird Graham, 1974, « Recent Interpretations of Kant's Transcendental Deduction », *Kant-Studien*, 65, p. 1-14.

Birven Henri Clemens, 1913, *I. Kants transzendental Deduktion*, *Kantstudien, Ergänzungshefte* 29, Berlin, Kaemmerer.

Böhme Gernot, 1974a, *Zeit und Zahl*, Frankfurt/Main, Klostermann.

Böhme Gernot, 1974b, « Über Kants Unterscheidung von extensiven und intensiven Größe », *Kant-Studien*, 65, p. 239-258.

Böhme Gernot, 1982, « Kants Theorie der Gegenstandskonstitution », *Kant-Studien*, 73, p. 130-156.

Böhme Gernot & Böhme Hartmut, 1983, *Das Andere der Vernunft*, Frankfurt/Main, Suhrkamp.

Bonnet Christian, 2002, « Kant et les limites de la science », dans *Les philosophes et la science*, Pierre Wagner (dir.), Paris, PUF, p. 349-402.

Brouillet Raymond, 1975, « Dieter Henrich et "The Proof-Structure of Kant's Transcendental Deduction". Réflexions critiques », *Dialogue* 14 (4), p. 639-648.

Bubner Rüdiger, 1981, « L'autoréférence comme structure des arguments transcendantaux », *Les Études philosophiques*, 4, p. 385-397.

Caimi Mario, 2007, *La déduction transcendantale dans la deuxième édition de la* Critique de la raison pure, Paris, Publications de la Sorbonne.

Carl Wolfgang, 1989, « Kant's First Drafts of the Deduction of the Categories », in *Kant's Transcendental Deductions*, Förster (éd.), Stanford, Stanford University Press, p. 3-26.

Carl Wolfgang, 1992. *Die Transzendentale Deduktion der Kategorien in der ersten Auflage der Kritik der reinen Vernuft*, Frankfurt/Main, Klostermann.

Carl Wolfgang, 1998, « Die B-Deduktion », in *Immanuel Kant : Kritik der reinen Vernunft*, G. Mohr & M. Willaschek (éd.), Berlin, Akademie-Verlag, p. 189-216.

Cassirer Ernst, [1920] 1983, *Les systèmes post-kantiens*, trad. coll. du Collège de Philosophie, Lille, Presses Universitaires de Lille.

Cassirer Ernst, [1925] 1973, *Langage et mythe*, trad. O. Hansen-Love, Paris, Minuit.

Cassirer Ernst & Heidegger Martin, 1972, *Débat sur le Kantisme et la Philosophie (Davos mars 1929) et autres textes de 1929-31*, prés. par Pierre Aubenque, trad. par Pierre Aubenque, Jean-Marie Fataud et Pierre Quillet, Paris, Beauchesne.

Cavaillès Jean, [1947] 1987, *Sur la logique et la théorie de la science*, Paris, Vrin.

Cleve James Van, 1973, « Four Recent Interpretations of Kant's Second Analogy », *Kant-Studien*, 64, p. 71-87.
Cleve James Van, 1999, *Problems From Kant*, Oxford, Oxford University Press.
Cohen Hermann, 1883, *Das Prinzip der Infinitesimal-Methode und seine Geschichte*, Berlin, Dümmler.
Cohen Hermann, [1871] 1885, *Kants Theorie der Erfahrung*, Berlin, Dümmler.
Cohen Hermann, 1889, *Kants Begründung der Aesthetik*, Berlin, Dümmler.
Cohen Hermann, 1902, *Logik der reinen Erkenntniss*, Berlin, Cassirer.
Cohen Hermann, 1912, *Aesthetik des reinen Gefühls*, Berlin, Cassirer.
Cohen Hermann, 2001, *La théorie kantienne de l'expérience*, trad. de l'éd. 1918 par É. Dufour & J. Servois, Paris, Cerf.
Crowther Paul, 1985, « Fundamental Ontology and Transcendent Beauty », *Kant-Studien*, 76, p. 55-71.
David-Ménard Monique, 1991, *La folie dans la raison pure*, Paris, Vrin.
Declève Henri, 1969, « Heidegger et Cassirer, interprètes de Kant », *Revue philosophique de Louvain* LVII, p. 517-545.
Declève Henri, 1970, *Heidegger et Kant*, La Haye, Nijhoff.
De Coninck Antoine, 1955, *L'Analytique transcendantale de Kant*, t. I, Louvain, Publications universitaires de Louvain.
Delbos Victor, 1940, *De Kant aux postkantiens*, Paris, Aubier.
Deleuze Gilles, 1963, *La philosophie critique de Kant*, Paris, PUF.
Derrida Jacques, 1978, *La vérité en peinture*, Paris, Flammarion.
Descartes René, 1996, *Œuvres*, éd. C. Adam et P. Tannery [1897-1909], 11 vol. Paris, Vrin (notée AT).
De Vleeschauwer Herman Jean, I-1934, II-1936, III-1937, *La déduction transcendantale dans l'œuvre de Kant*, 3 vol., Anvers, Paris, La Haye, Leroux.
De Vleeschauwer Herman Jean, 1939, *L'évolution de la pensée kantienne*, Paris, Félix Alcan.
De Wiele Josef van, 1978, « Kant et Heidegger, le sens d'une opposition », *Revue Philosophique de Louvain*, p. 29-53.
Dicker Georges, 2004. *Kant's Theory of Knowledge*, New York, Oxford University Press.
Dickerson Adam, 2004, *Kant on Representation and Objectivity*, Cambridge, Cambridge University Press.
Du Sublime, 1988, textes de Jean-François Courtine, Michel Deguy, Éliane Escoubas, Jean-François Lyotard, Philippe Lacoue-Labarthe, Louis Marin, Jean-Luc Nancy et Jacob Rogozinski, Paris, Belin.
Dufrenne Mikel, 1949, « Heidegger et Kant », *Revue de Métaphysique et de Morale*, 54 (1), p. 1-28.
Dumouchel Daniel, 1999, *Kant et la genèse de la subjectivité esthétique*, Paris, Vrin.

Düsing Klaus, 1980, « Objektive und subjektive Zeit », *Kant-Studien*, 71, p. 1-34.

Dussort Henri, 1963, *L'École de Marbourg*, éd. par J. Vuillemin, Paris, PUF.

Dyck Corey, 2011, « Kant's Transcendental Deduction and the Ghosts of Descartes and Hume », *British Journal for the History of Philosophy*, 19, p. 473-496.

Ehrlich Walter, 1923, *Kant und Husserl. Kritik der transzendentalen und der phänomenologischen Methode*, Halle Saale, Niemeyer.

Eisler Rudolf, [1930] 1994, *Kant-Lexikon*, trad. Anne Dominique Balmès & Pierre Osmo, Paris, Gallimard.

Erdmann Benno, 1878, *Kants Kriticismus in der ersten und in der zweiten Auflage der Kritik der reinen Vernunft*, Leipzig, L. Voss.

Erdmann Benno, 1904, « La critique kantienne de la connaissance, comme synthèse du rationalisme et de l'empirisme », *Revue de Métaphysique et de Morale*, 31, p. 445-475.

Evans Joseph Claude, 1990, « Two-Steps-in-One-Proof : The Structure of the Transcendental Deduction of the Categories », *Journal of the History of Philosophy* 28, p. 553-570.

Falkenstein Lorne, 1995, *Kant's Intuitionism : A Commentary of the Transcendental Aesthetic*, Toronto, University of Toronto Press.

Ferrari Massimo, 2001, *Retours à Kant*, trad. Thierry Loisel, Paris, Cerf.

Fink Eugen, 1966, *Le jeu comme symbole du monde*, trad. Hans Hildenbrand & Alex Lindenberg, Paris, Minuit.

Fink Eugen, 1974, *De la phénoménologie*, trad. Didier Franck, Paris, Minuit.

Fischer Wolfgang, 1975, « Die Möglichkeit der Kunst nach Kants Destruktion aller Metaphysik », *Pädagogisch Rundschau*, p. 701-718.

Förster Eckart (ed.), 1989, *Kant's Transcendental Deductions*, Stanford, Stanford University Press.

Frege Gottlob, 1971, *Écrits logiques et philosophiques*, trad. C. Imbert, Paris, Éditions du Seuil.

Gadamer Hans-Georg, [1975] 1991, « Kant et l'herméneutique philosophique », dans *L'Art de comprendre, Écrits II*, trad. coll., Paris, Aubier, p. 69-80.

Girel Mathias, 2011, « Wilfrid Sellars, Philosophe synoptique », dans *Lectures de la philosophie analytique*, Sandra Laugier & Sabine Plaud (dir.), Paris, Ellipses, p. 523-545.

Granel Gérard, 1970, *L'équivoque ontologique de la pensée kantienne*, Paris, Gallimard.

Grondin Jean, 1989, *Kant et le problème de la philosophie : l'a priori*, Paris, Vrin.

Grüne Stefanie, 2011, « Is There a Gap in Kant's B-Deduction ? », *International Journal of Philosophical Studies* 19, p. 465-490.

Guérin Michel, 1974, « Kant et l'ontologie analogique », *Revue de Métaphysique et de Morale*, 79, p. 516-548.

Gueroult Martial, 1953, *Descartes selon l'ordre des raisons*, 2 vol., Paris, Aubier.

Gueroult Martial, 1954, « Canon de la raison pure et Critique de la raison pratique », *Revue internationale de philosophie*, 8 (4), p. 331-357.

Gueroult Martial, 1978, « La Dissertation kantienne de 1770 », *Archives de Philosophie*, 41 (1), p. 3-25.

Guillermit Louis, 1963, « Commentaire des Paralogismes », *Cahiers de philosophie de la Faculté des lettres et des sciences humaines de Paris*, Paris.

Guillermit Louis, 1986, *L'élucidation critique du jugement de goût selon Kant*, Paris, CNRS.

Guyer Paul, 1977, « Review of W. H. Walsh, *Kant and the Criticism of Metaphysics* », *Philosophical Review*, 86, p. 264-270.

Guyer Paul, 1987, *Kant and the Claims of Knowledge*, Cambridge, Cambridge University Press.

Guyer Paul, 1989, « Psychology and the Transcendental Deduction », in *Kant's Transcendantal Deductions. The Three « Critiques » and the « Opus Postumum »*, Förtser (éd.), Stanford, Stanford University Press, p. 47-68.

Guyer Paul, 1992, « The Transcendental Deduction of the Categories », in *The Cambridge Companion to Kant*, Paul Guyer (éd.), Cambridge University Press, p. 123-160.

Habermas Jürgen, 1987, « Metaphysik nach Kant », in *Theorie der Subjektivität*, Frankfurt/M., Suhrkamp, p. 425-443.

Haering Theodor Lorenz, 1910, *Der Duisburgsche Nachlaß und Kants Kritizismus um 1775*, Tübingen, J. Mohr.

Hamann Johann-Georg, 1821-1843, *Hamann's Schriften*, éd. F. Roth, 7 vol., Berlin, Reimer.

Hanna Robert, 2008. « Kantian Non-Conceptualism », *Philosophical Studies*, 137, p. 41-64.

Hanna Robert, 2011, « Beyond the Myth of the Myth : A Kantian Theory of Non-Conceptual Content », *International Journal of Philosophical Studies*, 43, p. 91-110.

Heidegger Martin, [1927] 1982, *Interprétation phénoménologique de la « Critique de la raison pure » de Kant*, trad. Emmanuel Martineau, Paris, Gallimard.

Heidegger Martin, [1929] 1979, *Kant et le problème de la métaphysique*, trad. Alphonse De Waelhens & Walter Biemel, Paris, Gallimard.

Heidegger Martin, [1958] 1980, *Essais et conférences*, trad. André Préau, Paris, Gallimard.

Heidegger Martin, [1961] 1989, *Nietzsche* I, Pfullingen, Neske, [trad. Pierre Klossowski, 1971, Paris, Gallimard].

Heidegger Martin, [1962] 1971a, *Qu'est-ce qu'une chose ?*, trad. Jean Reboul & Jacques Taminiaux, Paris, Gallimard.
Heidegger Martin, [1963] 1968, « La thèse de Kant sur l'être », trad. Lucien Braun & Michel Haar, dans *Questions II*, Paris, Gallimard.
Hegel Georg Wilhelm Friedrich, [1801] 1986, *La différence entre les systèmes philosophiques de Fichte et de Schelling*, trad. Bernard Gilson, Paris, Vrin.
Hegel Georg Wilhelm Friedrich, [1802] 1988, *Foi et savoir*, trad. Alexis Philonenko & Claude Lecouteux, Paris, Vrin.
Heintel Peter, 1970, *Die Beudeutung der Kritik der aesthetischen Urteilskraft für die transzendentale Systematik*, Bonn, Bouvier.
Henrich Dieter, 1982, « The Proof Structure of Kant's Transcendental Deduction », in *Kant on pure Reason*, Ralph Charles Sutherland Walker (éd.), Oxford, Oxford University Press, p. 66-81.
Henrich Dieter, 1989a, « Kant's Notion of a Deduction and the Methodological Background of the First *Critique* », in *Kant's Tranzsendental Deduktions*, Eckart Förster (éd.), Stanford University Press, p. 29-46.
Henrich Dieter, 1989b, « The Identity of the Subject in the Transcendental Deduction », in *Reading Kant*, Shaper & Vossenkuhl (éd.), Oxford University Press, p. 250-280.
Henrich Dieter, 1994, *The Unity of Reason : Essays on Kant's Philosophy*, Richard Velkley (éd.), Cambridge, Harvard University Press.
Hossenfelder Malte, 1978, *Kants Konstitutions-Theory und die Transzendentale Deduktion*, Berlin, W. de Gruyter.
Howell Robert, 1992, *Kant's Transcendental Deduction*, Dordrecht, Kluwer.
Hume David, [1739] 1983, *Traité de la nature humaine*, trad. André Leroy, Paris, Aubier.
Husserl Edmund, [1924] 1990, « Kant et l'idée de la philosophie transcendantale », dans *Philosophie première*, I, trad. Arion-Lothar Kelkel, Paris, PUF, p. 299-368.
Kaye Lawrence, 2015, *Kant's Transcendental Deduction of the Categories : Unity, Representation, and Apperception*, Lanham, MD, Lexington Books.
Kelkel Arion-Lothar, 1966, « Husserl et Kant », *Revue de Métaphysique et de Morale*, 71, p. 154-198.
Keller Pierre, 1998, *Kant and the Demands of Self-Consciousness*, Cambridge, Cambridge University Press.
Kemp Smith Norman, [1918] 1962, *A Commentary to Kant's* Critique of Pure Reason, New York, Humanities Press.
Kitcher Patricia, 1982, « Kant on Self-Identity », Philosophical Review, 91, p. 41-72.
Kitcher Patricia, 1990, *Kant's Transcendental Psychology*, New York, Oxford University Press.

Klein Félix, 1871, « Sur la géométrie dite non euclidienne », *Bulletin des sciences mathématiques et astronomiques* t. 2, p. 341-351.
Klemme Heiner, 1996, *Kants Philosophie des Subjekts*, Hamburg, Meiner.
Kojève Alexandre, 1973, *Kant*, Paris, Gallimard.
Kroner Richard, I-1921 et II-1924, *Von Kant bis Hegel*, 2 vol., Tübingen, Mohr.
Krouglov Alexei, 2013, « Tetens und dis Deduktion der Kategorien bei Kant », *Kant-Studien* 104, p. 466-489.
Lachièze-Rey Pierre, [1931] 1972, *L'idéalisme kantien*, Paris, Vrin.
Lacoue-Labarthe Philippe & Nancy Jean-Luc, 1978, *L'absolu littéraire*, Paris, Éditions du Seuil.
Lebrun Gérard, 1970, *Kant et la fin de la métaphysique*, Paris, Armand Colin.
Leibniz Gottfried Wilhelm, [1890] 1978, *Die philosophischen Schriften*, 7 t., éd. Carl Immanuel Gerhardt, repr. Darmstadt, Olms.
Leppäkoski Markku, 1998, « The Two Steps of the B-Deduction », *Kantian Review*, 2, p. 107-116.
Longuenesse Béatrice, 1993, *Kant et le pouvoir de juger. Sensibilité et discursivité dans l'Analytique transcendantale de la* Critique de la raison pure, Paris, PUF.
Longuenesse Béatrice, 1995, « Kant et les jugements empiriques. Jugements de perception et jugements d'expérience », *Kant-Studien*, 86, p. 278-307.
Longuenesse Béatrice, 2000, « Kant's Categories and the Capacity to Judge », *Inquiry* 43, p. 91-110.
Longuenesse Béatrice, 2017, *I, Me, Mine*, Oxford University Press.
Lynch Dennis, 1990, « Ernst Cassirer and Martin Heidegger. The Davos Debate », *Kant-Studien*, 81, p. 360-370.
Lyotard Jean-François, 1991, *Leçons sur l'analytique du sublime*, Paris, Galilée.
McCann Edwin, 1985, « Skepticism and Kant's B-Deduction », *History of Philosophy Quarterly*, 2, p. 71-89.
McLear Colin, 2015, « Two Kinds of Unity in the *Critique of Pure Reason* », *Journal of the History of Philosophy*, 53 (1), p. 79-110.
Malherbe Michel, 1980, *Kant ou Hume*, Paris, Vrin.
Meerbote Ralf, 1972, « Kant's Use of the Notions "Objective Reality" and "Objective Validity" », *Kant-Studien*, 63, p. 51-58.
Mensch Jennifer, 2013, *Kant's Organicism*, Chicago, University of Chicago Press.
Messina James, 2014. « Kant on the Unity of Space and the Synthetic Unity of Apperception », *Kant-Studien*, 105 (1), p. 5-40.
Meyer Michel, 1977, « Le paradoxe de l'objet chez Kant », *Kant-Studien*, 68, p. 290-304.
Meyer Michel, 1988, *Science et métaphysique chez Kant*, Paris, PUF.
Monzel Alois, 1913, *Die Lehre von inneren Sinn bei Kant*, Bonn, C. Georgi.

Monzel Alois, 1920, « Kants Lehre von inneren Sinn und der Zeitbegriff im Duisburgschen Nachlaß », *Kant-Studien*, 11, p. 427-435.
Moreau Joseph, 1974, « Le temps, la succession et le sens interne », *Kant-Studien*, 65, p. 184-200.
Moreau Joseph, 1980, « Intuition et appréhension », *Kant-Studien*, 71, p. 282-298.
Morrison Ronald, 1978, « Kant, Husserl and Heidegger on Time and the Unity of "Consciousness" », *Philosophy and Phenomenological Research*, 39 (2), p. 182-192.
Muralt André de, 1958, *La conscience transcendantale dans le criticisme kantien*, Paris, Aubier.
Nadeau Robert, 1973, « Cassirer et Heidegger : Histoire d'un affrontement », *Dialogue*, 12 (4), p. 660-669.
Natorp Paul, 1910, *Die logischen Grundlagen der exakten Wissenschaften*, Leipzig, Teubner.
Nietzsche Friedrich, [1887] 1974, *Généalogie de la morale*, trad. A. Kremer-Marietti, Paris, 10/18.
Nowotny Viktor, 1981, « Die Struktur der Deduktion bei Kant », *Kant-Studien*, 72, p. 270-279.
Onof Christian & Schulting Dennis, 2015, « Space as Formal Intuition and as Form of Intuition », *The Philosophical Review* 124, p. 1-39.
Paton Herbert James, 1930, « Is the transcendental Deduction a patchwork ? », *Proceedings of the Aristotelian Society*, p. 143-178.
Paton Herbert James, 1936, *Kant's Metaphysic of Experience, A Commentary on the first Half of the « Kritik der reinen Vernunft »*, 2 vol., London, Allen and Unwin.
Paton Herbert James, 1979, « Conscience and Kant », *Kant Studien*, 70, p. 239-251.
Pereboom Derk, 1990, « Kant on Justification in Transcendental Philosophy », *Synthèse*, 85, p. 25-54.
Pereboom Derk, 1995, « Self-understanding in Kant's Transcendental Deduction », *Synthèse*, 103, p. 1-42.
Pereboom Derk, 2006, « Kant's Metaphysical and Transcendental Deductions », in *The Blackwell Guide to Kant*, G. Bird (éd.), Oxford, Blackwell, p. 154-168.
Philonenko Alexis, 1982, *Études kantiennes*, Paris, Vrin.
Philonenko Alexis, [1969-1972] 1983, *L'œuvre de Kant*, 2 vol., Paris, Vrin.
Philonenko Alexis, 1989, *L'École de Marbourg*, Paris, Vrin.
Pierobon Frank, 1990, *Kant et la fondation architectonique de la métaphysique*, Grenoble, J. Millon.
Pierobon Frank, 1993, *Système et représentation, la déduction transcendantale des catégories dans la* Critique de la raison pure, Grenoble, J. Millon.

Pöggeler Otto, [1963] 1967, *La pensée de Heidegger*, trad. M. Simon, Paris, Aubier.
Pollok Konstantin, 2008, « "An Almost Single Inference" – Kant's Transcendental Deduction of the Categories Reconsidered », *Archiv für Geschichte der Philosophie* 90, p. 323-345.
Proust Joëlle, 1986, *Questions de forme. Logique et proposition analytique de Kant à Carnap*, Paris, Fayard.
Puech Michel, 1990, *Kant et la causalité*, Paris, Vrin.
Ratke Heinrich, 1929, *Systematische Handlexicon zu Kants Kritik der reinen Vernunft*, Leipzig, Felix Meiner.
Ricœur Paul, 1955, « Kant et Husserl », *Kant-Studien*, 46, p. 43-67.
Riehl Alois, 1908, *Der philosophische Kriticismus*, 3 Bd., Leipzig, Kröner.
Rivelaygue Jacques, I-1990, II-1992, *Leçons de métaphysique allemande*, 2 t., Paris, Grasset.
Robinson Hoke, 1981, « Anschauung und Mannigfaltiges in des Transzendentalen Deduktion », *Kant-Studien*, 72, p. 140-148.
Rosefeldt Tobias, 2000. *Das logische Ich : Kant über den Gehalt des Begriffes von sich selbst*, Berlin, Philo Verlag.
Rosenzweig Leo, 1927, *La restauration de l'a priori kantien par H. Cohen*, Paris, PUF.
Rousset Bernard, 1967, *La doctrine kantienne de l'objectivité*, Paris, Vrin.
Russell Bertrand, [1897] 1901, *Essai sur les Fondements de la Géométrie*, trad. A. Cadenat, Paris, Gauthier-Villars.
Schelling Friedrich Wilhelm Joseph, [1800] 1978a, *Système de l'idéalisme transcendantal*, trad. C. Dubois, Louvain, Peeters.
Schelling Friedrich Wilhelm Joseph, 1978b, *Textes esthétiques*, trad. A Pernet, Paris, Klincksieck.
Schelling Friedrich Wilhelm Joseph, [1802] 1987, *Bruno*, trad. J. Rivelaygue, Paris, L'Herne.
Schopenhauer Arthur, [1819] 1984, *Le monde comme volonté et comme représentation*, trad. A. Burdeau, Paris, PUF.
Schrag Calvin, 1967, « Heidegger and Cassirer on Kant », *Kant-Studien*, 58, p. 87-100.
Schulting Dennis, 2012a, *Kant's Deduction and Apperception : Explaining the Categories*, London, Palgrave.
Schulting Dennis, 2012b, « Kant, Non-Conceptual Content, and the "Second Step" of the B-Deduction », *Kant Studies Online*, p. 51-92.
Séguy-Duclot Alain, 2010, *Culture et civilisation*, Paris Cerf.
Séguy-Duclot Alain, 2011, *Recherches sur le langage*, Paris, Vrin.
Séguy-Duclot Alain, 2013, *La réalité physique*, Paris, Hermann.
Séguy-Duclot Alain, 2014, *Éthique*, Hildesheim, Olms.
Séguy-Duclot Alain, [1998] 2017a, *Définir l'art*, Paris, Belin.

Séguy-Duclot Alain, 2017b, « Derrida et le *parergon* : une lecture critique », *Kant-Studien*, 108, p. 116-133.
Séguy-Duclot Alain, 2017c, *Descartes, une crise de la raison*, Paris, Belin.
Séguy-Duclot Alain, 2018, *Leçons sur l'esthétique de Kant*, Paris, Ellipses.
Séguy-Duclot Alain, 2019a, *Généalogie des mathématiques*, Paris, Spartacus Idh.
Séguy-Duclot Alain, 2019b, *Kant, l'humain mesure de toutes choses*, Paris, Belin.
Sellars Wilfrid, 1948, « Review of Ernst Cassirer, Language and Myth », *Philosophy and Phenomenological Research*, 9 (2), p. 326-329.
Sellars Wilfrid, 1956, « Empiricism and the Philosophy of Mind », *Minnesota Studies in the Philosophy of Science*, Vol. I : *The Foundations of Science and the Concepts of Psychology and Psychoanalysis*, H. Feigl & M. Scriven (éd.), University of Minnesota Press, p. 253-329.
Sellars Wilfrid, 1978, « The Role of the Imagination in Kant's Theory of Experience », in *Categories : A Colloquium*, H. W. Johnstone (éd.), University Park, Pennsylviana State University Press.
Serck-Hanssen Camilla, 2001, « Apperception and Deduction in the Duisburgisher Nachlass », *Kant und die Berliner Aufklärung. Akten des IX. Internationalen Kant-Kongresses*, Berlin, W. de Gruyter, t. 2, p. 314-322.
Smit Houston, 1999. « The Role of Reflection in the *Critique of Pure Reason* », *Pacific Philosophical Quarterly*, 80, p. 203-223.
Souriau Michel, 1926, *Le jugement réfléchissant de Kant dans la philosophie critique de Kant*, Paris, Félix Alcan.
Stériad Alice, 1913, *L'interprétation de la doctrine de Kant par l'École de Marbourg (Étude sur l'idéalisme critique)*, Paris, Giard & Brière.
Strawson Peter Frederick, 1962, *Kant's Theory of Knowledge*, London, Routledge & Kegan Paul.
Strawson Peter Frederick, 1966, *The Bounds of Sense : An Essay on Kant's* Critique of Pure Reason, London : Methuen.
Stroud Barry, 1968. « Transcendental Arguments », *Journal of Philosophy*, 65, p. 241-256.
Tetens Johann Nicolas, [1777] 1979, *Philosophische Versuche über die menschliche Natur und ihre Entwicklung*, repr. New York, Hildesheim.
Theis Robert, 1991, *Approches de la* Critique de la raison pure. *Études sur la philosophie théorique de Kant*, Hildesheim, Olms.
Vaihinger Hans, I-1881, II-1892, *Commentar zu Kants* Kritik der reinen Vernunft, 2 vol., Stuttgart, W. Spemmann.
Vaihinger Hans, 1902, « *Die transzendentale Deduktion der Kategorien in der ersten Auflage* der Kritik der reinen Vernunft », in *Philosophische Abhandlungen*, Halle, Niemeyer, p. 23-98.
Vaihinger Hans, [1911] 1920, *Die Philosophie des Als Ob*, Leipzig, Felix Meiner.

Verene Donald Phillip, 1969, « Kant, Hegel and Cassirer. The Origins of the Philosophy of Symbolic Formes », *Journal of the History of Ideas*, 30, p. 33-46.
Verneaux Roger, 1967, *Le vocabulaire de Kant*, 2 vol., Paris, Aubier.
Vinci Thomas, 2014. *Space, Geometry, and Kant's Transcendental Deduction of the Categories*, Oxford, Oxford University Press.
Vogel Jonathan, 1993, « The Problem of Self-Knowledge in Kant's 'Refutation of Idealism' », *Philosophy and Phenomenological Research*, 53, p. 875-887.
Vorländer Karl, 1924, *Immanuel Kant. Der Mann und das Werk*, Bd. I, Leipzig, Felix Meiner.
Vuillemin Jules, 1954, *L'héritage kantien et la révolution copernicienne, Fichte, Cohen, Heidegger*, Paris, PUF.
Vuillemin Jules, 1955, *Physique et métaphysique kantiennes*, Paris, PUF.
Vuillemin Jules, 1960-1, « Reflexionen über Kants Logik », *Kant-Studien*, 52, p. 460-477.
Wagner Hans, 1980, « Der Argumentationsgang in Kants Deduktion der Kategorien », *Kant-Studien*, 71, p. 352-366.
Weil Éric, 1963, *Problèmes kantiens*, Paris, Vrin.
Werkmeister William Henry, 1975, « Kant's Philosophy and Modern Science », *Kant-Studien*, 66, p. 35-57.
Westphal Kenneth, 1997, « Affinity, Idealism and Naturalism : The Stability of Cinnabar and the possibility of Experience », *Kant-Studien* 88, p. 130-189.
Westphal Kenneth, 2004, *Kant's Transcendental Proof of Realism*, Cambridge, Cambridge University Press.
Windelband Wilhelm, 1919, *Präludien*, Tübingen, Mohr, vol. I.
Wolff Michael, 1995, Die *Vollständigkeit der kantischen Urteilstafel*, Frankfurt/Main, V. Klostermann.
Wolff Robert Paul, 1960, « Kant's Debt to Hume via Beattie », *Journal of the History of Ideas*, 21, p. 117-123.
Wolff Robert Paul, 1963, *Kant's Theory of Mental Activity, A Commentary on the Transcendental Analytic of the Critique of Pure Reason*, Cambridge, Harvard University Press.
Wunderlich Falk, 2005, *Kant und die Bewusstseinstheorien des 18. Jahrhunderts*. Berlin, W. de Gruyter.
Wundt Max, 1924, *Kant als Metaphysiker*, Stuttgart, Enke.
Young Michael, 1988, « Kant's View of Imagination », *Kant-Studien* 79, p. 140-164.
Zocher Rudolf, 1964, « Kants transzendentale Deduktion der Kategorien », *Zeitschrift für philosophische Forschung* 8, p. 161-194.
Zöller Günter, 1984, *Theoretische Gegenstandsbeziehung bei Kant*, Berlin, W. de Gruyter.

INDEX DES NOMS

TABLE DES MATIÈRES

PREMIÈRE PARTIE

LA DÉDUCTION TRANSCENDANTALE DANS L'ÉDITION DE 1781

DEUXIÈME PARTIE

LA DÉDUCTION TRANSCENDANTALE DANS L'ÉDITION DE 1787